D1380721

Serie Bianca / Feltrinelli

# Alex Zanotelli
# Korogocho
## Alla scuola dei poveri

A cura di Pier Maria Mazzola e Raffaello Zordan
Postfazione di Arturo Paoli

Feltrinelli

© Giangiacomo Feltrinelli Editore Milano
Prima edizione in "Serie Bianca" ottobre 2003

ISBN 88-07-17088-4

# Introduzione

Non è per vezzo che questo libro riporta il nome dei curatori oltre a quello dell'autore. È un indizio di quanto questo libro *non* sia stato voluto da padre Zanotelli. L'idea di farlo non poteva venire da uno che persino da direttore di una rivista stampata si autodefiniva "uomo della parola e non della scrittura". E ben lo sa chi lo vedeva dibattersi per ore tra fogli di carta immacolata, stilografica in aria, e doveva poi battergli i testi (la Lettera 32 è per lui tecnologia fin troppo avanzata) e ripulirli almeno dagli anglicismi più feroci.

Se questo era il suo rapporto con la scrittura a servizio della causa dei poveri, figuriamoci se Alex si sarebbe mai sognato di scrivere un libro che riguardasse se stesso. È vero, non disdegna di fare riferimento, nella predicazione e nelle sue pubbliche battaglie, anche alle proprie esperienze. È cosa persino inevitabile, in ogni comunicazione che abbia il timbro della testimonianza – genere letterario principe del missionario. "Ciò che noi abbiamo udito, ciò che noi abbiamo veduto con i nostri occhi, ciò che le nostre mani hanno toccato... quello che abbiamo veduto e udito, noi lo annunziamo anche a voi": questo esordio dell'apostolo Giovanni nella sua *Prima lettera* è il "metodo" che ogni evangelizzatore si dà (con risultati, è vero, assai diseguali).

Impensabile, insomma, un Alex bramoso di scriversi addosso un'autobiografia. Ci sono voluti quattro anni per convincerlo a un'"intervista lunga" davanti a un registratore, sempre timoroso com'è che la sua persona – e non i poveri e il Dio/*Abbà* – finisse indebitamente al centro dell'attenzione. "Fa' strada ai poveri senza farti strada" è il monito di don Lorenzo Milani che padre Alex ha, senza dubbio, sempre in mente.

Fatte salve queste riserve, e poiché la vera umiltà non è ipocrisia né virtù intimista, Zanotelli stesso ha finito per convenire che la sua esperienza, visto anche il modo pubblico in cui si è giocata, non poteva rimanere conosciuta solo a pezzi e bocconi. Le sue prese di posizione, che rimangono incise nella memoria di tanti a dispetto del suo sottrarsi alla visibilità catodica, corrono però il rischio, alla lunga, di venire prese per suggestive ma fantasiose sparate. Le sue denunce e proposte sono invece lo zampillo di cetaceo di un lungo e cosciente cammino di formazione. Un cammino che iniziò, guarda caso, nel "cuore dell'impero": in quegli Stati Uniti che lo affascinarono quand'era appena un adolescente là catapultato dai boschi della Val di Non. Riflessione che è continuata tra ricerche intellettuali, esperienze spirituali e percorsi di vita in tre continenti, dei quali forse anche molti "discepoli" di Alex non hanno colto l'intreccio che "lentamente" (è uno dei suoi avverbi preferiti) è andato acquisendo una sua sotterranea coerenza. In altre parole, tra le righe il lettore dovrebbe veder disegnarsi un "progetto culturale" (ma potremmo anche dirlo "teologale"), non elaborato a tavolino ma che si è sviluppato in risposta alle ricorrenti "crisi" cui Alex si espone, a causa dei poveri e della Parola.

E anche se questa è una testimonianza che si coniuga necessariamente alla prima persona, sono mille i richiami, le connessioni, ora ben delineate, ora evocate da un nome (...da un "volto"), che rimandano a tutta una storia che ha preceduto Alex e nella quale egli si sente inserito. A modo suo. Quando parla di "Nigrizia", ad esempio, sente di aver raccolto l'eredità di una rivista protagonista già di altre rivoluzioni, e ne parla quasi fosse un ente dotato di vita propria: come se, anche quando lui era alla direzione, ci fosse uno "spirito di 'Nigrizia'" che lo guidasse. Quando parla della sua visione di Dio, di un Dio libero e liberatore nel contesto del popolo della Bibbia e dell'habitat di Gesù, che Alex ama storicizzare fortemente, ha l'aria di limitarsi a tirare le conclusioni delle ricerche che altri, e non lui, hanno condotto. Quando parla del "tradimento" della chiesa nei confronti dello stile di resistenza e di nonviolenza tipico di Gesù e delle originarie comunità cristiane, non intende proporre "cose nuove", ma richiamare la chiesa agli ingredienti essenziali della sua anima.

La sua è una rivendicazione di continuità profonda, ma che appunto per questo deve farsi rottura. Proprio come toccò fare ai profeti (innovatori un po' folli oppure "conservatori" – ossia custodi del sogno di Dio?). Perché noi, individui e istituzioni, abbiamo la memoria corta, o meglio selettiva. Rimuoviamo quello che ci rimette in discussione. A livello personale, psicologico, anche Alex dovrà fare i conti con questo meccanismo selettivo, ma nel frattempo non si stanca di ricordare – a chiesa società politica economia – cose scomode. Siano esse scomode per i poteri forti o per i comuni consumatori, per le gerarchie o per i missionari. Anche per i suoi, i comboniani cui appartiene. Potrà sorprendere questa coincidenza, neppure questa voluta, tra la canonizzazione (5 ottobre) di Daniele Comboni, missionario del Diciannovesimo secolo, e l'uscita di *Korogocho*, libro dove un comboniano oggi tenta di tradurre la sua "combonianità" nelle grandi e piccole sfide di un mondo assai più complesso di quello di Comboni, che non aveva certo peli sulla lingua ed era sicuramente un "visionario".

Ancora una coincidenza, di nuovo casuale. *Korogocho* esce nel venticinquesimo anno dell'era Wojtyla. La parabola dello Zanotelli maturo è sincrona: venuto dal Sud, fu nominato direttore di "Nigrizia" poche settimane prima della fumata bianca venuta dall'Est. Qualcosa anche questo vorrà pur dire.

*Pier Maria Mazzola e Raffaello Zordan*

Parte prima
# Nel fango di Korogocho

# Prima "Lettera agli amici" da Nairobi

*Il 24 febbraio 1988, a mezzanotte, ho lasciato in aereo il mondo dei ricchi diretto all'emisfero sud. Destinazione: Nairobi, capitale del Kenya.*

*Gli ultimi mesi in Italia mi hanno però offerto un'altra eccezionale occasione di incontrare gruppi e persone. Ho il cuore e gli occhi ancora pieni di volti e di indimenticabili serate nelle più disparate città e paesini. Per me è stata un'altra incredibile iniezione di umanità per continuare sulla strada intrapresa. È con quest'unica ricchezza che ho voluto lasciare l'Italia. Voi sapete come abbia sempre rifiutato soldi, eppure prima di partire mi sono trovato tra le mani milioni. Dato che avevo deciso di partire senza nulla, ho deciso di distribuire tutti quei soldi ad altri missionari comboniani di mia fiducia, per venire incontro a chi vive, specie in Africa, in gravi situazioni. Personalmente ho voluto partire dal Nord senza niente (sempre ricco lo stesso!) per potermi meglio inserire povero (per modo di dire!) tra i poveri.*

*Così quella sera del 24 febbraio mi sono trovato con il mio zaino e il borsone in un angolo di Fiumicino aspettando l'imbarco. Tra le mani avevo la Bibbia, l'enciclica del papa, "Sollicitudo rei socialis", e una pubblicazione fresca di stampa che avevo trovato il mattino in una libreria romana.*

*Tra il vociare dei turisti diretti a Mombasa, mi sono riletto la passione di Gesù secondo Marco (come preparazione a incontrare i nuovi crocifissi della storia), poi mi sono riletto l'enciclica uscita proprio in quei giorni. L'analisi che Giovanni Paolo II fa della situazione mondiale mi ha particolarmente colpito e rafforzato nelle mie convinzioni. "Se a tutto questo," afferma il papa dopo aver enumerato una serie di mali che minacciano il mondo, "si aggiunge il pericolo tremendo rappresentato dalle armi atomiche accumulate fino all'incredibile, la conclusione appare logica: il panorama del mondo odierno, compreso quello economico, sembra destinato ad avviarsi più rapidamente verso la morte."* Un'analisi questa che viene a "confermare" quanto è maturato in molti di noi negli ultimi anni, dalle riviste missionarie ai Beati i costruttori di pace.

Poi l'imbarco, il decollo... Mentre mi staccavo in volo dal Nord del mondo, ho continuato a riflettere con l'aiuto anche di un libro comprato quel mattino a Roma (*"L'economia mondiale: un problema di credo per le Chiese?"*), che ho trovato subito così affascinante. Una riflessione nata nell'ambito del Consiglio ecumenico delle chiese in preparazione anche alla Conferenza mondiale di Basilea *"Pace, giustizia e rispetto del creato".*

*"Quando vediamo i meccanismi di un sistema economico che miete anno dopo anno milioni di vittime per fame o crea milioni di disoccupati,"* constata l'autore, Ulrich Duchrow, *"o quando vediamo le nostre foreste morire per permettere la crescita economica e le superpotenze continuare nella loro folle corsa agli armamenti, dobbiamo ammettere che ci troviamo di fronte al volto deformato di un mostro demoniaco. Infatti i capitoli 13 e 18 dell'"Apocalisse", con la loro descrizione della Bestia che sale dall'abisso, sono ancora la migliore descrizione dell'attuale sistema economico-politico e dei suoi mass media."*

Se questo è vero, è chiaro che la chiesa è oggi convocata dalla storia a una scelta fondamentale di vita o di morte. È in ballo poi la stessa fede della chiesa: la fede nel Dio vivo, nel Dio della vita che si è manifestato sconfiggendo la morte in Cristo Gesù. Per cui, memori dell'esperienza dei primi cristiani nell'Impero romano come della resistenza della chiesa confessante sotto Hitler, siamo anche noi convocati come credenti a resistere alla Bestia. *"Io credo,"* afferma Duchrow, *"che siamo chiamati nelle nostre chiese a un impegno di informazione e di azione suggerendo passi concreti per combattere questo potere di morte come chiesa."* È quanto abbiamo cercato di fare in questi anni in Italia: trovare tutti i metodi nonviolenti possibili per resistere alla Bestia.

E mentre l'aereo volava verso il Sud mi si affollavano nella mente i momenti forti di resistenza vissuti con voi: volti di amici, assemblee, marce... Ma non era questa una lotta impari? Quattro gatti contro il potere tentacolare della Bestia?

L'aereo atterra a Nairobi alle 9 del mattino. Alla sera il lungo colloquio con il mio responsabile: un colloquio cordiale e sereno. Gli racconto la mia storia, ma soprattutto gli espongo la mia decisione, nata da anni di sofferta riflessione e impegno, di lavorare nelle baraccopoli.

Ho poi visto a più riprese enormi baraccopoli dai nomi più strani: Huruma, Kariobangi, Korogocho, Kibera, Mathare, Kangemi... dove centinaia di migliaia di persone sono costrette a vivere.

Non mi aspettavo un tale degrado. Non sarà facile viverci, eppure sento che il Signore mi sta chiamando proprio lì.

# "Sedersi dove la gente si siede"

*La Missione fa scandalo* è il titolo del mio penultimo editoriale su "Nigrizia". Siamo nel marzo del 1987. Già allora mi sembrava molto chiaro che, nel sentire comune dei missionari e della chiesa, "missione" è essenzialmente qualcosa che ha a che fare con l'anima, mentre tutti gli aspetti economici, politici, sociali non c'entrano o c'entrano solo di sfuggita.

Io invece ero arrivato alla profonda convinzione che fare missione è annunciare la Buona novella ai poveri, agli ultimi, a chi non conta. Fare missione vuol dire anche denuncia dei sistemi che creano ingiustizia e oppressione, vuol dire ricerca di proposte alternative. È fondamentale per me legare la mia esperienza di fede all'economia, alla politica, alla società, alla cultura, altrimenti non è fede, è semplicemente spiritualismo.

Non era un problema di poco conto. Anzi, più che le prese di posizione sulle armi e sulla cooperazione, era stata proprio questa mia visione della missione a far problema all'interno della chiesa. E a rendere intollerabile la mia permanenza alla direzione di "Nigrizia" – me lo ha fatto ben capire il cardinale Jozef Tomko che presiedeva la Congregazione per l'evangelizzazione dei popoli, cui fanno capo tutte le organizzazioni missionarie, nel colloquio che ho avuto con lui. Finché fai informazione sull'Africa, al massimo vai nei pasticci con i governi africani. Come quella volta, era il dicembre 1986, che abbiamo raccontato su "Nigrizia" in che modo l'allora presidente-dittatore dello Zaire, il maresciallo Mobutu Sese Seko, faceva fuori i suoi oppositori: caricandoli su degli elicotteri e gettandoli nei fiumi in pasto ai coccodrilli. L'informazione ci arrivò direttamente da uno dei piloti pentiti di quegli elicotteri. L'ambasciatore dello Zaire, furibondo, protestò direttamente con la Direzione generale dei comboniani.

Ma le reazioni sono molto più dure quando "Nigrizia" mette

in discussione la politica estera o le scelte economiche dell'Italia in Africa, perché ciò significa smascherare il nostro sistema che produce malessere laggiù. Per noi della redazione questo era fare missione: era parte essenziale della missione. Non solo, eravamo anche giunti alla conclusione che molto di quello che noi chiamiamo missione in Africa è colonialismo culturale, è imposizione di modelli esterni (in chiave di liturgia, sacramenti, diritto canonico, teologia), è esportazione di espressioni della fede elaborate in contesti del tutto differenti dall'Africa. Quindi all'Africa è negata la capacità di potersi esprimere.

Riconosco che ci sono tante definizioni e tante pratiche di missione, non penso che arriveremo mai a un'unica definizione e a un'unica pratica. È bello anche questo. Penso però che fare missione significhi fare quello che ha fatto Gesù di Nazaret: prendere carne dentro una particolare cultura. Gesù non è un romano, è un ebreo e vive in una colonia dell'Impero romano, una colonia veramente oppressa. Se si vanno a vedere gli ultimi studi del I secolo in chiave sociologica, economica, politica, antropologica sulla Palestina, si rimane sconvolti dalla ferocia dell'oppressione romana. Gesù prende carne dentro questo contesto di sofferenza umana e incarna la speranza dei poveri. Gesù annuncia la speranza di liberazione a questo suo popolo.

Gesù è stato vólto dell'*Abbà*, del Papà, come lui lo chiamava, alle frontiere della sofferenza umana. Per me oggi fare missione è fare come Lui: è essere vólti dell'*Abbà* in piccole comunità, piccole fraternità alle frontiere della sofferenza umana. Quindi la scelta del luogo diventa altrettanto importante di quello che tu annunci. E tale scelta sia del luogo sia dell'annuncio di liberazione la paghi. Gesù ha pagato la sua scelta della Galilea con la croce. Dobbiamo ricordarci che la croce era il supplizio usato dall'Impero proprio per terrorizzare la gente e tenerla assoggettata. (I romani usavano le croci come gli americani oggi usano le bombe: per terrorizzare il mondo.) I romani crocifiggevano solo gli schiavi, i non cittadini, e i sobillatori contro l'Impero. Gesù finisce proprio così, crocifisso con un popolo crocifisso.

Allo stesso modo la missione, se vuole essere missione, deve assumere (l'incarnarsi) come ha fatto Gesù la sofferenza della gente, deve essere vólto dell'*Abbà* ("Consola, consola il mio popolo!") e pagare per questo: ecco la crocifissione. Proclamando che come l'*Abbà* è rimasto fedele a quel Crocifisso del Golgota, così rimane oggi fedele a tutti i crocifissi della storia.

Ma perché la scelta della baraccopoli in Africa? Perché già trent'anni fa era chiaro che la baraccopoli sarebbe diventata una delle grandi frontiere della missione, un luogo di enorme sofferenza umana del continente. E oggi stime del Programma Onu sugli insediamenti umani (Onu-Habitat, 2001) ci dicono che il 70 per cento della popolazione urbana dei paesi dell'Africa subsahariana vive in bidonville: si tratta di 166 milioni di persone, una cifra destinata ad aumentare fortemente nei prossimi anni. Se è vero infatti che in Africa il livello di urbanizzazione è inferiore al 50 per cento, è altrettanto vero che nel periodo 2000-2020 il continente conoscerà la crescita urbana più rapida, circa il 4 per cento l'anno. Per baraccopoli s'intende – è sempre l'Onu a rimarcarlo – un luogo sovrappopolato dove gli alloggi e i servizi di base sono del tutto inadeguati, e che spesso non è riconosciuto dalle autorità come parte integrante della città.

Ma gli istituti missionari non si sono ancora fatti carico con decisione di questa situazione. Certo per le organizzazioni missionarie non è facile, anche perché esiste già tutta una serie di missioni aperte, di percorsi prestabiliti e preconfezionati lungo cui incanalare un personale che è sempre meno numeroso. Questo stato di cose porta spesso a una sclerotizzazione della missione. In Africa si assiste a una "parrocchializzazione" della missione, per cui il 90 per cento dei missionari, se non di più, sono parroci o lavorano in parrocchia. Questo è molto grave in una realtà caratterizzata da tante situazioni durissime – baraccati ma anche rifugiati, villaggi devastati dall'Aids, zone di conflitto – dove il clero diocesano non è presente e dove il missionario dovrebbe esserlo. Purtroppo anche noi missionari, che pure siamo attivi anche in mezzo a tensioni e conflitti – penso al Sudan, alla Repubblica democratica del Congo, alla Sierra Leone – tante volte tiriamo un po' a campare...

Mi rendo conto che molti pensano di dare già tanto operando in una missione tradizionale. Difficile chiedere loro di fare un salto di qualità vivendo e condividendo l'esperienza della gente in austerità e semplicità. È vero che sono previste dagli istituti missionari le cosiddette "comunità d'inserimento" in situazioni di frontiera: ma mancano gli uomini che scelgono di inserirsi, visto che la scelta non può essere imposta. È altrettanto vero che per lavorare in situazioni di frontiera è necessaria una buona tempra fisica e un'ottima tenuta psicologica. Rimane il fatto che la frontiera dovrebbe essere una priorità della missione e della formazione alla missione. Anche le strutture missionarie dovrebbero essere molto più duttili, molto più rispondenti ai bisogni di chi soffre. Intanto è necessario cominciare a smitizzare scelte come quella di Korogocho, che dovrebbero essere normalissime esperienze di missione. Per i missionari, Korogocho dovrebbe diventare la norma e il resto l'eccezione. E non il contrario, come ora. Ma se mi guardo attorno devo pensare che forse le organizzazioni missionarie non sono ancora pronte per le grandi sfide che le attendono, soprattutto in Africa ma anche in America Latina. È incredibile che in America Latina, dove si è parlato tanto di opzione per i poveri, di scelta preferenziale per i poveri e di comunità inserite, non ci sia ancora da parte dei comboniani un'esperienza di questo genere. C'è stata solo quella di padre Franco Nascimbene in Ecuador. Altre stanno muovendo i primi passi.

Per uscire da questo cortocircuito ci vogliono degli apripista. Uomini che hanno il coraggio di "avere la testa dura", che sono disposti a pagare di persona e che riescono a impiantare delle comunità missionarie inserite tra gli ultimi. E poi noi missionari dobbiamo avere il coraggio di farci una critica radicale. Finora le nostre comunità missionarie che cosa sono state? Prevalentemente strutture culturali italiane, al massimo europee, strutture protette in cui c'è una maniera europea di vivere, una maniera europea di mangiare, una maniera europea di pregare. Tutto è tipicamente europeo e il missionario non è sfidato da realtà altre da sé. Io penso che la missione, se vuole essere tale, deve essere una sfida radicale a rimettersi in discussione in chiave culturale e in chiave religiosa. Cioè l'esperienza che vivono le persone di un'altra religione – musulmani, seguaci delle religioni tradizionali africane, buddhisti, induisti – deve profondamente toccarci dentro.

Del resto sta già avvenendo sempre più che le comunità missionarie siano sbattute fuori dai loro bozzoli culturali, che le proteggono e nello stesso tempo le isolano e le rendono sterili, e si trovino a confrontarsi con realtà culturali e religiose differenti. È questa la vera missione, quando, incontrando l'altro, si comincia a mettere in discussione la propria esperienza culturale e religiosa. E qui inizia un processo durissimo per il missionario. Se non sei saldo nella mente e nel corpo, se non hai un solido fondamento interno, quando entri in queste dinamiche ti salta tutto, ti senti spiazzato, ti sembra di impazzire e allora ti domandi: "Chi sono? Che scelte ho fatto?". Si può andare incontro a dei contraccolpi psicologici, e questo bisogna saperlo prima di fare la scelta.

Le persone che oggi vogliono fare una scelta missionaria devono sapere che è necessario vivere alla frontiera della sofferenza umana; ma soprattutto mettere in conto che il bozzolo protettivo andrà sempre più scomparendo. Missione è essere aperti alle bufere, anche positive, cioè essere aperti all'esperienza religiosa altrui, alla cultura altrui.

Una volta a Nairobi, conversando con un missionario che lavorava in Sudan, padre Haumann, gli ho chiesto: "Cosa significa missione per te?", e lui mi ha risposto in inglese: "Mission is to sit where people sit and let God happen!", cioè "Missione è sedersi dove la gente si siede e lasciare che Dio avvenga!". È nell'incontro con l'altro, quando tu gli doni la ricchezza che hai, che davvero nasce qualcosa di radicalmente nuovo, nasce la relazione, ed è lì che sperimenti Dio.

Uno dei più noti teologi francesi contemporanei, Louis-Marie Chauvet, dice che "il teologale è l'antropologale". Mi sembra profondamente vero. Dov'è che sperimenti Dio, la trascendenza? Dove incontri l'altro nella sua concretezza, cioè nel sedersi dove la gente si siede. In quell'incontro tu dai qualcosa, ma ricevi molto di più. Ecco la novità. Ed è in questo contesto che avviene l'evangelizzazione: la proclamazione del Vangelo è l'incontro con un'altra persona, altrimenti è imposizione di culture, di liturgie, di teologie, è imperialismo religioso, alla fine. Mentre Gesù nel Vangelo ci indica un altro percorso. Gesù conversa con la samaritana, si mette a fianco di questa donna, ha sete di questa donna, la fa "venire a galla": è in questa conversazione che nasce qualcosa di profondamente nuovo.

Secondo me è qui che la missione è convocata alla novità. Ed ecco allora l'importanza di rompere i nostri schemi, di rompere i nostri "bozzoli"; ecco allora anche il senso della scelta che ho fatto di vivere a Korogocho, di sperimentare cosa vuol dire per questa gente vivere lì, cosa vuol dire vivere nell'emarginazione, cosa significa tutto questo mondo, cosa significa incontrarsi con loro, camminare con loro, celebrare con loro. È questa la missione.

# Soweto, andata e ritorno

L'idea di lavorare in una baraccopoli non nasce da un giorno all'altro. Nel 1981, con altri due confratelli (Gianni Capaccioni e Gian Battista Moroni) ho scritto una lettera alla Direzione generale dei comboniani chiedendo di tentare un'esperienza d'inserimento in una baraccopoli, data l'importanza delle città in Africa e la situazione di grande sofferenza che volevamo vivere dal di dentro. La Direzione generale mi ha risposto che era una bella idea, ma dovevo aspettare perché ero appena arrivato a "Nigrizia". Nel frattempo abbiamo chiesto che si preparasse un'équipe che un domani fosse in grado di inserirsi in baraccopoli. Questo non si realizzò mai.

Nel 1984 ero già stato assegnato al Kenya, ma nessuno era ancora venuto a sostituirmi. Sempre in quell'anno, il responsabile dei comboniani nel mondo, Salvatore Calvia, mi dice: "Tu hai chiesto questa esperienza, penso che si può tentare". Purtroppo erano solo parole. Quando poi scoppierà il "caso 'Nigrizia'", lo stesso Calvia mi dirà: "Guarda, se io ti lascio andare adesso, molti penseranno che ti stiamo eliminando dalla direzione perché abbiamo avuto pressioni. Non puoi andartene ora".

Nel 1987 vengo defenestrato da "Nigrizia" e l'anno seguente parto per il Kenya senza neanche sapere se potrò tentare un inserimento in baraccopoli. Santiago Jiménez, il responsabile dei comboniani in Kenya, mi aveva avvertito per lettera: "Tu vieni in Kenya a disposizione della Provincia comboniana". Appena arrivato a Nairobi mi presento al Consiglio provinciale dei comboniani: "Sono otto anni che sto chiedendo un'esperienza di missione in baraccopoli. Sono venuto qui perché penso che le baraccopoli di Nairobi siano fra le peggiori, e chiedo la possibilità di potermici immergere". Siamo nel febbraio 1988.

Mi metto a studiare il kiswahili, la lingua franca dell'Africa orientale. E studio attentamente le baraccopoli di Nairobi. Non mollo un solo momento il progetto baraccopoli. "Non abbiamo un'altra persona da darti. Tuttavia, visto che insisti, noi accettiamo. Non cominciare subito, però. Aspetta ancora. Pare che il cardinale di Nairobi, Maurice Otunga, abbia delle perplessità su questo lavoro in baraccopoli." Non mi resta che attendere.

Può darsi che il cardinal Otunga fosse contrario a una mia attività in quel contesto perché aveva avuto delle informazioni da Roma, magari dallo stesso cardinal Tomko, che mi considerava un uomo pericoloso. Ma forse, soprattutto, per il cardinale di Nairobi – peraltro un uomo molto spirituale, un buon pastore d'anime (è morto lo scorso mese di settembre) – non era nemmeno immaginabile che un prete andasse a vivere in baraccopoli. Un prete deve avere una casa, deve avere un telefono, una macchina, altrimenti non è un prete. (Sono questi gli schemi che abbiamo inculcato ai nostri vescovi africani.)

Intanto arriva settembre. Approfitto di un viaggio all'estero del nostro responsabile, Jiménez, e faccio pressione sul suo vice. "Lasciami fare," gli dico, "un'esperienza in qualcuna delle baraccopoli intanto che aspetto." Mi risponde: "Va bene, se c'è un parroco che ti dà il benvenuto, prova". E così sono andato a Soweto. Ce n'erano cinque di Soweto a Nairobi, adesso sono quattro, una è stata distrutta. Questa Soweto è vicina all'aeroporto. Il parroco mi accoglie, mi mette a disposizione una baracca e vivo lì per un mese. Finché, chissà come, il cardinale viene a saperlo e intima a Jiménez di ritorno dal suo viaggio: "O Alex esce immediatamente o lo sospendo *a divinis*". Ci sono rimasto veramente male, non sapevo più cosa fare (ho raccontato questa vicenda nella *Lettera agli amici* del dicembre 1988; vedi qui pp. 176-177). Pensavo che la cosa migliore sarebbe stata quella di andarmene fuori dai piedi, cercarmi un'altra città africana dove poter lavorare.

In un momento molto doloroso per me arriva a Nairobi padre Venanzio Milani, del Consiglio generale dei comboniani, il quale, sapendo quello che era successo, tenta di parlare col cardinale e mi dice: "Se vuoi, puoi andare in qualche altra città africana, ma secondo me faresti bene ad aspettare. Prova intanto ad andare in un'altra baraccopoli senza viverci, soltanto visitandola di giorno". Trovo un altro prete africano disponibile, Dominic Wamegunda, parroco di Queen of Apostles. Questa volta vado in una seconda Soweto, all'estrema periferia di Nairobi. 10.000 abitanti, ma non c'è il battito della città, più un villaggio che una periferia urbana. Per quasi un anno vado avanti e indietro tutti i giorni. La sera ritorno al centro cattolico giovanile di Nairobi, dove c'è un comboniano, padre Adelmo Spagnolo. Faccio comunità con lui. Cerco di capire la situazione locale, parlo con la gente e così mi impratichisco con il kiswahili. Però non mi sento nel posto giusto, lo capisce anche il nostro responsabile e si dà da fare per trovare una soluzione. Io intanto avevo adocchiato Korogocho, una baraccopoli tra le più brutte della capitale. Mi sembrava il luogo su cui far cadere la mia scelta.

La soluzione arriva in maniera molto semplice. Jiménez fa pressione sulla parrocchia di Kariobangi, gestita dai comboniani, nel cui perimetro gravita la baraccopoli di Korogocho. Alla comunità di Kariobangi viene spiegata la mia situazione e si decide che io mi aggregherò a loro. "È importante che Alex tenti un'esperienza" spiega padre Jiménez. E a me dice: "Questa è una cosa interna ai comboniani. Tu vai a vivere a Korogocho ma fai parte della comunità comboniana di Kariobangi: c'è una sola comunità". Così non c'è stato bisogno di chiedere il permesso al cardinale, il quale è venuto a conoscenza della cosa parecchio tempo dopo e l'ha lentamente digerita, non si è più lamentato e anzi in seguito ha cominciato anche ad apprezzare il lavoro che si faceva in baraccopoli.

Entro a Korogocho il 14 gennaio 1990. Prendo lo zaino e dal centro giovanile dove vivevo, scendo giù a Korogocho. È la discesa agli inferi.

# Battezzato dai poveri

Entro nella stanzetta, che serve anche da chiesa. È domenica mattina, momento della celebrazione dell'eucaristia. A presentarmi ai cattolici di Korogocho è il parroco di Kariobangi. "Questo è padre Alex, vorrebbe vivere con voi. Lo accogliete?" *"Karibu*. Benvenuto" è la risposta. Con il mio povero kiswahili riesco a dire due paroline: "Oggi il Vangelo ci ha parlato del battesimo del Signore. Come Gesù è sceso dalla Galilea al Giordano e si è fatto battezzare con i poveri della Galilea assumendone la sofferenza, così chiedo il vostro battesimo, il battesimo dei poveri". La gente mi guarda meravigliata: "Ma questo bianco non è già stato battezzato? Che cosa sta cercando?".

A Korogocho sono entrato da solo, anche se da dieci anni chiedevo una comunità, ma non si è trovato nessuno, o non c'era nessuno che fosse disponibile a saltare il muro. Un'esperienza come questa non la si può vivere in solitudine: non so come ho fatto a resistere per un anno e mezzo, fino a che è arrivato padre Gianni Nobili, proveniente dallo Zaire (oggi Repubblica democratica del Congo). La parrocchia aveva costruito un piccolo centro a Korogocho per la gente, con una minuscola scuola e un asilo. Ho scelto due stanzette, una come cucina e per ricevere le persone, l'altra per dormire. Cucinavo il mio cibo e camminavo, facevo in media venti chilometri al giorno ascoltando i problemi della gente. Korogocho è un altro mondo. È uno dei sotterranei della vita e della storia. Ma per capire Korogocho, bisogna capire Nairobi, questa capitale dell'apartheid economica dove la maggior parte della gente è costretta a vivere peggio delle bestie in spaventose baraccopoli. Nairobi, costruita dagli inglesi alla fine dell'Ottocento su un altopiano a 1800 metri, era una città di apartheid: la città dei bianchi, la città degli indiani (Parklands, Pumwani) e la città dei neri (Mathare Valley). Con l'indipendenza, questa cittadina bellissima, enormemente ricca, è diventata una megalopoli con 4 milioni di abitanti che evidenzia un'a-partheid oggi non più razziale ma economica. Oltre metà dei suoi abitanti, lo dicono statistiche dell'ambasciata statunitense a Nairobi, è costretta a vivere nell'1,5 per cento del territorio totale della città. Sono i baraccati. Inoltre, questo 1,5 per cento di terra non appartiene ai baraccati ma al governo, il quale può venire quando e come vuole con le ruspe, spianare le baracche e spingere altrove i poveri. Negli anni novanta almeno una decina di baraccopoli sono state distrutte dal governo per speculazione edilizia. È così che il governo ricambia i favori che riceve dai potenti del Kenya: regalando loro le terre dei poveri.

Bisogna sapere anche che l'80 per cento delle persone non possiede nemmeno la baracca dove vive, ma paga l'affitto. In Brasile, nelle favelas, questo è quasi inconcepibile. A trarne vantaggio sono persone in buona parte estranee alla baraccopoli, che, in accordo con il capo locale (cioè pagandolo sottobanco), costruiscono abusivamente le baracche e poi le affittano. Abbiamo calcolato che solamente da Korogocho uscivano ogni mese almeno 25.000 dollari in affitti: sono tantissimi soldi per una baraccopoli!

Ci sono oltre 120 baraccopoli a Nairobi, molte di ridotte dimensioni, con 3-4000 abitanti. La più grande è Kibera con 800.000 abitanti, poi c'è Mathare Valley, la più vecchia, con 250.000, la terza è Korogocho con 100.000. *Korogocho* è una parola kikuyu che significa confusione. È costituita da una collina lunga un chilometro e mezzo, larga uno. Tutti gli abitanti sono accatastati in questo spazio. Le baracche sono in genere 3 metri per 4 e ospitano mediamente cinque-sei persone. Le fognature sono a cielo aperto. L'unico servizio che fornisce il comune di Nairobi è l'acqua, che però non arriva nelle baracche, ma è portata con delle tubature a punti di rifornimento e poi venduta un tanto al secchio da alcuni abitanti della baraccopoli che fanno un contratto con il comune. Così i poveri la pagano più cara dei ricchi. È un fatto che l'acqua per riempire le piscine delle tante ville di Nairobi costa molto meno dell'acqua che si beve nelle baraccopoli. Ma tutto questo non è avvertito come un problema da chi detiene il potere. Basti pensare che nelle mappe catastali le baraccopoli non esistono: sono segnate come spazi bianchi. Non c'è nulla. Non a caso tutte le baraccopoli sono collocate sotto il livello delle fognature della città "vera", quella segnata sulle mappe. I poveri sono collocati sotto la cloaca. Andare in baraccopoli significa letteralmente scendere agli inferi, nelle fogne.

Il primo impatto è sconvolgente. Le condizioni di vita portano al degrado sociale: non regge più nulla, le famiglie sono disarticolate e composte per lo più di donne e bambini (il 70 per cento sono rette da donne). Gli uomini vanno e vengono, molti, dopo aver lasciato la famiglia chissà dove, arrivano in città per lavorare e si trovano un'altra donna a Korogocho. Al degrado sociale si accompagna il degrado morale. Qui le norme etiche crollano. C'è una violenza inaudita. Penso sia raro trovare situazioni così violente come quelle delle baraccopoli di Nairobi.

Caratteristica della baraccopoli di Korogocho è certamente la discarica (*mukuru* in lingua kikuyu), dove arrivano i rifiuti della città. È una lunga collina proprio davanti a Korogocho, al di là del fiume Nairobi, dove arrivano centinaia di camion al giorno a scaricare l'immondizia della capitale. Migliaia di persone ci vanno per raccogliere il possibile. Sono disprezzate per come vestono, perché puzzano, perché sono sempre ubriache. Sono considerate criminali e vengono emarginate. Non meno difficile è la condizione dei ragazzi di strada: si stima che a Nairobi siano 60.000. A Korogocho sono almeno alcune migliaia. Ogni giorno vanno in città per rimediare qualcosa, sniffano una specie di colla per non sentire la fame, dormono spesso all'addiaccio. Ci sono poi migliaia di ragazzine che vanno a prostituirsi negli alberghi del centro città. Sciamano la sera da Korogocho e ritornano al mattino presto. Anche loro sono disprezzate e derise. E come dimenticare le bande di giovanissimi, ragazzini di quattordici-quindici anni, che, pistole e coltelli alla mano, attaccano chiunque? Sono ben organizzati e pieni di rabbia. Sono in tanti ed esercitano un controllo asfissiante del territorio (spesso con l'aiuto della polizia, che in Kenya è molto corrotta). "Noi siamo figli di prostituzione" dicono sprezzanti questi ragazzi. "Non abbiamo mamma. Ci vedrete all'opera." In baraccopoli sono temuti.

Infine i malati di Aids. Quando ho lasciato Korogocho, le piccole comunità cristiane assistevano almeno un migliaio di malati terminali di Aids. Tutti ammettono che un buon 50 per cento degli abitanti delle baraccopoli di Nairobi sono sieropositivi. L'Aids sta divampando come il fuoco. Il governo dice che 700 persone al giorno muoiono di Aids in Kenya.

Per oltre un anno non ho fatto che camminare visitando soprattutto la gente più povera, più disgraziata. L'importante per me era guardare e capire. Ho imparato anche a farmi da mangiare (prima non lo avevo mai fatto), a cucinare in stile africano, comprando quello che trovavo lungo la strada. Il cibo dei poveri è essenzialmente polenta bianca e *sukuma*, un'erba molto buona. *Sukuma wiki* in kiswahili vuol dire "quello che spinge la settimana fuori", cioè il cibo che aiuta i poveri a finire la settimana. Un altro piatto è fagioli e mais cotti insieme, molto usato anche perché molto nutriente. Oppure riso con un po' di pesce che arriva dal Lago Vittoria. L'acqua la comperi fuori dalla baracca. Tutti dicono che non si potrebbe berla... Come i poveri ti abitui a tutto, mangi tutto, bevi tutto. Non è facile, ma dopo un po' ti abitui e

25

non ci badi più. Quello a cui non ti abitui sono le tragedie della gente. E, ancora più grave, è che senti di essere impotente.

A tutt'oggi, dopo dodici anni di Korogocho, non so cosa ho compreso, è un mondo talmente complesso. Ma una cosa l'ho capita, che quello era il posto giusto dove essere. Importante è esserci. "Grazie Signore perché Alex e John potrebbero essere su un bel prato," così pregava la gente, "mentre sono qui nella merda, nella puzza, sono qui con noi". (John è padre Nobili.) La gente era sicura che alle prime serie difficoltà, al primo patatrac saremmo scappati. Invece anche dentro ai guai grossi (fossero assalti delle bande o angherie della polizia o altro) noi siamo rimasti. Questo ha dato alla gente un senso profondo di fiducia, ma soprattutto ha fatto sentire loro che Dio non li ha abbandonati. Ecco la missione.

Ho sempre detto a tutti: "Guardate, può darsi che quello che facciamo a Korogocho abbia un senso oppure può darsi che sbagliamo tutto, ma non ha importanza. L'importante è aver camminato con loro, con i rifiuti del sistema, l'importante è che non li abbiamo abbandonati. Essere segno di quel Papà, così lo chiamava Gesù, che non abbandona i suoi poveri". È questo per me il cuore di tutto. Mi ricordo che Jane Weru, avvocatessa del Pamoja Trust, associazione che conduce una battaglia legale e politica sul problema della terra in baraccopoli, mi diceva: "Alex, ma perché hai scelto Korogocho? Non potevi scegliere un'altra baraccopoli un po' più decente?". Le rispondevo: "L'ho scelta apposta, perché se qualcosa funziona qui, può funzionare da qualsiasi parte". Cioè ritengo importante il tentare, non l'avere successo. Riuscire a dire "sì, qui ce l'ho fatta" è bello perché significa un passo avanti per i poveri, ma non ho questa pretesa. L'importante è semplicemente essere al posto giusto e fare quello che si può.

Stando dentro a Korogocho ho capito un'altra piccola cosa. Mi sono accorto lentamente che se vivi in baraccopoli e hai una presenza che non pone problemi politici, come faceva Madre Teresa, sei il santo di turno. Ma se cominci a porre il problema politico, sei un comunista. Politica è chiedersi perché esistono queste baraccopoli, a quale sistema economico-finanziario sono funzionali, e impegnarsi a rimetterlo in discussione. Questa dimensione politica va vissuta fino in fondo, altrimenti si rischia, anche come missionari, di fare il gioco del sistema. E se la si vive fino in fondo si cessa di essere eroi o santi, per diventare i disturbatori dell'ordine costituito.

Molti sostengono che questa mia scelta derivi da un'ideologia. È vero invece il contrario: è stata la rilettura della Bibbia che ho fatto, che Korogocho mi ha costretto a fare, a far scaturire la scelta politica. Su questo non ci piove, perché il Dio biblico che ho riscoperto a Korogocho è un Dio che ha un sogno per il suo popolo, dove la politica è fondante.

# Il sogno di Dio

Dio sogna un mondo diverso. È mai concepibile un Dio davanti a situazioni assurde come quella di Korogocho, dove migliaia di persone vivono accatastate, prive di tutto, minacciate dall'Aids, mentre a meno di quattro chilometri ci sono ville da nababbi? Sono cose che fanno male. Com'è possibile vivere gli uni in paradiso e gli altri all'inferno e dire di credere nello stesso Dio?

A Korogocho, leggendo la Bibbia con i poveri, ho capito che Dio è di parte. Dio non è neutrale, è profondamente schierato. Dio è il Dio degli schiavi, degli oppressi. Per la prima volta nella storia umana abbiamo un Dio che cammina con un clan di schiavi, sfruttati dall'impero faraonico (1250 a.C.). Dio li libera perché diventino una comunità *alternativa* all'impero. Per realizzare questo, Dio sogna per il suo popolo un'*economia di uguaglianza*: ciò significa che i beni di questo mondo devono servire a buona parte delle persone e non a una minoranza. L'economia è al primo posto (e qui bisogna dar atto a Marx di aver visto giusto) perché oggi il primato dell'economico è chiarissimo. Dio sogna che i beni della terra siano divisi il più equamente possibile.

Per ottenere questo però c'è bisogno di una *politica di giustizia*, cioè di un tipo di politica che rimetta in discussione la tendenza delle società umane a strutturarsi nella disuguaglianza. E qui Marx si è sbagliato: l'uomo non è cattivo perché la società lo fa cattivo; la cattiveria è dentro l'uomo, fa parte di lui.

Ma per avere una politica di giustizia, c'è bisogno di un popolo che faccia un'*esperienza religiosa dove Dio è percepito come libero*. Un Dio che, essendo libero, non è il Dio del sistema ma il Dio delle vittime di ogni sistema, il Dio degli oppressi, delle vedove, degli orfani, di chi non conta. Ecco il cuore del sogno di Dio.

Questo sogno viene affidato a Mosè, cresciuto nel palazzo,

cresciuto nel cuore del sistema. Non sappiamo come si è accorto che i suoi fratelli stavano soffrendo. Dopo averlo scoperto, Mosè ha tentato di fare qualcosa per difenderli, ma è dovuto scappare. Nel deserto si è trovato una bellissima ragazzina, ha avuto tre figli. Capre, pecore, una donna, dei bambini... È un po' la fine di tutti noi, ci accasiamo, ci mettiamo tranquilli – "tanto il mondo non si può cambiare" – e così fa Mosè.

Ma Jahvè non è Mosè. "Che cosa fai qui?" gli chiede. "Va'!". "Da chi devo andare?" risponde Mosè. "Va' dal faraone." È come se oggi Dio ti dicesse: "Va' da Bush". L'impresa è ardua, ma Mosè va. E cosa trova? Trova l'impero. Che come ogni impero – faraonico, babilonese, romano, come l'odierno impero del denaro – è l'opposto del sogno di Dio.

Ogni impero è basato su un'economia di opulenza: pochi hanno tutto. ("Che cos'è il Regno di Dio?" ho chiesto un giorno durante una celebrazione a una vecchietta che vive raccogliendo rifiuti nella discarica di Korogocho. "Caro Alex," mi ha risposto, "il Regno di Dio è sfamarsi, è mangiare." Ed è vero: la prima cosa che Dio vuole è che ognuno di noi abbia di che vivere con dignità). In Egitto c'era il 10 per cento della popolazione che viveva nell'abbondanza a spese di molti morti di fame. A Roma la stessa proporzione: questa è la realtà imperiale. Oggi ben poco è cambiato. Secondo Susan George, l'11 per cento della popolazione mondiale si pappa l'88 per cento dei beni del mondo.

Per avere un'economia di opulenza c'è bisogno di una politica di oppressione. Non si scappa. Nell'impero, gli apparati dello stato servono a tenere sotto controllo i poveri. Per realizzare questo, il potere politico ha bisogno di investire somme enormi in armi; le armi, soprattutto l'atomica, servono a mantenere i privilegi di pochi a spese di molti morti di fame. Gli Usa da soli hanno investito, nel 2001, 500 miliardi di dollari per la difesa.

Un'economia di opulenza domanda una politica di oppressione che a sua volta domanda una religione in cui Dio è prigioniero del sistema. Dio benedice il faraone; benedice Cesare; benedice Bush. È la religione imperiale. E la religione imperiale, proprio perché coopta Dio, benedice l'impero: ma di che cosa vi lamentate, non siete mai stati tanto bene! Gente che soffre... ma poi c'è il paradiso dove sarete così felici!

L'Esodo è tutto qui. È la proclamazione che Dio ha ascoltato il grido delle vittime e ha vinto il faraone, che Dio ha sconfitto il male, che c'è speranza dentro la storia umana, che c'è futuro. Israele ha tentato di realizzare quel sogno di Dio, almeno all'inizio della propria storia. Sembra che dopo il duro cammino nel deserto, il clan di Mosè sia penetrato pacificamente nella zona montagnosa di Canaan. Su queste colline trova varie tribù sfuggite da poco ai regni oppressori delle città costiere. Questi *ribel-*

*li* (sembra questo il significato del nome "ebrei") si erano dovuti rifugiare sui monti per meglio difendersi dagli attacchi dei re. È a questi ribelli che il clan di Mosè porta la buona novella che Dio non sta dalla parte dei re, ma degli schiavi. E lo Jahvismo diventa la forza che unisce tutti quei gruppi umani, le dodici tribù di Israele, in un'unica famiglia, una società alternativa all'impero. Le caratteristiche di questa società sono l'uguaglianza economica, fondata sulla reciproca solidarietà, e l'autonomia produttiva, con la proibizione dell'accumulo dei beni (*Esodo* 16). La terra deve essere distribuita equamente tra le famiglie. In chiave politica: decentralizzazione del potere e sussidiarietà, assemblee del popolo e degli anziani. No alla monarchia, nessun esercito stabile. Le istituzioni del sabato e del giubileo servono da correttivo per le possibili deviazioni.

La recente ricerca biblica sostiene che il giubileo è stato parte essenziale del "gran sogno di Dio" che chiamava Israele a essere una comunità alternativa all'impero e alle città-stato del Medio Oriente. Purtroppo anche in Israele le tendenze alla disuguaglianza si fecero ben presto sentire. Le istituzioni giubilari furono fin dall'inizio gli strumenti giuridici per tentare di riportare un minimo di uguaglianza in seno alle tribù di Jahvè. La prima istituzione giubilare è il sabato, settimo giorno della settimana, seguito dal settimo anno sabbatico, che diventerà poi il sabato dei sabati (7×7), il grande giubileo ogni cinquantesimo anno. Il sabato ricorda a Israele il sogno di Jahvè, e diventa così il giubileo settimanale. "Il sabato promette sette giorni di prosperità per sei di lavoro" (Robert Lowery). Il ciclo sabbatico settimanale è stato poi esteso al settimo anno nel Codice dell'Alleanza (*Esodo* 23, 10). Tutto questo per contrastare la tendenza della società umana a concentrare ricchezza e potere in poche mani, creando così paurose stratificazioni sociali e relegando i poveri all'ultimo posto. Ciò porterà poi al sabato di anni, al 7×7. Il giubileo dei cinquant'anni includeva la remissione dei debiti (*Levitico* 25), la restituzione della terra al proprietario originale e la liberazione degli schiavi.

Per circa duecentocinquant'anni (1250-1000) le tribù d'Israele asserragliate sui monti tentano, con esiti alterni, di tradurre in pratica quel sogno di Jahvè... Ma poi, sia per ragioni interne (caduta di ideali) sia esterne (l'arrivo dei filistei), le tribù cedono e decidono di imitare gli imperi, le "nazioni". Con Salomone (970-931) Israele si adegua allo schema imperiale: un'economia di opulenza che richiama una politica di oppressione, che a sua volta esige una religione dove Dio è prigioniero del sistema e benedice il faraone. Salomone fa di Gerusalemme una capitale sontuosa con palazzi e grandi costruzioni. Seleziona i giovani migliori per il suo esercito e le ragazze più belle per il suo harem. Ma per realizzare tutto questo il re deve ricorrere ai tributi, ai lavori forzati, alle corvée. E la religione viene usata per benedire il sistema. Non a caso è proprio Salomone a costruire il tempio. Jahvè è asservito al sistema.

Di fronte al tradimento radicale dell'esperienza dell'Esodo, i profeti si ribellano. Essi sono la coscienza d'Israele, coloro che ricordano al popolo che quella vita non è ciò che Dio ha progettato per loro. I profeti esprimono quel grido, l'ansia di tornare al progetto iniziale di Dio. Ecco la loro grande rabbia, espressione della sofferenza immensa dei poveri che tocca il cuore di Dio. Questa reazione sarà ripresa più tardi nel filone apocalittico, che porterà a un'altra forma di resistenza nonviolenta, espressa così bene nel libro di Daniele. Daniele riprende il sogno di Dio: finiranno gli imperi bestiali e sorgerà una società dal volto umano. La storia non sarà più retta da bestie e bestioni, ma da uno che ha il volto d'uomo, i volti di una comunità.

Gesù, centocinquant'anni dopo Daniele, riprende e rilancia questo sogno nel suo grande avvento di speranza per i poveri della Galilea. Gesù è stato l'immagine del volto d'uomo che disturbava l'Impero di Roma con la proclamazione che "il Regno di Dio è vicino". Proclamazione che diventerà contestazione radicale del sistema del tempio di Gerusalemme, che collabora con Roma. Gesù ha rilanciato in quella "Galilea delle genti" il messaggio dell'anno giubilare; ha proclamato un'economia sabbatica radicalizzandola. La Galilea era la regione della Palestina dove più si pagava lo scotto all'imperatore, che utilizzava il tempio e il tetrarca Antipa per schiacciare e strozzare i contadini. Il Vangelo di Luca presenta il lavoro di Gesù come rilancio dell'anno sabbatico, del giubileo. "Gesù si recò a Nazaret... entrò nella sinagoga... 'Lo Spirito del Signore è sopra di me, per questo mi ha consacrato con l'unzione e mi ha mandato per annunziare ai poveri un lieto messaggio'" (*Luca* 4). "Portare un lieto messaggio ai poveri significa cambiare le realtà socioeconomiche e spirituali dei contadini indebitati, di gente senza terra, di disoccupati o schiavi. È importante notare che l'anno di grazia che Gesù proclamò come l'arrivo del Regno di Dio non era più un anno ogni sette o un anno ogni cinquanta, ma una nuova età di libertà perpetua per tutto il popolo di Dio da ogni tipo di oppressione." Così affermano le due bibliste americane R. e G. Kinsler. Gesù in quella Galilea schiacciata e oppressa rilanciava il "gran sogno di Dio" partendo dalle piccole comunità di rinnovamento nei villaggi della regione.

"L'intuizione di Gesù non era quella di pilotare i suoi seguaci verso comunità disincarnate, ma di cercare comunità alternative incarnate, che potessero resistere e sfidare i sistemi di potere come Lui stesso ha fatto pagando di persona. Il Regno di Dio che Gesù proclamava era precisamente quell'ordine socioeconomico e spirituale inculcato dalla Legge e dai profeti, condensato nella visione del sabato-giubileo. Gesù rinnovò la memoria sovversiva delle tribù di Jahvè e l'aspettativa del Regno di Dio tra i villaggi della Galilea" afferma lo storico Horsley. E Gesù nei villaggi della Galilea diede inizio a piccole comunità alternative, comunità di accoglienza dove l'emarginato, l'indebitato, il lebbroso si sentiva accolto, amato, perdonato. Comunità di condivisione, dove quel poco che c'era veniva spezzato, ripartito (lo spezzare il pane). Nessun episodio nei Vangeli è così spesso raccontato come la moltiplicazione dei pani (sei volte!), che non è solo un bel miracolo, ma il cuore stesso della Buona novella. Questo spiega il rifiuto radicale da parte di Gesù dell'economia monetaria di accumulazione del sistema imperiale romano. Gesù lo chiama *Mammona* (è incredibile che le uniche due parole aramaiche che conosciamo di Gesù siano *Abbà* e *Mammona*: l'irriconciliabilità tra Dio e la Ricchezza, ci ricorda il teologo cingalese della liberazione Aloysius Pieris).

Non è per caso che Gesù venne crocifisso: fu la conclusione logica della sua vita. Roma crocifiggeva gente a migliaia: era terrorismo militare. Gesù fu crocifisso "fuori le mura", come cane immondo. A quel Crocifisso l'*Abbà* è rimasto fedele. "È vivo! È risorto! Vi precede in Galilea." Di là verrà rilanciata la Buona novella. Piccole comunità alternative come quella di Gerusalemme che Luca ci presenta negli *Atti degli apostoli*. "Nessuno era tra loro bisognoso, perché quanti possedevano campi o case li vendevano, portavano l'importo... e poi veniva distribuito a ciascuno secondo il bisogno" (4, 34-36). Piccole comunità alternative all'Impero romano come quelle fondate da Paolo in Grecia e Asia Minore, che avevano accolto il cuore del sogno di Dio, un'economia di uguaglianza, espressa così plasticamente in quella famosa colletta delle comunità ellenistiche a favore della comunità dei "poveri" di Gerusalemme. "Qui non si tratta infatti di mettere in ristrettezze voi per risollevare gli altri, ma di fare uguaglianza" (*2Corinzi* 8, 14-15). Senza dimenticare le sette piccole comunità cristiane dell'*Apocalisse*, la cui profezia sta proprio in quell'essere *alternative* all'ordine imperiale romano.

Corollario obbligato: la teologia della liberazione non ha fatto altro che riscoprire l'antico filone delle Scritture ebraico-cristiane. La teologia della liberazione è un grande dono delle chiese del Sud alle chiese ricche del Nord. Ho letto molti testi e sono stato certamente molto influenzato da questa teologia, come anche da altre teologie del Sud del mondo. Non condivido la lettura fattane da Joseph Ratzinger, il cardinale prefetto della Congregazione per la dottrina della fede, espressa in modo specifico nell'istruzione *Libertatis nuntius* del 1984.

È un peccato che questa teologia non abbia potuto nutrirsi profondamente della ricerca biblica che ho citato. Nessuno può attaccare quanto ho scritto sopra. Quando presento il filone delle Scritture ebraiche e cristiane mi sembra di presentare il cuore della teologia della liberazione. Tutto ciò darebbe a questa teologia una profonda spiritualità biblica, di cui c'è molto bisogno (Gustavo Gutiérrez nel suo *Parlare di Dio a partire dalla sofferenza umana* e Pedro Casaldáliga in *Spiritualità della liberazione* ne sono due splendidi esempi).

Un altro aspetto, per me inquietante, della teologia della liberazione – che neanche Ratzinger ha toccato – è il problema della violenza. Che lo si voglia o no, la teologia della liberazione nasce nel contesto in cui nasce anche la *Populorum progressio*. Pur condannando "l'insurrezione rivoluzionaria", l'enciclica di Paolo VI nel 1967 dice che in casi determinati ("una tirannia evidente e prolungata che attenti gravemente ai diritti della persona e nuoccia in modo pericoloso al bene comune del paese", n. 31) si può fare uso della violenza. La teologia della liberazione non ha riflettuto sul problema della violenza, e questo è molto grave e potrebbe avere pesanti conseguenze. Il problema di fondo sta nel fatto che la teologia della liberazione prende dal marxismo l'idea che l'uomo è buono, è la società che lo rende cattivo. Il marxismo ha sempre detto: cambia la società e l'uomo cambierà. Purtroppo non è vero; è vero invece che la conversione parte dalla persona. La chiesa ha sempre sostenuto che, se cambia la persona, cambierà anche la società – e anche questo non è vero. La teologia della liberazione, se vorrà giocare il ruolo che le spetta, dovrà rafforzare il suo humus biblico, darsi una spiritualità, scegliere la nonviolenza attiva come fece Gesù. Penso che nella resistenza da parte della società civile organizzata contro l'impero del denaro, la teologia della liberazione potrà giocare un ruolo importante, per credenti e non. La paura che gli Usa nutrivano negli anni settanta-ottanta verso la teologia della liberazione oggi la nutrono nei confronti della società civile organizzata.

# Pregare la vita

Una delle priorità che mi sono dato fin dall'inizio è stata certamente la preghiera, la contemplazione, che ho sempre condiviso con le persone con le quali, di volta in volta, facevamo comunità. Al mattino si iniziava con un robusto momento di preghiera dalle 6.30 fino alle 8.00, dove di solito pregavamo un salmo. I salmi a Korogocho acquistano tutto un altro spessore. Qui la preghiera non è evasione, non è arrampicarsi sugli specchi; preghi la vita, perché sei talmente immerso in situazioni incredibili che quelle diventano la tua preghiera e... gridi... urli... Una preghiera che facevamo nella bellissima cappellina che abbiamo ricavato dallo stanzone che ci serve per l'eucaristia domenicale.

La cappellina è una stanzetta piccola che ha tutto il sapore dell'Africa. Per terra ci sono stuoie, sulle pareti bambù. Sullo sfondo una grande tela opera di un pittore etiopico: al centro, un Cristo "torchiato", crocifisso, con attorno i volti dei crocifissi di oggi. Nell'angolo, un albero (l'albero della vita della tradizione africana) con in cima il tetto di una capanna luo, una popolazione del Kenya. Dal tetto penzola un tipico cestino africano per il Pane. E subito sotto, nel cuore dell'albero, il luogo del Pane, quel povero Gesù che ha messo la sua tenda in mezzo a noi. Quel Pane che ci ha accompagnato in questo lungo pellegrinare sulle strade dei poveri.

Questo angolo per la preghiera è stato uno spazio di contemplazione, di tranquillità, un piccolo angolo di paradiso, anche se così povero, così semplice. Davanti a quel Pane, quante volte con le parole dei salmi ho gridato la mia rabbia, la mia indignazione. "Non lasciare in pasto alle belve la tua dolce colomba, Signore: non scordarti dei poveri tuoi. Sii fedele alla tua alleanza: traboccata da luoghi di tenebra, la violenza ha invaso la terra" (*Salmo* 74). I salmi qui assumono una forza, una potenza!...

quella disarmata dei poveri. "Non ci respingere, Dio, per sempre! Perché nascondi a noi il tuo volto? Perché non pensi alla nostra miseria, e quanto oppressi noi siamo tu scordi? Siamo costretti a morder la polvere, coi nostri ventri distesi a terra. In nostro aiuto risorgi e accorri" (*Salmo* 44).

Quando leggevamo un salmo, lo riprendevamo con le nostre parole e dicevamo: "Signore, vorrei ricordarti la tal persona, hai sentito quello che ha detto Tizio o Caio, hai visto cosa è successo, ma tu dove sei, ma perché non ti muovi, ma datti da fare!". Poi leggevamo il Vangelo del giorno. Anche il Vangelo diventa vita, qui. "A Korogocho non devi prendere un testo del Vangelo e tradurlo nell'oggi" diceva fratello Gianni. "Non c'è nessuna trasposizione da fare." Il testo letto lo sperimenti già nella vita reale. Condividevamo spontaneamente la nostra vita alla luce del Vangelo. Poi pregavamo. E infine proclamavamo il *Benedetto*. Queste erano un po' le nostre Lodi. Poi, dopo la preghiera, si ritornava in baracca e si preparava il tè per colazione. Bevevamo un po' di tè insieme alla gente che veniva a vederci, a parlare. Uscivamo poi per visitare ammalati, famiglie, gruppi fino al primo pomeriggio. Verso quell'ora preparavamo qualcosa di leggero da mangiare: un uovo, un po' di verdura, un pezzo di pane. A Korogocho mi sono abituato a non mangiare più carne, perché i poveri la carne la vedono di rado. Niente vino, perché, al di là del costo, in un luogo dove l'alcol uccide i poveri berne diventava per me anche un problema di coscienza.

Poi di nuovo in piedi: visita alle famiglie, incontri con i gruppi... E sempre gente, gente!... Alla sera celebravamo spesso due eucaristie nelle baracche dei malati di Aids insieme alla piccola comunità cristiana. Ci sedevamo vicino al malato con un po' di pane, un po' di vino, un Vangelo e un cero. E poi due-tre ore di messa, densa, viva, bella, partecipata. Si partiva con un canto. La piccola comunità: dieci-quindici persone stipate nella baracca. Bellissimi quei volti alla luce di una candela o di una lampada a olio. Sembravano i chiaroscuri del Caravaggio. Poi davo a tutti il benvenuto. Il malato faceva altrettanto rivelando ai presenti la sua situazione. "Grazie di essere venuti! Sono molto contento: mi avete fatto un grande dono!" Quindi ognuno guardava in volto il suo fratello e gli dava il benvenuto. Il malato accendeva una candela, pregava e la faceva girare fra tutti i presenti. Poi, in profondo silenzio, leggevamo il Vangelo. Aiutavo la comunità a comprendere il testo. E poi, un fiorire di interventi... Alla preghiera dei fedeli, un coro di implorazioni. Lo "spezzare il pane" assume qui una profondità insospettata. È il Mistero! Qui lo tocchi con mano. Commovente il *Padre nostro* recitato dandoci la mano. E poi l'intimità e l'umanità che si sentono quando decine di mani si incrociano per la pace. Come anche l'intensità del ringraziamento (Grazie, Signore!) dopo la comunione. Il tutto accompagnato da canti stupendi. Molti malati chiedevano l'unzione degli infermi: non la davamo ai malati terminali ma a chi era all'inizio della malattia, come forza per lottare contro il male. Tutti imponevano le mani e insieme benedicevano l'olio. Dopodiché la gente imponeva le mani sul malato e invocava lo Spirito mentre il prete ungeva il malato sulla fronte, sul petto, sulle mani e sui piedi. Poi un uomo (scelto dalla comunità), o una donna se eravamo con una donna, ungeva tutto il corpo del malato. "Sapessi come ho dormito bene questa notte! Sono sereno e disteso" mi dicevano i malati dopo momenti come questi.

Il segno dell'olio, l'imposizione delle mani, il calore umano di una comunità che si stringe attorno fanno il miracolo. È incredibile l'impatto che questi momenti hanno sul malato. *Sister* Gill dice che lo aiutano più che non tante medicine.

Queste ore serali passate con i malati, passate spezzando il pane, sono il *sine qua non* per continuare a camminare a Korogocho. È preghiera densa di realtà, carica di Mistero. I poveri ti insegnano a pregare: diventano i tuoi maestri. In quei momenti scopri Dio, ma un Dio che sta all'inferno.

Nel cuore della notte tornavamo alla nostra baracca. Non c'era anima viva per le strade, controllate da bande armate di giovanotti. "Hi, mafia!" mi apostrofavano puntandomi addosso la torcia. "Io vengo dalla mafia siciliana, da Provenzano," rispondevo loro, "ma voi non lo siete meno di me!" Sorridevano e mi lasciavano passare. Ce n'è voluto prima che questo avvenisse. Ricordo che nei primi tempi a Korogocho, mentre andavo a pregare nel cuore della notte, ho sentito che due stavano correndo verso di me. Quando me ne accorsi, puntai la torcia verso di loro. Vidi uno che con un coltellaccio mi stava già addosso per colpirmi. Per fortuna la torcia mi illuminò il volto e l'altro mi riconobbe. Riuscì a stento a trattenere il coltello del compagno gridando: "È padre Alex! Cosa stai facendo?". Si buttò in ginocchio e mi chiese perdono.

In quei momenti senti la paura, una paura viscerale. Tremi tutto. È quanto subiscono continuamente i poveri. Se non lo provi sulla tua pelle, non capisci nulla.

Ritornati in baracca, iniziava il rito della preparazione della cena. Si cucinava, si parlava, si condivideva quanto era avvenuto nella giornata. Un momento molto intenso, mangiando quel povero cibo che eravamo riusciti a mettere insieme. Poi si concludeva la giornata con un salmo, con un grazie a Lui per il tanto ricevuto. Ogni mercoledì sera, ci incontravamo, missionari e laici, per "spezzare il pane". Tutti i giovedì uscivamo da Korogocho per una giornata intera di preghiera, di meditazione, di contemplazione. Nei dodici anni di Korogocho abbiamo così potuto masticare la Bibbia, ma letta dagli inferi. Era il momento di rilettura del nostro cammino a Korogocho alla luce della Parola. Momento di parola, momento di condivisione, momento di verifica, il giovedì di ogni settimana ci ha segnati tutti. Questa dimensione contemplativa ha trasformato l'esperienza di Korogocho dandole una dimensione più profonda, quella del Mistero. Non si può vivere a Korogocho senza questo profondo respiro del Mistero.

# Alla ricerca di Dio

Dio non sceglie i poveri perché sono migliori dei ricchi; i poveri, sotto molti aspetti, sono peggiori. San Vincenzo de' Paoli, che ha lavorato in Francia all'inizio dell'industrializzazione e di poveri se ne intendeva, ha scritto che i poveri sono i più spietati padroni che esistano. Ed è vero. I poveri sono peccatori quanto i ricchi, ma Dio vuol loro bene perché sono poveri, perché sono schiacciati, sono emarginati. Lui li ascolta, Lui sta dalla loro parte perché sono così, non perché sono buoni. Non dimenticherò mai quanto diceva l'arcivescovo anglicano Desmond Mpilo Tutu (da "Nigrizia" tanto sostenuto durante la sua lotta contro il sistema dell'apartheid). Dio non stava dalla parte dei neri in Sudafrica perché erano migliori dei bianchi, ma perché erano oppressi, schiacciati. Basta vivere a Korogocho per capire che i poveri non sono santi.

A Korogocho i poveri discriminano altri poveri. Troviamo gli stessi fenomeni di emarginazione che sono visibili anche nelle nostre società ricche. L'emarginazione deve proprio far parte del cuore umano. In baraccopoli molti pensano che la gente della discarica sia la peggiore che esista. Un giorno per strada – ero a Korogocho da pochi mesi – mi fermò Jeremia: "Bianco, congratulazioni, sei il primo bianco a mettere piede qui dentro e a starci e viverci". Poi ha aggiunto: "Ma chi siamo noi? Siamo forse bestie selvagge che non ti degni di venire a trovarci?". Si riferiva alla gente della discarica. "Jeremia," gli ho risposto, "hai ragione, io non sono mai venuto in discarica; ho preferito la gente che sta un po' meglio di voi. Domani verrò." Quando a Korogocho hanno saputo che volevo andare al Mukuru, così si chiama la discarica, mi hanno detto: "No, non andare, Alex, tu non sai che cos'è la discarica! Ti ammazzano!". Ormai l'avevo promesso. Ci sono andato. Mamma, la paura!... la paura che sentiamo tutti, è inutile che stiamo qui a prenderci in giro! È come scendere nei gironi danteschi: cataste di rifiuti fumanti, con una puzza infernale; gente che scava da tutte le parti e questi uccelli enormi – *bangu*, li chiamano – che lottano con uomini e donne per trovare cibo.

Gli occhi di tutti si puntarono su questo strano *muzungu* (bianco). "Non ti aspettavo" mi disse Jeremia quando mi vide. "Hai mantenuto la promessa, bravo! Siediti qui." Mi ha fatto sedere sull'immondizia, spiegandomi cos'è la discarica. Poi mi ha portato in giro a farmi conoscere un po' di gente. Iniziai così a prendere contatto con un mondo altro anche da Korogocho. Venivano ogni tanto a bere un po' di tè nella mia baracca. Parlavano del più e del meno; io cercavo di capire la loro situazione. All'inizio arrivavano in pochi, non si fidavano: sono stati imbrogliati da troppa gente. Però avevano ancora vivo il ricordo di un prete americano dei padri passionisti che aveva lavorato con loro, solo con loro. Lo amavano, era un mito per loro. Lui non si era sentito appoggiato dalla sua comunità religiosa e alla fine aveva abbandonato tutto. È tornato negli Stati Uniti e si è sposato. Un altro prete che si era interessato a loro era stato Arnold Grol, un olandese dei Missionari d'Africa (conosciuti come "Padri bianchi") che aveva dedicato la sua vita agli *street children*, i ragazzi di strada che per qualche spicciolo facevano da custodi delle auto. Un vero profeta nel richiamare su di loro, negli anni settanta e ottanta, l'attenzione della società e della chiesa. Il lavoro che aveva fatto con la gente del Mukuru era fallito. Ma aveva aperto una porta. Sono mondi lontanissimi dai nostri, mondi di sofferenza, di immense sofferenze sepolte nel profondo del loro cuore. Tanti venivano a confidarsi con me. Come Njoroge, il gigante buono, quasi sempre ubriaco. "Ma perché bevi?" gli chiedevo. "Alex, perché mi domandi perché bevo? Se conoscessi la mia storia! Non ho il papà né la mamma, anzi li ho ma non mi hanno mai voluto bene. Si sono lasciati ormai da tantissimo tempo, ognuno per i cavoli propri, tutti e due bevono, nessuno si cura di me. Sai, Alex, sono solo. Per sopravvivere sono venuto in discarica." Bere è una maniera per dimenticare, per cancellare tutta questa sofferenza che si nasconde nel cuore e che spunta sui volti così spesso rigati di lacrime quando mi parlavano.

Njoroge lo ammazzarono a coltellate dentro la discarica, preso tra due gruppi che se la contendevano. E lui non c'entrava nulla. I volti dei nuovi crocifissi...

Una delle cose che ho sempre detto andando a Korogocho è che avevo bisogno di un'esperienza viva, reale, del Mistero. Ero stato abituato a parlare del Mistero in maniera molto asettica, borghese, lontana, mentre Korogocho te lo rende carne. Come Njeri. Una ragazzina che era andata a prostituirsi a Mombasa e poi, quando le avevano detto che aveva l'Aids, aveva deciso di venire a morire dalla mamma, a Korogocho. Mi ricordo che sono stato da lei con la piccola comunità cristiana un paio di settimane prima che morisse. Siamo entrati, abbiamo celebrato e poi lei, all'offertorio, improvvisamente ha chiesto di pregare. Lo ha fatto per dieci minuti, una preghiera bellissima: *"Papa*, lo so che sono molto malata, non so quanto mi resta da vivere, però io ti vorrei pregare, *Papa*, guariscimi! So che tu lo puoi fare, so che tu puoi guarire le persone. *Papa*, non te lo chiedo per me, te lo chiedo per questo bambino, non ha nessuno, sono io il papà e la mamma per questo bimbo. Per lui ti chiedo di guarirmi, però se Tu non vuoi guarirmi, se Tu vuoi che io venga da Te, eccomi *Papa*, io sono pronta". Ignazio da Loyola è arrivato a sessant'anni alla preghiera dell'indifferenza! Questa ragazzina, che è vissuta sulla strada, fa una preghiera che ti lascia di stucco. Qui ci si trova davanti al Mistero. Dove più abbonda il peccato, direbbe l'apostolo Paolo, più abbonda la grazia.

È vivissimo in me anche il ricordo di Florence, una ragazzina che aveva iniziato a prostituirsi a undici anni, a quindici le avevano detto che aveva l'Aids e a sedici era già morta. Eravamo stati da lei due giorni prima che morisse. Quella sera non c'era la comunità, ero andato io di corsa con padre Antonio e un altro prete. Florence non aveva proprio nessuno, anche la mamma l'aveva abbandonata. Ci siamo seduti attorno al letto. "Siamo venuti perché abbiamo saputo che stai male, sei sola, non hai nessuno. Siamo qui per starti vicino" le dissi salutandola. "Florence, accendi questo cero." Lo accese. Il suo volto si illuminò: un viso bellissimo, ma pieno di pustole, tipico della fase terminale dell'Aids. Florence pregò a lungo spontaneamente, a voce alta, una preghiera bellissima. "Florence, chi è Dio per te?" mi venne spontaneo chiederle. *"Mungu ni mama,"* mi rispose in kiswahili, "Dio è mamma." Non capivo più nulla. La mamma l'aveva abbandonata giorni prima, Florence stava morendo come un cane. Mi venne spontaneo farle una seconda domanda: "Florence, chi è per te il volto di Dio?". Guardavo il suo viso rischiarato dal cero. Rimase in silenzio alcuni minuti, poi si illuminò di un sorriso bellissimo: "Sono io il volto di Dio!". È il Mistero. Qui lo tocchi con mano. Qui tocchi con mano il Mistero che si rivela sui volti dei crocifissi.

Una delle ragioni fondamentali che mi hanno portato a Korogocho è stata la ricerca del Suo volto, del volto di Dio. "Mostrami il tuo volto, Signore!" In tutta la mia vita sono sempre stato in lotta con Dio, per cercare di capire come si può riconciliare Dio con la sofferenza innocente. E sono sempre stato convinto che se Dio c'è, non può essere che agli inferi, dunque in posti come Korogocho. E qui ho scoperto questo Dio sui volti dei crocifissi.

Ricordo che il secondo Natale che passai in baraccopoli promisi alla gente della discarica di andare a salutarli nelle loro baracche. Quando entrai nella sua baracca, Jeremia mi abbracciò con entusiasmo: *"Karibu, Alex. Karibu!"*. Mi fece sedere su un sasso e scomparve. Mi guardai attorno: una baracca sventrata da tutte le parti. Dopo cinque minuti me lo ritrovai davanti con un filone di pane che era andato a comprare nel negozietto poco distante. "Alex, *karibu!*". Poi prese il pane, lo spezzò sotto i miei occhi attoniti e disse: "Prendi, mangia: 'Questo è il mio corpo dato per voi...'". Come prete mi sarei sprofondato...

## Uscire dal bozzolo

Un'altra ragione altrettanto importante è stata il bisogno di uscire da un mondo borghese. Sono nato in una famiglia povera, i miei genitori hanno fatto una fatica enorme a tirarci su nel dopoguerra. In seguito, entrato nei comboniani, ho condotto un'esistenza medio-borghese, a cominciare dal mio percorso formativo. Anche la mia prima esperienza di missione in Sudan, così come gli anni passati a "Nigrizia", aveva rafforzato il mio "bozzolo".

Sentivo il bisogno di fare un'esperienza di immersione in una situazione che mi riportasse alla realtà e mi facesse vivere come vivono i poveri. Sentivo il bisogno del battesimo dei poveri. Pochi hanno espresso così bene questo concetto come il gesuita João Bosco Burnier, che a sessant'anni è andato a vivere con il vescovo Pedro Casaldáliga nel Nordeste brasiliano, insieme agli indios e ai campesinos, dove è stato ucciso. Burnier diceva che ogni missionario d'Occidente deve essere disposto al lavaggio, al battesimo del proprio materialismo, del proprio razionalismo e del proprio cattolicesimo barocco. Il materialismo e il consumismo mi si erano infiltrati nelle ossa: ne ero compenetrato. I miei studi e la mia ricerca mi avevano portato a un profondo razionalismo: razionalizzavo tutto. Ed ero erede di un cattolicesimo barocco, di quella cristianità trionfante così ben espressa da tanto barocco italiano. A Korogocho salta tutto, salta la tua filosofia (ero arrivato quasi al dottorato!), saltano i tuoi schemi teologici, la tua morale. Non riesci più a capire nulla, tutto va in pezzi. Quando vedevo migliaia di ragazzine che andavano a prostituirsi in città, negli alberghi, per guadagnarsi qualcosa per poter sopravvivere, mi domandavo: "Io sarei il prete casto e illibato che può celebrare la messa? Eppure io sono un prete *bianco*, parte di un mondo ricco che obbliga queste ragazzine a prostituirsi. Io sono a posto, loro no! Io sono puro, loro impure! Io posso accedere all'eucaristia, loro no". Qui entri in crisi profonda. I poveri ti lavano dal tuo materialismo, dal tuo razionalismo e ti fanno recuperare una dimensione di spiritualità, di Mistero, da farti sbalordire. È la forza dei poveri.

Tutti i preti dovrebbero vivere questo "battesimo dei poveri". Se non lo ricevi, non riesci a comprendere come gli altri percepiscano la realtà. Se non ci si mette nella pelle degli altri non si capisce nulla. È quanto ha fatto il giornalista tedesco Gunter Wallraff: si è fatto cambiare letteralmente i connotati con la chirurgia per diventare turco, è riuscito a ottenere un passaporto turco e ha girato per la Germania con un registratore in tasca, bussando ovunque. Poi ha scritto un libro-denuncia, *Faccia da turco*, e ha messo a nudo l'atteggiamento dei tedeschi verso gli immigrati turchi. I tedeschi non potevano riconoscersi in quel libro. Il perché è chiaro: fino a quando non ti metti personalmente dall'altra parte non riesci a capire che cosa significa essere turco in Germania. Qualcosa di simile è successo negli Stati Uniti negli anni sessanta: un bianco, John Howard Griffin, ha preso delle sostanze che lo hanno fatto diventare nero e ha vissuto da nero negli stati del Sud, pubblicando poi un libro devastante: *Nero come me*. Fu uno shock per la borghesia bianca nordamericana.

## Non ti appartieni più

Sono sceso a Korogocho per imparare a essere prete, ma prete nel vero significato della parola. Ho sempre fatto il prete, ma sentivo che solo i poveri potevano riportarmi a esserlo veramente. Sappiamo con sicurezza che Gesù non era prete, non era nato dall'aristocrazia sacerdotale di Gerusalemme. Era un laico. Dopo la sua crocifissione, le prime comunità cristiane hanno dovuto porsi anche questo problema: Gesù era un laico, allora come può aver compiuto le Scritture che attendevano un messia-sacerdote? La *Lettera agli Ebrei* è stata scritta per dire alle comunità cristiane che il laico Gesù è diventato prete quando ha assunto la carne dei suoi fratelli, carne di sofferenza, quando ha assunto il loro grido e l'ha trasformato in preghiera davanti a Dio. Questo Gesù ha imparato l'obbedienza, pur essendo figlio di Dio, attraverso la sofferenza. È qualcosa di grandioso, un Gesù che diventa prete proprio perché assume la sofferenza della sua gente, e questa assunzione della sofferenza del suo popolo, trasformata in grido davanti a Dio, diventa la grande preghiera davanti all'*Abbà*. "Proprio per questo nei giorni della Sua vita terrena egli offrì preghiere e suppliche con forti grida e lacrime"(*Ebrei* 5, 7). Sono le forti grida e lacrime del suo popolo che Gesù aveva fatto proprie nella Galilea schiacciata dall'imperialismo romano.

Ed è esattamente quanto ho compreso, ma l'ho compreso pagandolo di persona. Cosa significa essere prete? È l'uomo che spezza il pane, ma è facile spezzare ostie in chiesa. È l'uomo che si spezza come pane, che diventa pane, che si fa mangiare. È dura quando non ti appartieni più, quando sei totalmente mangiato dalla gente. Sei a totale disposizione dal mattino alla sera, dalla notte al mattino! Sei stato consegnato nelle loro mani. C'erano dei momenti in cui mi sentivo talmente mangiato che mi chiedevo se esistevo io o erano i poveri che vivevano in me. Allora assumi veramente la sofferenza della gente, diventi grido, diventi preghiera davanti a Dio. Paolo avrebbe detto: "Non sono più io che vivo ma è Lui che vive in me". Sono i volti del Crocifisso, dei crocifissi che vivono in te. Scopri allora davvero che cosa significa essere prete come quel Gesù di Nazaret.

## Il Dio debole

A Korogocho è inutile chiedersi *chi* è Dio. Quando si vive in una situazione di tragedia, non è questo che interessa. La grande domanda, a Korogocho e davanti ai macelli umani che succedono in Africa, è: Dio, dove sei? Dio perché non ti riveli? Dio perché non difendi i tuoi figli? Perché non agisci? Perché te ne stai in silenzio? Queste domande mi hanno messo profondamente in crisi. La mia vita è stata una lunga ricerca per capirci qualcosa. Una lunga lotta come quella di Giobbe: lottare con Dio.

In me, lentamente, si è fatta strada sempre più la convinzione che forse è tutta la nostra idea del Dio onnipotente, di cui siamo stati imbevuti, che andrebbe ripensata. Già il Vangelo avrebbe dovuto aiutarci a farlo. Il Vangelo ci fa intravedere un volto di Dio che è ben differente da quanto noi diciamo. A quel Gesù, speranza per i poveri della Galilea, ma crocifisso da Roma come uno schiavo, perché sobillatore contro l'impero e che in croce grida "Dio mio, Dio mio perché mi hai abbandonato?" non c'è risposta. Silenzio totale.

Non so fino a che punto ci siamo confrontati davvero con questo silenzio di Dio, un silenzio troppo forte per non farci pensare. Non c'è risposta, l'*Abbà* non lo tira giù dalla croce. Gesù muore come un criminale. Non c'è il lieto fine come nei film americani. E ho visto la gente a Korogocho morire come nuovi crocifissi, come criminali emarginati dalla società. E la domanda allora ritorna: dov'è Dio?

Certo che Dio c'era su quella croce. Era talmente, intimamente presente a quel Gesù di Nazaret, che noi come credenti diciamo che gli è rimasto fedele nell'assurdità più totale. E l'ho sentito a Korogocho che Dio è profondamente fedele agli ultimi, che lavora in loro, che soffre con loro. È straordinario vedere la spiritualità dei poveri nei momenti tragici. La loro fede, la loro serenità, la loro capacità di esprimere il Mistero. Dio c'è – sta all'inferno, però.

Se noi crediamo in un Dio onnipotente che risolve tutto, che sa fare i "miracolini", allora perché non li fa? Perché? Per me è stata molto importante la riflessione biblica, che mi ha portato poi a Emmanuel Lévinas, il grande filosofo e pensatore ebreo passato attraverso i campi di concentramento di Stalin e di Hitler. Lévinas, che ha conosciuto la sofferenza umana, diceva una cosa interessante: Dio ha un volto di donna più che di uomo, perché è essenzialmente colui che genera. A una donna può capitare di generare un bimbo gravemente ammalato e, per quanto lei si dia da fare, se lo vedrà morire fra le braccia. La madre è straziata dal dolore, ma non ci può fare nulla. Forse Dio è proprio così. Lévinas direbbe che poiché ci genera liberi, Dio si autolimita, non ci può prendere per i capelli. Non ci può forzare. Come una madre tenterà tutte le strade per salvare il figlio, ma alla fine se lo ritroverà morto fra le braccia. E nessuno potrà accusare quella mamma di aver amato più di tutti quel figlio ammalato. È naturale! Così è di Dio: è naturale che sia il Dio-mamma degli schiavi, degli oppressi, degli emarginati, e nessun "figlio maggiore" potrà rinfacciarglielo.

Per me abbiamo qui un nodo fondamentale: la riscoperta di un Dio che è onnipotente in quanto Dio, ma non dell'onnipotenza che abbiamo pensato noi. È un Dio profondamente debole... impotente. E gli tocca assistere alla morte dei suoi figli stringendoseli al seno come una mamma con il suo bimbo, non li può salvare con un bel miracolino. Egli stesso è travolto dalla sofferenza umana. Come scriveva un teologo francese, Bernard Rey, in *Dio, dove sei?*: "Ho abbandonato l'idea del Dio onnipotente, della mia fede sicura, per ritrovare il Dio che condivide la passione dell'umanità, in seno alla quale rimane il Vivente, colui nel quale ripongo la mia fiducia. È la mia vita inserire vita là dove si trova la morte". È questo un po' anche il mio cammino. Dio lo sento così, come un volto di mamma che stringe noi suoi figli tra le sue braccia, fa di tutto, ma non ci può obbligare, non ci può prendere per i capelli. Cammina con noi, ci rimane fedele nonostante tutto, e ci stringe ancora più forte quando ci vede morire fra le sue braccia.

Questa esperienza del Dio debole, che cammina con la gente, che è presente all'inferno, è ormai una via obbligata per pensare Dio davanti alle situazioni umane tragiche che viviamo, e davanti a un mondo che sta andando dritto alla morte. Molti hanno paura che questa visione del Dio debole sottintenda: "Ma allora non si può far nulla". Non è così. Io trovo anzi che il silenzio di Dio ci obbliga a riprendere in mano la nostra responsabilità storica, a uscire dai miracolismi per imboccare la strada della responsabilità personale e anche sociale, economica, politica, cui siamo chiamati.

Rey chiudeva il suo libro annotando di aver scoperto Etty Hillesum proprio mentre stava terminando di scriverlo. Pochi sono stati capaci di esprimere, di ritradurre la ricerca di Dio, come questa ebrea. Etty, che viveva ad Amsterdam, durante il nazismo venne arrestata e internata ad Auschwitz, e poi cremata. Poco prima della sua morte, scrisse nel suo *Diario* una *Preghiera della domenica mattina* che è potentissima. "Mio Dio, sono tempi tanto angosciosi. Stanotte per la prima volta ero sveglia al buio con gli occhi che mi bruciavano, davanti a me passavano immagini su immagini di dolore umano. Ti prometto una cosa, Dio, soltanto una piccola cosa: cercherò di non appesantire l'oggi con i pesi delle mie preoccupazioni per il domani – ma anche questo richiede una certa esperienza. Ogni giorno ha già la sua parte. Cercherò di aiutarti affinché tu non venga distrutto dentro di me, ma a priori non posso promettere nulla."

È stupendo sentire questa ragazzina dire: "Io cercherò di aiutarti perché tu non venga distrutto dentro di me"! È un Dio fragile, che va aiutato! E la Hillesum continua: "Una cosa, però, diventa sempre più evidente per me, e cioè che tu non puoi aiutare noi, ma che siamo noi a dover aiutare te, e in questo modo aiutiamo noi stessi. L'unica cosa che possiamo salvare di questi tempi, e anche l'unica che veramente conti, è un piccolo pezzo di te in noi stessi, mio Dio. E forse possiamo anche contribuire a disseppellirti dai cuori devastati di altri uomini. Sì, mio Dio, sembra che tu non possa far molto per modificare le circostanze attuali ma anch'esse fanno parte di questa vita. Io non chiamo in causa la tua responsabilità, più tardi sarai tu a dichiarare responsabili noi. E quasi a ogni battito del mio cuore cresce la mia certezza: tu non puoi aiutarci, ma tocca a noi aiutare te, difendere fino all'ultimo la tua casa in noi".

È su questa linea d'onda che con ogni probabilità dovremo riprendere la nostra riflessione su Dio. Per me questo è diventato sempre più evidente soprattutto dopo che ho provato sulla mia pelle la sofferenza immane della gente, e mi sono sentito impotente. La responsabilità di ognuno di noi, nel momento gravissimo che viviamo è, come diceva il teologo della liberazione Jon Sobrino, quella di "schiodare i crocifissi dalle croci". È la sofferenza di Dio che ci chiama in causa per rimetterci in piedi e rispondere alle enormi sfide della storia che ci attanagliano.

# Fare comunità

Una delle scelte importanti è stata quella di creare piccole comunità cristiane. È stata una priorità pastorale. A Korogocho ce n'erano già quattro o cinque. Erano seguite dalla parrocchia di Kariobangi, ma più che piccole comunità erano consistenti raggruppamenti di cristiani che si ritrovavano principalmente per la preghiera. Ho cercato ben presto di spezzare queste grosse comunità e di farne sorgere di nuove in ogni angolo della baraccopoli.

Avevo notato subito che le comunità tendevano a funzionare come piccole sette spirituali dove si pregava, si diceva il rosario, ma senza l'impegno concreto di rispondere ai drammi della gente. Il grosso sforzo che abbiamo fatto è stato in questa direzione. Oggi una piccola comunità è costituita di solito da quindici-venti persone adulte, più i bambini. La comunità si ritrova una volta la settimana, legge il Vangelo, lo rilegge nel proprio contesto. Nasce da qui la lettura della Parola fatta dai poveri. Ogni comunità ha tre responsabili, eletti democraticamente. C'è una struttura interna trasparente che aiuta la gente a crescere.

Quando la comunità individua un problema, vede quello che può fare e poi si rivolge ai servizi sociali della parrocchia. Per aiutare la comunità a legare Parola e vita, abbiamo inventato quelli che noi chiamiamo i "ministeri". Chiediamo a ogni membro della comunità di avere un ministero suo, cioè un servizio a favore della comunità – in kiswahili li chiamiamo *huduma*. Ne abbiamo una ventina, tra cui il ministero della scuola, di giustizia e pace, della liturgia, della catechesi, dei malati, della sanità... Ci sono incontri specifici di formazione per gli incaricati di ciascun ministero.

Le oltre trenta piccole comunità cristiane di Korogocho hanno modo di celebrare insieme solamente la domenica, nello stanzone che durante la settimana è un'aula scolastica. Una solenne

45

celebrazione che dura dalle due alle tre ore. Un momento particolarmente bello, di ricarica forte, un momento in cui la comunità si rafforza e si consolida. Si è arrivati lentamente a tentare un rito "africanizzato", molto più aderente, più vicino alla maniera di esprimersi della gente della baraccopoli, una specie di "inculturazione" della liturgia (cioè di espressione della fede in assonanza con la cultura locale), come raccomandato dal Sinodo africano del 1994. Questa celebrazione è innanzitutto un momento di grande gioia e di sostegno nelle lotte e nelle enormi difficoltà di Korogocho. Davvero una liturgia di liberazione: noi danziamo e cantiamo nonostante la morte che ci attornia. È l'anticipazione, attraverso la danza e il canto, della liberazione che deve venire per chi vive nei sotterranei della storia.

L'eucaristia inizia solennemente con un canto in cui tutta la comunità è coinvolta. Dopo il saluto iniziale del sacerdote che presiede, il capo della piccola comunità che guida la liturgia di quella domenica accoglie tutti e invita tutti a sentirsi a casa; se ci sono degli ospiti li presenta o li incoraggia a presentarsi. Poi chiede a tutti di guardarsi negli occhi, di salutarsi: è un'assemblea di volti. Se nel corso della settimana ci sono stati eventi particolari, vengono ricordati. Quindi tutta la gente si volta verso l'Est, verso il sole, e dà il benvenuto alla luce. Sempre rivolti al sole uno accende il cero pasquale, prega e lo porta in processione all'altare, intonando tre volte "È la luce di Cristo!". Una volta all'altare, tutta la comunità "scoppia" nel *Gloria*, che è il ringraziamento al Signore perché Cristo è risorto, è presente in mezzo a noi e ci esorta a darci da fare, affinché anche noi viviamo da risorti e non da schiavi.

Dopo il *Gloria*, a mani alzate, guardando in alto, la comunità invoca l'aiuto di Dio su tutto il quartiere. Si snoda poi la processione, cantata e danzata, che porta la Bibbia davanti all'altare. Il sacerdote cosparge di miele le labbra di chi va a leggere la Parola, che si ascolta seduti (anche il Vangelo). Uno dei membri delle piccole comunità cristiane introduce la Parola con brevi commenti, collegandola agli avvenimenti della settimana. Il sacerdote poi la lega in modo ancor più profondo a questi fatti, e tutto è valutato alla luce della Parola. Poi la comunità chiede perdono al Signore per le proprie mancanze e fallimenti. Segue la benedizione dell'acqua e l'aspersione solenne dell'assemblea, segno del perdono di Dio. È un momento molto forte, in cui chiediamo perdono al Signore per le mancanze, soprattutto per quelle che producono divisione (le divisioni a Korogocho sono laceranti!). È un tentativo costante, settimanale, di perdonarsi, di ricominciare da capo. Lo facciamo con la preghiera di Francesco: "Fa' di me uno strumento della tua pace...".

La "preghiera dei fedeli" si svolge così: i membri della piccola comunità che guida la liturgia vengono all'altare, mettono un po' di incenso nel *jiko*, il piccolo braciere davanti all'altare, e pregano spontaneamente per le varie situazioni. Poi, con una solenne processione offertoriale, la gente porta i propri doni all'altare: verdura, riso, fagioli che poi vengono distribuiti fra i poveri della comunità. Ognuno, anche se povero, dona qualcosa. La preghiera eucaristica (la "Seconda preghiera eucaristica dei bambini") è intercalata di canti. Anche il *Padre nostro* lo cantiamo tenendoci per mano. Dopo le parole "Ma liberaci dal male", la comunità lancia la sfida ai mali che la attanagliano, che uccidono i poveri. "*Shetani ashindwe!*", grida la gente, "Satana sia sconfitto!"

E così ci si prepara a mangiare attorno alla mensa. In questo momento, soprattutto nelle feste solenni, il sacerdote prende il latte e lo versa attorno all'altare: il gesto della condivisione con gli antenati, con i morti. In Africa è importante. Quando una persona mangia, sputa fuori un po' di cibo perché ce ne sia anche per l'antenato, perché anche lui mangi. Dopo la comunione c'è una pausa di raccoglimento, poi le piccole comunità cristiane danno vita a un teatro popolare, a poesie, a canti, per "coscientizzare". Si torna su un fatto significativo della settimana oppure si mette in scena il pericolo dell'Aids. L'eucaristia si chiude sempre con il canto.

Ciò che rende rilevante la celebrazione è il suo legame con la vita della baraccopoli. Si percepisce che Dio è il Dio di questa gente, ed è lo stesso Dio che convoca la sua gente a darsi da fare per lottare contro tutte le forze di morte affinché vinca la vita. Gesti inculturati che la gente sente e che ha fatto propri, una comunità cristiana che prega, che vibra, che lotta, che celebra. È questa la *Misa ya Sinodi*, la Messa del Sinodo africano.


## Piccola fraternità alle frontiere

Non meno difficile è stato costruire una piccola fraternità a Korogocho. Sono rimasto da solo per un anno, finché, a metà del 1991, è arrivato dallo Zaire padre Gianni Nobili. Gianni mi conosceva, aveva sentito parlare di questa esperienza e aveva saputo che nessuno dei comboniani che erano in Kenya voleva andare a Korogocho. Perciò ha chiesto alla Direzione generale che gli fosse permesso di venire a camminare insieme, proprio per far sentire a tutti che questa non era l'esperienza di una persona, ma la scelta di una comunità comboniana. Il suo arrivo è stato molto importante per me, perché mi ha fatto sentire che questa esperienza, in un primo tempo tollerata dalla Direzione generale e dal Consiglio provinciale del Kenya, era diventata una scelta della congregazione. E quando Gianni, dopo qualche tempo, su richiesta del responsabile dei comboniani, decise di dedicarsi al lavoro nel centro giovanile di Mji wa Furaha e poi nella parrocchia di Kariobangi, in baraccopoli arrivò – è l'agosto del 1993 – padre Antonio d'Agostino, che rimarrà con me fino al 2001.

La comunità comboniana di Korogocho si è configurata subito come una comunità aperta. Infatti nel 1993 si è aggregato un missionario laico, Gino Filippini, con una grande esperienza d'Africa: più di vent'anni di lavoro in sei paesi. Gino era già venuto una prima volta, invitato da Gianni che l'aveva conosciuto in Zaire, ma era rimasto talmente shockato da pensare che quello non fosse il posto per lui. Tornato in Italia per assistere il padre morente, pian piano ci ha ripensato ed è tornato a Korogocho. Ha capito, lui che aveva sempre lavorato in zone rurali, che la missione urbana è ormai prioritaria.

Nel 1995 si sono inseriti anche i volontari laici dell'Accri (l'Associazione di cooperazione cristiana internazionale) di Trieste, che ci hanno dato una grossa mano soprattutto per i vari progetti sorti a Korogocho: Michela, Simonetta, Carlo, Mario, Maurizia. Questi volontari vivevano fuori Korogocho e portavano avanti una loro esperienza di comunità. Ci trovavamo tutti i giovedì per un momento di preghiera e di confronto. Noi intanto abbiamo continuato con la nostra piccola fraternità a Korogocho con padre Gianni, e poi Antonio e Gino e per alcuni anni fra Arcadio Sicher. Una comunità che mi ha dato molto. Il fatto di sentire e vivere una fraternità di persone che ti vogliono bene, che si vogliono bene, che si aiutano, è stato importantissimo. Fra l'altro poi si trattava di darsi una mano concretamente a cucinare, a fare il bucato. Questo modo di essere comunità mi ha dato per la prima volta un senso profondo di intimità familiare. Il fatto, per dire, che per tre o quattro anni siamo vissuti – Gino, Gianni e io – in un'unica camera, ti dà il senso della fraternità, il senso della costante vicinanza, del camminare insieme, del portare i pesi gli uni degli altri. E diventi anche un esempio per quelli che ti stanno intorno e che trovano così tante difficoltà nel vivere insieme, perché per i poveri è veramente difficile lavorare insieme.

Questo non vuol dire che non ci siano stati dei momenti di crisi, ma è stata grande anche la capacità di perdonarsi le mancanze, le debolezze. Sono molto riconoscente a tutti coloro che hanno camminato in quegli anni con il popolo di Korogocho, a volte anche con grossi problemi. Abbiamo vissuto il senso profondo della comunità, della relazione, dell'aiuto vicendevole, dell'intimità e anche della convivialità. Non ci possono essere esperienze di inserimento in contesti come Korogocho se non c'è una solida comunità.

# Discariche, ragazzi di strada e "sorelle"

Non avevo molto chiaro, sulle prime, che cosa fare concretamente a Korogocho, ero molto indeciso sulla strada da prendere. Ero tentato di fare come padre Franco Nascimbene, un comboniano che si era inserito nei quartieri poveri di Guayaquil vivendo per diversi anni su una palafitta; divideva il suo tempo tra la pastorale con gli afro, il gruppo umano più reietto in Ecuador, e il lavoro delle proprie mani con il quale si manteneva: produceva latte di soia che poi vendeva direttamente per la strada, come un ambulante. Potevo mettermi a lavorare anch'io, magari nella discarica, vivere di questo e testimoniare così il Vangelo. Sullo stile dei Piccoli fratelli di Charles de Foucauld, che lavorano e testimoniano così il Vangelo. Però lo fanno in contesti dove la gente riesce a vivere in modo minimamente dignitoso.

Lentamente mi sono convinto che la strada non poteva essere questa. Fra l'altro i comboniani mi avrebbero accusato di non essere un comboniano perché un comboniano ha un carisma diverso da un Piccolo fratello – e su questo punto avrebbero avuto ragione. "Alex, non si può non fare nulla" insisteva il mio compagno di viaggio, Gianni. "Qui dobbiamo rimboccarci le maniche e vedere quello che si può fare, pur nella semplicità dei mezzi... ma qualcosa bisogna fare!" È chiaro che a Korogocho c'è una marea di problemi, dalla sanità all'istruzione. La parrocchia di Kariobangi, tenuta dai comboniani, un'immensa periferia della capitale con oltre 300.000 abitanti, lavorava già su tanti settori a favore dei più poveri. Noi dobbiamo molto a quella parrocchia, in particolare a padre Mario Porto, per il sostegno che ci ha dato. L'inserimento a Korogocho non sarebbe stato possibile senza l'appoggio di Kariobangi.

Dopo un paio d'anni di vita con la gente, di cammino con loro, di tentativi di capire la realtà (sempre così difficile da decifrare), Gianni e io ci siamo posti una domanda: "Chi sono le persone che soffrono di più dentro Korogocho? Qual è il gruppo umano più emarginato?". Con Gianni lo abbiamo identificato in quello della discarica, la collina situata davanti a Korogocho, il *mukuru*. Sono migliaia di persone: bambini, donne, uomini che vi lavorano dal mattino alla sera e ritornano in baraccopoli a dormire. Sono considerati la feccia di Korogocho, sono discriminati. Questa gente, usata e rigettata da tutti, ha una diffidenza totale verso il mondo. Prima che arrivino a fidarsi di qualcuno, ce ne vuole. Per la gente di Korogocho sono i criminali.

## *"Mukuru"*

Il *mukuru* era lo spettacolo quotidiano dalla finestra (si fa per dire) della mia baracca. All'inizio vivevamo a fianco della chiesetta di Saint John. Tre anni più tardi ci spostammo nel cuore della baraccopoli, a Grogon. Anche se la discarica l'avevo sotto gli occhi tutti i giorni, non ci andavo. Fu Jeremia a sfidarmi e a portarmi a vedere la gente della discarica: migliaia di bambini, di donne, di uomini, che raccoglievano di tutto. Qui tutto è riciclabile, è riusato, rivenduto...

Da qui si creò lentamente quasi un patto di sangue con questa gente. Cominciai con l'invitarli a venire a prendere un po' di tè nella mia baracca. Nacque un'amicizia sempre più forte. Stabilita un po' di fiducia reciproca, iniziai a incontrarmi con loro in piccoli gruppi di tre, quattro persone. Dopo un anno siamo arrivati a veri e propri incontri. Erano incredibili! Venti-trenta uomini, tutti ubriachi (per lavorare in discarica è quasi una necessità), che commentavano il Vangelo. Lo leggevano (la gioia e la fierezza di tenere il Vangelo in mano per la prima volta!). Era incredibile vedere questa gente, ubriaca o sotto l'effetto della droga, commentare il Vangelo e tirarne fuori delle perle! È stato un tentativo di recuperare quel pezzo di umanità che avevano dentro. È stato un cammino duro, ma anche molto bello.

Quando padre Gianni arrivò, incominciammo a guardare come operare con quella gente. Osservammo che, dopo aver raccolto i rifiuti, li rivendevano a mediatori che ci guadagnavano molto, mentre a loro rimaneva ben poco. "Possibile che non possiate mettervi insieme per formare una cooperativa che acquisti e rivenda?" chiedevamo. Fu padre Gianni che seguì questa avventura. Io li aiutavo soprattutto nel costruire comunità, nella lettura del Vangelo. Chiedemmo al governo che desse un pezzo di terreno per la gente della discarica. Dopo trattative infinite, il governo concesse un appezzamento. Naturalmente sotto il livello della fogna (per i poveri è sempre *sotto*!). Ma era già qualcosa. "Adesso mettiamoci insieme come cooperativa." Si trattava di acquistare i rifiuti direttamente da chi li raccoglieva e di venderli senza passare per i mediatori, ma soprattutto di farlo insieme, superando divisioni e arroccamenti. È stato difficilissimo, ma alla fine è partito quello che noi chiamiamo il Mukuru A, cioè la prima comunità del *mukuru*. Una cooperativa e, insieme, una piccola comunità cristiana che riflette sulla Parola, che cerca di ridare dignità, di rimettere in piedi le persone. All'inizio c'erano solo uomini, non ne volevano sapere delle donne che lavoravano in discarica. Ce n'è voluto, ma alla fine furono ammesse. È incredibile che ultimamente una donna, Sarah Wangu, sia diventata presidente della cooperativa. È stato un passo gigantesco per loro.

La cooperativa, costituita da una quarantina di famiglie, compra i rifiuti dai raccoglitori e li rivende direttamente alle aziende che li riutilizzano. All'inizio ha funzionato bene, con un bel giro di soldi. Poi ci sono state le prime crisi, perché il presidente della cooperativa, pur essendo capace, cominciava a farsi i propri interessi, a intascare soldi... I membri della discarica si sono sentiti traditi. E qui siamo intervenuti noi, imponendo nuove elezioni degli organi della cooperativa. Si è ricominciato da capo, tra mille difficoltà.

Nonostante tutto questo, nei primi tre anni, cioè dal 1992 al 1995, c'è stato uno sforzo di crescita comunitaria e cooperativistica importante. Non è stato facile, dato che buona parte dei soci erano ubriachi, drogati, con grosse turbe psichiche. Abbiamo costituito anche dei club di Alcolisti anonimi, si è fatto di tutto per rimettere in piedi le persone. Alcune ce la facevano, altre crollavano e ritornavano a vivere come prima. È stato un lento cammino. Gianni ha lavorato moltissimo in questo senso, assistito da Gino Filippini, che ha dato un grandissimo contributo al lavoro con la gente della discarica. Volevamo che facessero un salto di qualità, si rendessero autosufficienti. Difatti hanno un loro conto in banca – inizialmente i soldi che guadagnavano venivano custoditi dalla parrocchia – e Gino li ha aiutati a tenere la contabilità. Importante è stato anche il ruolo dei volontari dell'Accri, in particolare di Simonetta Dalla Gassa, che ha lavorato parecchio con la gente della discarica. Non è stato facile. A un certo punto avevamo anche chiesto a Emmaus di prendere in mano la cosa, ma era troppo complicato anche per loro. Malgrado le mille difficoltà, questi uomini e queste donne continuano ancor oggi. Per me è stata una grande grazia aver camminato con loro.

Il Mukuru A è stato l'esperienza pilota. Oggi la cooperativa Mukuru Recycling Centre [Centro per il riciclaggio del Mukuru] comprende altre tre realtà. C'è il Mukuru B, una quindicina di famiglie che recuperano i rifiuti direttamente alla fonte, cioè negli uffici e nelle aziende di Nairobi. Avevamo notato che in discarica molti rifiuti "di pregio" non arrivavano perché altri li recuperavano prima e li rivendevano. Grazie all'aiuto di alcuni amici, tra cui Carmela, la moglie del corrispondente dell'agenzia Ansa di Nairobi Remigio Benni (oggi sono al Cairo), siamo riusciti a far partire questa seconda comunità. È stata un'avventura ancor più difficile. I componenti erano a livello umano persino più problematici di quelli del primo gruppo. Poi si trattava di aiutare queste persone, abituate a vivere nella discarica, ad andare nel cuore della città di Nairobi per raccogliere i rifiuti nei palazzi. È stato difficilissimo! Ma poi, un po' per volta, sono andati, hanno tentato: ci sono riusciti! Anche i rapporti interpersonali nella comunità sono stati complicati: ogni volta era una lite. È stato duro per me, ma è stata una grande grazia.

C'è poi un terzo gruppo (Borea), quello dei rifiuti organici. Nella discarica di fronte a Korogocho ne arrivano tanti ed è nata l'idea di farne concime. Così, un gruppo di uomini, ma soprattutto di donne, ha fatto dei corsi di formazione per trasformare la materia organica. Qui la difficoltà maggiore è stata quella di individuare un mercato stabile dove vendere il fertilizzante prodotto. Ci ha dato un grande aiuto un esperto inglese dell'agenzia Habitat delle Nazioni Unite di Nairobi. Ha mandato anche dei tecnici che hanno aiutato il gruppo, ma anche gli altri, con i loro consigli.

Il quarto gruppo è il Makaa. Gino aveva notato come in baraccopoli si consumasse molta legna per il fuoco, legna che costa e che si fatica a trovare. "Possibile che non ci siano altre vie per cucinare?" ci chiedevamo. Poco a poco, a forza di sperimentare, Gino è arrivato a una specie di "carbone bianco" (*white charcoal*), fatto con la carta, che non si può vendere perché troppo sporca, tagliata a strisce e impastata con i residui di caffè o altri scarti. Ne risultano dei piccoli coni chiari che vanno bene per il fuoco. Parecchie scuole hanno già adottato il "carbone" della discarica. Nel gruppo lavora una decina di giovani.

Tutti insieme questi quattro gruppi formano il Mukuru Recycling Centre, che va avanti unitariamente. Non mancano beghe e litigi: è così difficile lavorare assieme in situazioni di sopravvivenza. Se riusciranno a proseguire, sarà un grande miracolo. Chiedo (e mi auguro!) che avvenga. Ma l'importante è stato l'aver camminato con questa gente, aver dato loro dignità, l'esserci stato.

Un volto per me riepiloga queste persone: il volto di una donna, Sarah Wangu, per parecchi anni presidente del Mukuru Recycling Centre. Una donna eccezionale, che ce l'aveva fatta a uscire dalle macerie della sua vita per ricostruirla insieme alla gente della discarica, della sua piccola comunità. Per questo era stata scelta a rappresentare le donne di Nairobi in occasione di un incontro in India. Fu per lei come toccare il cielo; fu particolarmente colpita da come si stavano organizzando i baraccati indiani. Non ho mai visto a Korogocho una donna così felice come quando la salutammo al suo rientro dall'India. La gioia le sprizzava da tutti i pori. Ma abbiamo poi dovuto dirle che, durante la sua assenza, la gente della discarica, per invidia, le aveva bruciato la baracca.

Era rimasta con ben poco. Col cuore a pezzi, malata di Aids, cercò di continuare. Ma di nuovo tentarono di appiccare il fuoco alla sua baracca. Fu così costretta a nascondersi in un'altra baraccopoli, dove nel giro di pochi mesi l'Aids la aggredì visibilmente. Riuscii finalmente a rintracciarla. Quando la vidi sembrava una lebbrosa, piena di pustole. L'abbracciai. Mi parlò a lungo, soprattutto dei suoi figli. Poi la forzai a venire con me. La trasportammo fino a una vettura che la portasse in ospedale. Mentre la deponevo sul sedile dell'auto mi disse, con una vocina flebile e il pollice alzato: *"Tutashinda"*, *"Vinceremo"*. *"Tutashinda"* le risposi con le lacrime agli occhi. Una piccola, grande donna nell'inferno di Korogocho.

## Figli della strada

Un altro gruppo di persone disprezzate ed emarginate sono certamente i ragazzi di strada, gli *street children*. A Nairobi si contano a decine di migliaia. Molti non hanno nessuno, alcuni la madre, il padre quasi mai, tutti vivono allo sbando: chiedono la carità, rubacchiano, fanno dei lavoretti, cercano di arrangiarsi meglio che possono per sopravvivere.

Anche a Korogocho sono numerosi. Per poterli incontrare a gruppetti bisogna aspettare la sera, quando tornano dalla città o smettono di girovagare in baraccopoli e si ritrovano intorno a un fuoco, mangiano qualcosa insieme, si preparano per la notte (di solito attorno a un copertone in fiamme). Questo è uno dei momenti in cui li puoi trovare insieme. A Nairobi ci sono parecchie iniziative che tentano di rispondere a questo dramma sociale. Ci sono oltre duecento organizzazioni, religiose e non, che lavorano con questi ragazzi. Molte di esse lottano per toglierli dalla strada e metterli in istituti o collegi. In certi casi forse è la sola cosa che si può fare, però ci ha sempre convinto poco. Noi pensavamo che fosse importante che la gente stessa di Korogocho se ne facesse carico. Insomma, che i ragazzi di strada potessero essere seguiti e recuperati restando in baraccopoli, attraverso strutture molto semplici. Facile a dirsi...

Siamo partiti da una realtà che conoscevamo già, la discarica. I ragazzi di strada che lavorano in discarica per sopravvivere e, talvolta, per dare un aiuto alla madre e ai fratelli, sono gli elementi più problematici, violenti anche nei confronti dei più piccoli, difficili da avvicinare. Per loro è stato costituito il Boma Rescue Center [il Centro per il salvataggio dei ragazzi della discarica], collocato vicino alla discarica e coordinato da un direttivo eletto dai consigli pastorali della parrocchia di Dandora (un rione densamente popolato vicino a Korogocho) e di Saint John (la nostra). I responsabili sono operatori locali, cioè persone di Korogocho che abbiamo cercato di preparare perché seguano, aiutate da volontari dell'Accri, questi ragazzi. Seguirli vuol dire accoglierli al mattino, prima che vadano in discarica, dare loro un po' di colazione, parlare, fare sentire che gli si vuol bene, che li si apprezza, che c'è interesse per la loro condizione. Splendida la figura di uno degli operatori: John Ochieng, un uomo maturo con una passione grande per questi ragazzi.

Il Boma Rescue Center sta funzionando abbastanza bene. Fa più fatica a prendere piede l'altro centro, il Korogocho Street Children Program [il Programma per i ragazzi di strada di Korogocho], rivolto ai ragazzi di strada della baraccopoli. Abbiamo dovuto sospendere il programma perché non rispondeva più alle esigenze per cui era partito. Ora Monica Gaspare, volontaria dell'Accri, sta lavorando per rendere funzionale anche questo secondo centro, situato a Korogocho. È stata una fatica boia perché abbiamo cercato di mettere questi centri nelle mani della gente del posto, così che potesse assumere su di sé il lavoro con i ragazzi di strada. Ragazzi che vengono da situazioni drammatiche.

Una storia esemplare – un dramma – è quella di Kasui e Kimeo. La loro mamma, Minoo, una donna dolcissima che era vissuta di prostituzione per dare qualcosa da mangiare ai suoi figli, aveva lottato a lungo contro la malattia. Ricordo che il giorno di Natale del 1994 l'avevo invitata nella mia baracca, avevamo spezzato insieme la polenta. Poi, a gennaio, l'Aids ebbe la meglio. La sorella più grande, che non aveva più di quindici anni, tenne con sé i fratellini: Kimeo, tre o quattro anni, e Kasui, una bambina di sette o otto. Ma anche lei era stata attaccata dall'Aids. Sopravvisse due mesi alla mamma; quando morì, i due più piccoli restarono in balia di se stessi.

Un giorno una donna si accorse che stava accadendo qualcosa sul ciglio del dirupo che sovrasta la pozzanghera (sarebbe troppo chiamarla laghetto) che divide Korogocho dalla discarica. Una ragazzina tentava di trascinare con sé il fratellino per gettarsi assieme a lui nell'acqua. La donna riuscì ad avvicinarsi lentamente e ad afferrarla: era Kasui, con il piccolo Kimeo. Me li portò a casa. Mentre mi raccontava la storia, sentivo un pugno allo stomaco: mi sentivo responsabile, un verme. Avevo tentato di vedere, con la comunità, come si potessero aiutare quei due bimbi. Ma presto li avevo persi di vista: Korogocho è talmente caotica, le tragedie così tante... Chiesi a Kasui il perché di quel gesto. La risposta fu solo il silenzio, su un volto spento. Allora li presi per mano e con un lungo viaggio a piedi arrivammo a un altro angolo della città, per affidarli alle suore di Madre Teresa. Mentre li tenevo per mano li scrutavo spesso in volto. "Ma cosa c'è di talmente mostruoso, demoniaco nel mondo, da spingere due bambini così al suicidio, proprio nel momento in cui dovrebbero aprirsi alla bellezza della vita!" mi domandavo.

Kasui fuggì poi dalle suore di Madre Teresa e riprese la strada. Me la sono ritrovata davanti pochi giorni prima di lasciare Korogocho, durante la preghiera che abbiamo fatto con gli *street children*. L'abbracciai (ora ha dodici-tredici anni) e le chiesi se si sentiva di raccontare la sua avventura agli altri. Sorridendo, mi disse di no. Che Mistero la vita di questi ragazzi.


## Fratellanza e sorellanza

Temute ed emarginate sono anche le bande criminali che tengono in pugno Korogocho. Di solito attaccano di notte, circondano una casa, sfondano la porta e rubano tutto. Chi resiste viene pestato, a volte ucciso. Imperversano e fanno capo a una vera e propria rete mafiosa dedita a traffici di ogni tipo e al controllo del territorio. Tengono la gente sotto pressione, la violenza sulle donne è all'ordine del giorno, si fanno dare soldi e spesso agiscono in combutta con la polizia che evidentemente ha il proprio tornaconto.

Nei miei spostamenti, anche notturni, in baraccopoli, avevo conosciuto qualcuno di questi giovani. Ho iniziato con l'invitarli a prendere un tè nella mia baracca e ho dovuto affrontare la diffidenza delle persone normali. "Alex, sai con chi stai parlando?" mi chiese un giorno una ragazzina preoccupata della mia incolumità. "Sì, lo so che sono ladri, ma sto solo cercando di entrare in contatto con loro."

Così siamo riusciti a stabilire un contatto con una di queste bande, che agiva proprio vicino alla nostra baracca, situata in una zona non protetta, esposta alle scorrerie come ogni altra casa di Korogocho. E lentamente abbiamo cercato di trasformare quella banda in una piccola comunità cristiana. Da qui è partito il gruppo che si chiama Kindugu, "fratellanza" in kiswahili: un piccolo nucleo di persone che viveva di furti e di rapine, che tenta con il Vangelo e con un lavoro (nel Kindugu si fanno lavori molto semplici, accessibili a tutti, come intrecciare cesti di vimini) di ritrovare dignità e una vita pulita. Cammino duro fatto in un ambiente che non aiuta: c'è la pressione enorme delle bande, dei boss, della droga. Alcuni sono cambiati, sono usciti dal giro della malavita, altri no.

Rimane il fatto che aiuti un gruppo, ma tutti gli altri? Nei dodici anni che sono vissuto lì sono nate tante nuove bande, composte soprattutto di giovanissimi, tredici-quattordici anni, feroci, pieni di rabbia. Non riconoscono e non rispettano nulla e nessuno, nemmeno le loro madri. "Noi non abbiamo madre, siamo figli di prostituzione." L'abbrutimento è aumentato. Forse oggi non accetterebbero neanche il discorso che abbiamo tentato di fare. Eppure bisogna che qualcuno torni a sedersi lì con loro...

Ma c'è ancora un gruppo profondamente emarginato a Korogocho: quello delle ragazzine che si prostituiscono soprattutto in città. Partono la sera e vanno negli alberghi, nei nightclub, nei pub. È prostituzione spicciola, fatta per poter vivere. A Korogocho quasi tutte le ragazzine a quattordici-quindici anni hanno un bimbo. Devono mantenersi e mantenere il loro piccolo. E intanto sono esposte al disprezzo generale e alla violenza maschile, che è paurosa. C'è voluto tanto tempo per poterle avvicinare, soprattutto per creare un'amicizia con loro. Ancor più complicato metterle insieme per fare un lavoro alternativo. Niente occupazioni troppo difficili o troppo sistematiche o troppo legate a un orario. Lentamente, un piccolo gruppo di ragazze ha cominciato a trovarsi: si sono chiamate Udada, in kiswahili "sorellanza": persone che vogliono uscire dal giro della prostituzione, della droga, dell'alcol, cercando di lavorare insieme e ritrovando così la propria dignità.

All'inizio ci sono state liti violentissime (c'era chi arrivava armata di coltello), innescate proprio dall'incapacità di lavorare assieme. Si è partiti con attività semplicissime, come infilare perline per ottenere collane, e si è continuato con lavori di questo livello, come fare bambole. Purtroppo è successo spesso che quando una si rimetteva in piedi e aiutava le altre, ecco che moriva di Aids. Bisognava ricominciare da capo. La provvisorietà e la precarietà sono pesate molto su questo gruppo, di una fragilità estrema proprio perché queste ragazze sono estremamente fragili. Non è stato facile per me entrare nei segreti di questo mondo. Finché, una notte, mentre rincasavo, incontrai una ragazza che non conoscevo. Mi guardò incuriosita. "Dove vai?" le chiesi. "A prostituirmi." La guardai esterrefatto. "Padre," continuò, "sono due giorni che non mangio... Non ho altra scelta!" "Vieni," le dissi, "andiamo a casa a mangiare un boccone insieme." Mangiammo e parlammo nel cuore della notte.

Ho seguito molto da vicino questa piccola comunità cristiana perché la ritenevo la più sgangherata e la più difficile. Una comunità dove le relazioni umane erano quasi impossibili. Una comunità carica di tensioni, di lotte... Ma è comprensibile, in una situazione umana così disperata. Proprio per questo ho dato un aiuto particolare a quelle ragazze. Quasi ogni settimana mi incontravo con loro per leggere il Vangelo e ridirlo nell'oggi. Spesso ho dovuto dare una mano per la riconciliazione dentro il gruppo. C'erano momenti drammatici di lotte feroci, di corpo a corpo. Lentamente queste ragazze ce l'hanno fatta a uscire dal giro. Sono piccoli miracoli.

Per tentare di dar loro un'alternativa all'infilare perline per fare croci, collane e collanine, abbiamo pensato di far apprendere ad alcune il *tye-dye*, una tecnica di colorazione dei tessuti tipicamente africana. Una quindicina di ragazze sono andate a studiarla sotto la guida di Elimu Njau, uno dei pochi artisti a Nairobi che non si sia venduto alla "prostituzione turistica", come lui chiama l'arte africana fatta per entrare nel mercato dei turisti. Elimu Njau è una delle figure intellettuali più note a Nairobi: il suo centro, il Paa Ya Paa (che non ha mai avuto sovvenzioni dallo stato), era il ritrovo degli intellettuali keniani dell'opposizione come Ngugi wa Thiong'o. Le nostre ragazze (alcune erano tra le più toste di Korogocho) hanno imparato lì l'arte del *tye-dye*. Poi hanno costituito un nuovo gruppo che produce tovaglie, magliette e Kochkanga ("il pareo di Korogocho"). Anche per loro è stato un cammino in salita, un lento cammino di guarigione – ricordo il giorno in cui si sono scontrate con coltelli, *panga* (machete), bastoni.

"Vedi," mi diceva una di loro, "solo ora incomincio a capire che c'è un bene e un male nella vita!" Ci sono voluti sei, sette anni per arrivarci e non sappiamo ancora se ce la faranno a continuare. Dovrebbero migliorare il loro lavoro e la loro produzione. Ma, al di là di come andrà, è chiaro che l'Udada è un piccolo segno di riscatto dentro un sistema come quello della baraccopoli, un sistema assurdo che la donna paga sul proprio corpo. Ricordo una di loro, Joan, una ragazza che continuava a bere e a drogarsi, e veniva solo saltuariamente in comunità. Una notte sento qualcuno bussare con forza alla porta della stanza per la preghiera. Non apro, ma i colpi alla porta continuano per una decina di minuti. Costretto, alla fine esco e apro la porta: Joan crolla sul pavimento, ubriaca fradicia. Le do la mano, la rimetto in piedi. "Ma sei ubriaca!" l'apostrofo. "Vai a casa! Cosa fai in giro a quest'ora?" "Alex, voglio pregare con te" mi fa senza scomporsi. Si butta sulla stuoia, si mette in ginocchio, solleva le braccia e comincia a pregare a voce alta: una preghiera di grande rabbia. Poi d'improvviso si alza in piedi e inizia a togliersi i vestiti. "Guarda che sono qui per pregare," le dico, "non per assistere a uno strip-tease." E lei: "Smettila, Alex, tu non sai quello che ci fanno. Guarda il mio corpo, guarda com'è conciato!".

C'è voluto quel corpo, pieno di cicatrici e di lividi, per farmi comprendere in pieno la violenza che il corpo delle donne di Korogocho deve subire. La violenza in baraccopoli è incredibile. Abbiamo ragazzine violentate da venti uomini insieme. Il corpo della donna diventa il capro espiatorio dove si sfoga la violenza del Sistema.

Non sono solo le ragazze a soffrire a Korogocho; un po' tutto l'universo femminile paga pesantemente. Le mamme, soprattutto quelle senza marito, portano il peso della famiglia. Il 60-70 per cento delle famiglie di Korogocho è guidato da donne sole. Ci sono mamme talmente schiacciate dai problemi che ti domandi come facciano a non suicidarsi.

Fin dall'inizio della nostra presenza a Korogocho abbiamo dedicato parecchio spazio e tempo a queste donne. Era chiaro che c'era bisogno di trovare qualche lavoretto, accessibile alle loro possibilità, per aiutarle a sopravvivere meglio. L'abbiamo individuato nella produzione dei *ciondo*: una parola kamba che sta per "cestini". La produzione di *ciondo* era un'attività delle donne kamba. All'inizio le donne erano una decina, poi sono diventate oltre quaranta. Anche per loro abbiamo avuto grosse difficoltà, poi, a poco a poco, le donne sono riuscite a fare dei bei cesti. A differenza delle ragazze dell'Udada, queste donne lavorano bene: i loro prodotti possono essere piazzati sul mercato. Purtroppo al loro interno la situazione non è migliorata di molto. Sono dominate dalla paura, vivono di paura. È incredibile come anche le cose più semplici diventino occasioni per scontri durissimi.

## Che la vita vinca

Ad aiutare e seguire le ragazze dell'Udada c'era una suora comboniana, Marta Citterio, che pur vivendo a Kariobangi veniva tutti i giorni a Korogocho. Grazie alla comprensione dei problemi di Korogocho, suor Marta si è mossa per rafforzare lo sparuto Pro-Life, un gruppo che tentava di dare una mano alle tante ragazzine che rimanevano incinte e che ritenevano che l'unica maniera di uscire dai pasticci fosse l'aborto, praticato in maniera molto rudimentale (quante hanno perso la vita così). È uno spettacolo desolante vedere i feti umani abbandonati ai bordi delle strade o trattenuti da qualche ramo lungo il fiume Nairobi che delimita la collina di Korogocho. Sotto la spinta di suor Marta, il gruppo Pro-Life, composto di donne inviate dalle piccole comunità cristiane, accompagna le ragazze durante la gravidanza, le sprona ad acquisire la dignità del proprio corpo e il rispetto del bambino che cresce dentro di loro, le aiuta a sostenere le spese del parto e a far fronte ai primi bisogni del neonato.

Attraverso questa esperienza molte ragazzine ritrovano se stesse e il gusto di vivere. Ma per rendere questo lavoro più efficace suor Marta ha voluto rafforzare un altro gruppo che lavorava a Korogocho: le parrucchiere. Nei primi anni il gruppo ha zoppicato, ma poi, guidato da suor Marta, è diventato una bella scuoletta che prepara ogni anno una sessantina di ragazze che trovano lavoro. Sono ragazze sbandate, che arrivano attraverso il Pro-Life o su segnalazione delle piccole comunità cristiane. È una bella esperienza, che dà speranza a tante persone perché le rimette in piedi con l'offerta di lavoro e dignità. Così è accaduto con Rose Achieng, ventenne e madre di un bimbo. Violentata, usata, senza il gusto della vita... Non pensava più che a suicidarsi. L'hanno trovata alcune donne di Pro-Life. L'hanno curata, le sono state vicino col dialogo, hanno saputo aiutarla ad aprirsi, a buttare fuori tutta l'amarezza, la rabbia che aveva dentro... Le hanno fatto capire che poteva avere fiducia: in loro e in se stessa.

Rose è stata accompagnata così per un anno e più. Alla fine, vedendo la sua voglia di camminare, le hanno offerto la possibilità di un corso di parrucchiera. Lo ha iniziato: un corso impegnativo, nel quale non si insegnano solo tutti i modelli di pettinatura, anche i più recenti e stravaganti, ma anche altre materie. Il corso dura nove mesi. Le ragazze che lo hanno seguito con successo conseguono un certificato, che viene consegnato nella chiesa di Korogocho nel corso di una celebrazione particolare, preparata da loro stesse. È il momento di assumere una nuova responsabilità, la responsabilità della loro stessa vita.

Durante la celebrazione due ragazze presentano la loro testimonianza. Quella volta una delle prescelte era Rose. "Guardatemi bene" ha esordito con coraggio e fierezza. "Io sono Rose, mi conoscete tutti. Mi avete usato e poi gettato. Mi avete guardato con pietà perché facevo pena. Io non sapevo cos'è la vita, e volevo uccidermi. Ma qualcuno mi ha preso per mano e con tanto amore mi ha accompagnato. Ora sono qui. Ho scoperto che cos'è la vita. La voglio vivere. Vi prego, lasciatemi in pace, lasciatemi provare e pregate perché ce la possa fare. Ho capito che la vita è importante da vivere, è troppo bella... La voglio vivere fino in fondo."

Rose ha trovato un posto di lavoro. L'ho incontrata altre volte, quando tornava a vedere il gruppo o per la strada. Ancora da lontano scorgevo il suo sorriso smagliante che la precedeva. Fino a oggi continua bene sulla nuova strada. "È una delle ragazze che ci ha dato il centuplo" dice suor Marta.

## Bega kwa Bega

Abbiamo insistito perché tutti questi gruppi lavorassero insieme, spingendo per far nascere una piccola cooperativa: Bega kwa Bega (Spalla a spalla). Le difficoltà sono state enormi. Gianni era riuscito a trovare, vicino a Korogocho ma fuori della baraccopoli, un terreno con un fabbricato semiabbandonato da anni. (All'interno di Korogocho era impossibile solo pensarvi, per motivi di sicurezza: le bande armate ti possono attaccare di notte o di giorno e portare via tutto.)

Là è sorta la cooperativa, dove si sono trasferiti i vari gruppi che prima avevano iniziato a lavorare indipendentemente, dando inizio a un tentativo di autogestione. I volontari dell'Accri hanno svolto un grosso ruolo perché la cooperativa si avviasse verso l'autonomia. Lentamente abbiamo immesso i manufatti della cooperativa nel mondo del commercio equo e solidale. Oggi si possono acquistare vari prodotti di Bega kwa Bega nelle Botteghe del mondo in Italia. La cooperativa ha lavorato anche con il Fair Trade della Germania, del Giappone e degli Usa. Anche questo processo è stato durissimo. Nell'ultimo periodo che ho passato a Korogocho, e quest'anno padre Daniele e Claudina, abbiamo dovuto dare una grossa mano per aiutare la cooperativa a reggersi sulle proprie gambe. Lo scopo è chiaro: l'autosufficienza dei gruppi.

Le domande che mi pongo sono molte. Abbiamo forse mirato troppo in alto? È possibile liberare delle persone "bruciate" dall'alcol, dalla droga, dalla criminalità, lasciandole immerse nel proprio ambiente? È chiedere l'impossibile? È chiedere troppo rimetterle in piedi e pretendere che possano gestirsi in cooperativa? È eccessivo pensare che siano in grado di gestire una struttura che deve interloquire con il mondo del Nord? Non sono salti troppo grandi?

Non lo so. Posso solo dire che ci abbiamo provato. Non sappiamo se sarà tutto un fallimento oppure no. Mi auguro di no, perché si tratta di centinaia di famiglie. Penso che nessuno sa come lavorare in situazioni così difficili. L'importante per me, per noi, è esserci stati dentro, aver camminato con questa gente che nessuno considerava e aver tentato delle strade per dare dignità a questi volti luminosi.

## Medici a piedi scalzi

Il gruppo più emarginato di tutti rimane quello dei malati di Aids. Soprattutto negli anni novanta prima che il presidente Moi riconoscesse l'Aids catastrofe nazionale.

A questi malati di Korogocho ha dedicato la sua vita una suora inglese, Gill Horsefield, che negli anni ottanta aveva iniziato a lavorare con loro. Già allora aveva annunciato a una chiesa incredula la tragedia che stava arrivando: la strage dell'Aids. Oggi 700 persone muoiono ogni giorno di Aids in Kenya. Gli esperti ammettono che la metà degli oltre due milioni di baraccati è oggi sieropositiva. *Sister* Gill aveva capito il disastro che si sarebbe abbattuto anche su Korogocho e aveva cominciato a preparare delle donne delle baraccopoli perché si prendessero cura dei malati. Non è stato facile per lei. Ha sofferto molto anche per l'incomprensione della chiesa. *Sister* Gill chiede che la comunità si assuma la responsabilità dei propri malati. Compito arduo, ma lei ha lavorato sodo, prima da sola, poi con il pieno appoggio nostro per realizzare il suo programma di *home care*, di assistenza domestica. *Sister* Gill non vive in baraccopoli, ci lavora, forma persone, soprattutto donne, per alleviare le sofferenze dei malati. In baraccopoli non ci si possono permettere medicine troppo sofisticate, si usano farmaci essenziali per bloccare la diarrea e la tubercolosi, oppure antidolorifici. Queste donne splendide, istruite da *sister* Gill (bisognerebbe metterle sugli altari per quello che fanno), portano le medicine all'ammalato, lo seguono, gli stanno vicino, gli danno sostegno psicologico, coinvolgono la famiglia quando c'è, e tutto questo come volontariato. Noi in seguito abbiamo spinto perché ognuna delle nostre piccole comunità cristiane dentro Korogocho avesse una o più persone incaricate di seguire i malati. *Sister* Gill ha formato anche loro. Oggi le trentasei piccole comunità cristiane della baraccopoli assistono un migliaio di malati terminali. L'Onu considera questa esperienza di comunità che si prende cura dei propri malati tra le venti esperienze più belle al mondo nel campo dell'Aids. *Sister* Gill ha sposato in pieno la politica dei "medici a piedi scalzi".

Noi non solo abbiamo sostenuto il suo lavoro, ma l'abbiamo rafforzato, dando priorità alla presenza pastorale presso i malati di Aids. Oltre alle visite che facevamo ai malati lungo la giornata, abbiamo deciso di spendere tutte le sere al loro fianco, celebrando l'eucaristia nelle baracche con le piccole comunità cristiane. È stato duro mantenere questo ritmo, ma ce l'abbiamo fatta. È stata una scelta in cui abbiamo privilegiato i più disperati di Korogocho. Insieme abbiamo vissuto momenti in cui ho sperimentato il Mistero. È stato incredibile per me vedere come i malati di Aids toccati da Lui sono poi diventati i migliori consolatori degli altri malati. Il ministero di consolazione, di guarigione, portato avanti dai loro amici malati di Aids è stato per me una delle cose più belle che abbia sperimentato a Korogocho. Vorrei qui ricordare almeno Kafula, una diciottenne che passò da una vita bruciata a una vita donata ai malati di Korogocho: fu luce per tanti con il suo costante sorriso. Tanti la ricordano come santa Kafula.

Tra gli "angeli" di Korogocho che hanno visitato i nostri ammalati non posso non ricordare fra Arcadio dei frati minori, un Francesco d'Assisi d'oggi. Aveva lavorato molti anni come missionario in Ghana, ma lo stile di vita del suo ordine gli stava stretto. Voleva vivere in una baraccopoli ad Accra, la capitale del Ghana, ma i frati glielo proibirono. Allora ha chiesto di venire a Korogocho. Per quasi due anni ha seguito i malati. Partiva al mattino, camminava tutto il giorno di baracca in baracca, visitandoli e parlando con loro. Un lavoro stupendo. I malati terminali di Aids hanno bisogno di qualcuno con cui parlare, hanno bisogno di conforto, di preghiera. Con semplicità francescana, con una passione per gli ultimi... a Korogocho gli sembrava di andare a nozze. Era il suo luogo. Finalmente i suoi responsabili hanno accolto la sua vocazione di vivere povero in una baraccopoli. E ora vive e opera in uno slum di Accra.

L'impostazione di *sister* Gill, che porta una comunità a farsi carico dei propri malati, risponde anche ad alcuni fatti nuovi. Il servizio pubblico, gli ospedali, non solo funzionano male, ma si rifiutano di accogliere i malati di Aids. Del resto, se gli ospedali li accettassero tutti, sarebbero pieni solo di quelli. Per di più il ricovero costa troppo e i poveri non se lo possono permettere. Credo che la scelta di integrare la medicina di base con l'assistenza comunitaria sia stata davvero azzeccata; è un grande aiuto per i malati, dà loro una carica umana straordinaria. Questa volontà di vita, di andare avanti, di lottare con un senso di serenità, è in buona parte frutto di una comunità che si è presa a carico i malati. "Guarda Alex, più che di medicine questa gente ha bisogno di un po' di preghiera" mi ripeteva spesso *sister* Gill. Una dottoressa italiana mi diceva che a Korogocho c'è più bisogno di un prete che di un medico. L'esperienza fatta a Korogocho sta ormai facendo scuola: è passata anche in altre baraccopoli di Nairobi.

Ma è chiaro che davanti a un tale disastro dovevamo fare qualcosa per la prevenzione dell'Aids. I giovani sono particolarmente a rischio. Qui, soprattutto grazie alla costanza e all'impegno di Gino Filippini, è nato l'Aids Awareness Program, il Programma per la presa di coscienza sull'Aids, condotto da alcuni giovani keniani. Con enorme fatica, Gino è riuscito a far decollare questo programma che vede un piccolo gruppo ben preparato girare per le scuole, per le comunità, per le chiese, al fine di spiegare ai giovani che cos'è l'Aids, come lo si trasmette e come lo si prende, come evitarlo. Discorsi chiari, legati ai valori cristiani e umani, ma comprensibili a tutti. Un'esperienza pilota che potrebbe essere ripresa anche altrove nelle baraccopoli, visto il dilagare di questa nuova peste. L'Africa ha già oggi 28 milioni di malati di Aids. E le multinazionali farmaceutiche sono di nuovo intervenute per bloccare la produzione dei farmaci anti-Aids prodotti a buon prezzo nel Sud del mondo. È una condanna a morte per milioni di esseri umani. Che commedia la raccolta di fondi ai vari G8 per lottare contro l'Aids!

## La scuola dei poveri

Una piaga della baraccopoli che, in mezzo a tanto degrado, rischia di rimanere nell'ombra, è la mancanza di istruzione primaria. Molti bambini non possono permettersi il lusso di frequentare la scuola, un fenomeno che è andato crescendo nel corso degli anni novanta. La ragione profonda va individuata nella smania di tagliare le spese sociali e privatizzare tutto, in ossequio alle politiche di ristrutturazione economica suggerite ai governi africani dal Fondo monetario internazionale e dalla Banca mondiale. I governi obbediscono, il Kenya non fa eccezione e taglia le spese sociali, chi ha i soldi manda i figli a scuola e chi non può... affari suoi. A Korogocho molti nuclei famigliari non hanno la possibilità di pagare nemmeno l'iscrizione alla prima elementare e così viene violato un diritto umano fondamentale. Vorrei precisare che la sconfitta di Moi e la salita al potere di Kibaki all'inizio del 2003 costituisce un drastico cambiamento per quanto riguarda la scuola. Infatti uno dei primi atti di Mwai Kibaki è stato quello di dichiarare che ogni bambino ha diritto all'educazione primaria gratuita. E il suo governo sta attuando questa politica.

La parrocchia di Kariobangi aveva costruito a Korogocho alcune aule adibite ad asilo infantile. Nel 1991, guardandoci attorno, ci siamo detti che forse sarebbe stato più importante far partire una prima classe elementare. Nasce così l'idea di una scuola informale, informale nel senso che non è la scuola pubblica e non è nemmeno quella privata, ma un tentativo di rispondere all'impossibilità per i poveri di accedere all'istruzione. Per l'iscrizione abbiamo chiesto un piccolo contributo alle famiglie: gli insegnanti sono gente della baraccopoli che ha potuto studiare. Immediatamente abbiamo avuto oltre un migliaio di bambini. In questi ultimi anni si sono assestati sui novecento. Bimbi belli e con tanto desiderio di imparare. Era una gioia vederli arrivare con i loro soliti vestitini, gli occhi sgranati e tanta voglia di affetto.

Anche qui, come nelle altre esperienze di lavoro a Korogocho, sono sempre stato del parere che alla fine dovesse essere la comunità a gestire tutto. Dopo una lunga fase di rodaggio, durata sei anni, in cui era stata la parrocchia ad avere in mano le redini della scuola, abbiamo posto con forza il problema. Per due o tre mesi, a fine '98 abbiamo sospeso le lezioni e abbiamo detto alle famiglie: "Guardate, la scuola è vostra. Dovete cominciare a rimboccarvi le maniche. Si possono ottenere fondi dalle varie organizzazioni internazionali che ci sono a Nairobi. E poi dovete fare uno sforzo concreto per rendervi indipendenti il più possibile". La mia proposta era che il 51 per cento delle risorse necessarie per far funzionare la scuola dovesse venire dai genitori e il resto da contributi. Abbiamo organizzato la gestione comunitaria in questo modo: c'è un "parlamentino" con i rappresentanti di ogni piccola comunità cristiana, oltre a quelli di tutti i genitori delle otto classi delle elementari. È la struttura dove si elaborano idee, si mettono a fuoco i problemi. C'è un esecutivo, formato da sei persone tra cui il direttore, che hanno il compito di rendere operative le scelte e far funzionare la scuola. E infine c'è il gruppo degli insegnanti.

Su novecento studenti ce ne sono circa duecento che non pagano nulla, perché sono orfani e non hanno nessun sostegno dalla famiglia allargata. Gli altri contribuiscono secondo le possibilità di ciascuna famiglia. È molto importante che sentano la scuola come loro, cioè portata avanti non dal prete ma dalla comunità. Difatti i contratti dei maestri vengono stipulati e firmati dal Consiglio dei responsabili delle trentasei piccole comunità cristiane. Questa della scuola informale è stata una bella esperienza, anche se carica di sofferenza e scontri, un'iniziativa molto sentita dalla comunità di Korogocho.

# La lotta per la terra

Era stato il grande vescovo di Recife, in Brasile, Hélder Câmara, a dire: "Se do da mangiare a un affamato, mi dicono che sono un santo. Ma se domando perché quell'uomo è affamato, dicono che sono un comunista". Vivere a Korogocho senza porre il problema politico è pura evasione. E a Korogocho la dimensione politica ha un nome: terra. Due milioni di persone, sui quattro che vivono nella capitale, costrette a vivere nell'1,5 per cento della terra di Nairobi sono uno scandalo assoluto. Umanità "sardinizzata". Gli animali dei parchi naturali sono trattati molto meglio perché naturalmente portano turisti e soldi. E i "sardinizzati" poi non possiedono nemmeno quella scheggia di terra; essa appartiene al governo, che li può mandare via quando vuole. Quella dove sorgono le baraccopoli di Nairobi è terra statale. È un lascito del colonialismo inglese: per la legge britannica qualsiasi pezzo di terreno di cui i nativi non potevano dimostrare il possesso con un documento, diventava *crown land*, terra della corona. Con l'indipendenza nazionale (1963) nulla è cambiato – meglio, è cambiato il colore.

Quando nel 1994 abbiamo cominciato a occuparci della terra a Korogocho, abbiamo detto che far abitare da baraccati oltre la metà della popolazione di Nairobi sull'1,5 per cento del territorio della città è *peccato*. Se è peccato, come si può viverci dentro? Ecco la mia domanda. Tutto quello che so sulla terra l'ho imparato un poco alla volta, studiando, leggendo, chiedendo, girando per le periferie di Nairobi. La cosa incredibile che mi è balzata subito agli occhi è che la chiesa istituzionale conviveva senza troppi problemi di coscienza con questa situazione. La condizione delle baraccopoli era considerata normale, un fatto indiscutibile e protetto dalla legge. A nessuno saltava in mente di contestare il fatto che i baraccati di Nairobi non avessero dei loro rappresentanti a livello amministrativo e politico.

Era considerato normale che tutto fosse imposto dall'alto. Il governo impone in ogni baraccopoli un *chief*, un capo: è un amministratore, chiamiamolo così, è il gradino più basso della catena di comando del Kenya, serve per opprimere e basta. Per tenere la situazione sotto controllo, il *chief* ha la sua polizia amministrativa e può servirsi anche di quella ordinaria. Il *chief* ha i suoi consiglieri, di solito sono i più farabutti, quelli che vivono facendo affari sulla pelle degli altri. Se vuoi aggiustare il tetto della baracca, non lo puoi fare. Prima devi dare qualcosa, una tangente, al consigliere della tua zona che è il consigliere del *chief*. E qualcosa arriva anche al *chief*. Ed è tutto così: tutto è controllato, tutto è taglieggiato. È una forma di mafia legalizzata, un "magna magna" generalizzato sulla pelle dei poveri.

Le piccole comunità cristiane non potevano ignorare questo problema. Ne abbiamo discusso con i responsabili: sono saltate fuori diverse posizioni, a seconda dell'appartenenza etnica, dei legami con il governo, o della proprietà delle baracche. Le piccole comunità erano lo specchio della drammatica realtà sociale. Sono stato male quando ho compreso che non era facile per le piccole comunità cristiane farsi carico della lotta per la terra, ma sapevo che quello era il tasto giusto. Avevo capito che per affrontare questo tema serviva anche competenza giuridica. Così attraverso Amos Wako, che avevo conosciuto appena arrivato a Nairobi e che in seguito sarebbe diventato procuratore generale in Kenya, sono arrivato a Kiraitu Murungi, un avvocato di grido, molto bravo, molto impegnato sui diritti umani (oggi è ministro della Giustizia). Sono andato a trovarlo, spiegandogli dove vivevo. "Grazie Alex, perché mi aiuti a capire qualcosa di importante" mi disse serio. "Tu forse avrai molta ammirazione per noi avvocati che lottiamo per i diritti umani. Ma siamo onesti: io sono nato a Nairobi, ma non sono mai stato in una baraccopoli, non so neanche lontanamente come vive la povera gente. Le nostre battaglie legali per i diritti umani le facciamo per la classe medio-alta. Siamo ben lontani dalla realtà concreta della povera gente."

## La terra scotta

Comunque sia, attraverso questo avvocato sono arrivato a conoscere un'associazione di avvocati che difendono i poveri, fondata negli anni settanta da Nuroje, uno dei più grandi giuristi keniani, di origine indiana. L'associazione si chiama Kituo cha Sheria e significa "Centro per la difesa legale". A dirigerla c'era Murtaza Jaffer, anche lui indiano, di religione musulmana ma di formazione marxista, proveniente dall'Università di Dares-Salaam. Con lui e anche con la moglie, una sociologa, è nata una bella amicizia. Murtaza si è adoperato per convincere gli avvocati a occuparsi di Korogocho. Non ne volevano sapere, non volevano neanche mettere piede in baraccopoli. Ma Murtaza non ha mollato e ha proposto loro di preparare alcune persone di Korogocho, di farle diventare degli "avvocati a piedi scalzi", degli "avvocati" popolari.

I "suoi" avvocati a Korogocho non sono mai venuti, ma hanno accettato di tenere corsi di formazione in un locale della parrocchia di Kariobangi. Corsi frequentati per lo più da maestri delle elementari che hanno imparato come muoversi o che cosa consigliare alla gente che veniva trattata male dal *chief* o che subiva un torto sul lavoro, o sull'affitto della baracca. Il nuovo corso di Murtaza non piaceva al direttivo del Kituo, che lo eliminò senza tanti indugi. Al suo posto è stata scelta Jane Weru, un'avvocatessa della Nairobi bene, ma sensibile ai problemi dei baraccati. Si è convinta ben presto che fare semplicemente una battaglia legale sulla terra serviva a poco. Ci voleva un movimento popolare di sostegno. Un movimento popolare che incentrasse la sua attenzione sulla terra. Senza questo sostegno era inutile portare le cause in tribunale. Murtaza aveva già sperimentato a Voi, vicino alla città di Mombasa, come mettere in piedi una Community Land Trust, cioè una comunità legalizzata cui affidare la terra. "Perché non chiedere al governo di affidare la terra di Korogocho alla comunità?" ci chiedevamo. Murtaza aveva personalmente visitato varie realtà statunitensi dove la terra era affidata alla collettività, autocostituitasi in cooperativa. Fra l'altro il concetto di appartenenza collettiva della terra era già presente in Kenya prima del colonialismo. Poi tutto è stato stravolto dalla gestione occidentale e capitalistica della terra. Allora perché non ritornare al Community Land Trust? Il problema era: a chi affidare la terra, se il governo l'avesse ceduta? Dal punto di vista legale le comunità di Korogocho non esistono. E non esistono nemmeno politicamente. Di questo avevo già parlato con le piccole comunità cristiane dello slum. Avevamo tenuto anche delle assemblee pubbliche che avevano dato parecchio fastidio.

Un giorno, era il 1995, mi vedo arrivare in baracca il *chief* accompagnato da due scagnozzi dei servizi segreti. Scuro in volto, mi apostrofa: "Ho sentito che stai parlando della terra con le comunità cristiane qui a Korogocho. Lo sai che in Kenya la terra è *the hottest issue*, la questione più scottante?". Gli rispondo: "Sì, lo so! Ma cosa vuoi? Vuoi che la chiesa serva solo a cantare 'alleluia, alleluia' e che non si occupi di queste cose che sono fondamentali per la vita umana, per la gente?". Cambia discorso: "Giorni fa hai fatto una marcia dentro la baraccopoli senza il mio permesso". "È vero," gli rispondo, "hai ragione! Ma il fatto è che la costituzione del Kenya consente di fare processioni senza il tuo permesso. Ho letto la costituzione con i miei avvocati e abbiamo visto che è così, non c'è nulla di illegale." "Padre," mi fa con tono minaccioso, "ricordati che i tuoi avvocati non ti salveranno dalle pallottole dei miei poliziotti!" Fine della discussione.

Il discorso di Jane Weru arriva quindi su un terreno già fertile: creare un movimento popolare di sostegno alle azioni legali sul problema terra. Bisogna sapere che a Korogocho erano attivi dal 1992 i cosiddetti "community organizers", creati da Denis Murphy, proveniente dalle Filippine, americano di nascita. È lui il fondatore di quell'esperienza, molto diffusa in Asia. Sbarcava ora in Africa. Murphy aveva chiesto che fosse proprio Korogocho il luogo dove tenere il primo corso per preparare gli organizzatori sociali. Dopo due anni abbiamo avuto i primi frutti. Era un bell'aiuto per prepararci alla creazione di un movimento popolare. Jane Weru, appoggiandosi anche su di loro, ha tentato di far nascere nelle baraccopoli un movimento popolare che prendesse in mano il proprio destino e dal quale sorgessero gli amministratori locali.

La baraccopoli di Korogocho è divisa in nove quartieri: chiedemmo a ogni quartiere di eleggere cinque-sei persone che potessero poi tentare di "governarlo". Siamo nel 1997. Gli avvocati iniziarono a occuparsi della formazione degli eletti. Il lavoro andò avanti per qualche mese, poi il governo si accorse di quanto avveniva e ordinò l'arresto immediato di alcuni organizzatori comunitari. Passammo la notte a riflettere con Jane e gli avvocati su quale strada prendere. Il commissario distrettuale affermò chiaramente: "Se permettiamo questo a Korogocho, crolla tutto il sistema!". Era un attentato alla sicurezza dello stato. Andare avanti significava lo scontro violento con il governo, significava mettere a rischio vite umane. Decidemmo di sospendere l'operazione.

La stessa Jane Weru, che aveva sostenuto la tesi dell'importanza di far partire un movimento popolare per appoggiare l'azione legale degli avvocati, si è venuta a trovare in difficoltà con il direttivo del Kituo. E non solo a causa di Korogocho. Il direttivo del Kituo non vedeva di buon occhio il più vasto movimento che si era venuto a creare nelle baraccopoli, sostenuto da Jane insieme a padre Carroll Houle, missionario di Maryknoll (un uomo molto impegnato nel campo della giustizia e dei diritti umani). Il progetto era quello di costituire, con l'aiuto di quattro organizzatori comunitari, un gruppo popolare che lottasse per la terra in ogni baraccopoli. Improvvisamente padre Houle ha dovuto abbandonare Nairobi nel giro di quarantott'ore! È stato un colpo incredibile. Fu sostituito da una donna eccezionale, Christine Bodewes, missionaria laica di Maryknoll, un'avvoca-

tessa passata dalla difesa delle multinazionali a quella dei poveri. Christine tentò di mettere un po' d'ordine in quel marasma,
ma a quel punto arrivò come un fulmine a ciel sereno l'allonta-
namento della Weru, per un anno sabbatico a Londra. Era chiaro che il Kituo non sosteneva il movimento di base.

## Ripensare tutto

Fu un momento tragico per il movimento, non capivamo più
nulla. Tra l'altro ci rendemmo conto che tutti gli sforzi fatti per
coinvolgere le comunità avevano dato risultati modesti: non pochi dei rappresentanti delle comunità in realtà rappresentavano
solo se stessi. Più amaro ancora, un gruppetto di responsabili si
stava impossessando del movimento per interessi propri. A quel
punto ho organizzato un incontro in cui abbiamo fatto un'analisi impietosa della situazione, di come il movimento si era sviluppato, di come molte cose non andavano e di come anche gli
organizzatori comunitari talora operavano troppo lentamente e
con scarsa efficacia. Fu un incontro di avvocati, di persone im-
pegnate. "Abbiamo tutti sparato a zero su questo lavoro. Non ci
resta che sospendere tutto" ho detto alla fine. "Però noi qui ap-
parteniamo tutti alla classe borghese, ognuno di noi questa sera
ritornerà a casa e troverà qualcosa da mangiare. Se la gente continuerà a morire, se per la gente non ci sarà nessuna speranza,
se i poveri saranno di nuovo delusi e vedranno che non nasce
nulla, sapranno che noi borghesi li abbiamo di nuovo traditi. Se
permetteremo questo, ricordiamoci che saremo tutti in stato di
peccato mortale."
Da lì è nato uno sforzo gigantesco di ripensare la lotta per la
terra nelle baraccopoli. Giornate e giornate di riflessione. Dopo
l'autocritica più spietata sugli errori commessi, siamo passati al
tentativo di elaborare un'altra strategia per far ripartire la lotta
per la terra. In tutto questo ha giocato un ruolo importante il
Land Caucus, un piccolo gruppo di avvocati e di persone impe-
gnate nella soluzione del problema terra. Il gruppo, nato nel
1994, si incontrava il primo lunedì del mese in posti differenti
della città e aveva con caparbia continuato a studiare, a lanciare
idee sul problema della terra a Nairobi. (Le minute del Land
Caucus, conservate a Nairobi, sono una delle maniere migliori
per capire le difficoltà di lavorare in questo settore: sono una
miniera di informazioni.) Il Land Caucus ha giocato un ruolo
importante non solo sul piano intellettuale, ma anche su quello
pratico di mettere insieme gente, di creare una rete per risolvere
il problema terra.
Il 1999 fu un anno durissimo. Christine Bodewes ha giocato

un grosso ruolo in quel momento grave. Il ritorno di Jane Weru da Londra e la sua decisione di uscire dal Kituo cha Sheria portò Christine e tutti noi alla decisione di creare una nuova struttura legale che potesse seguire la lotta per la terra dei baraccati, il Pamoja Trust.

Per favorire l'organizzazione dei poveri nelle baraccopoli decidemmo di sollecitare i baraccati a una campagna cittadina in cui proclamare: "Noi baraccati di Nairobi solennemente affermiamo che la terra dove viviamo ci appartiene e nessuno ci butterà fuori. Ci rifiutiamo di vivere come rifugiati nella nostra patria, senza un luogo che sia nostro. Noi siamo cittadini di questa terra meravigliosa e non accettiamo di viverci come vagabondi".

## Giubileo degli oppressi

Avevamo molta paura che questa campagna, data la violenza incredibile sia strutturale sia nelle persone, potesse sfociare in un bagno di sangue. Ci preoccupava molto la crescente violenza nel paese sotto il regime corrotto e sanguinario del presidente Daniel arap Moi. Fu questo che ci portò a dare inizio al movimento nonviolento. Lo suggerii a Carroll Houle, che decise di lanciarsi a capofitto in quest'avventura. Riuscì a contattare e far arrivare un'équipe proveniente dalle Filippine (People's Power), che aveva sperimentato la nonviolenza attiva nello sbarazzarsi della dittatura di Marcos. La figura carismatica di quel gruppo era sicuramente il vescovo Francisco Claver (uomo davvero eccezionale), che rimase con noi solo una giornata. A questi bisogna aggiungere un ex collaboratore di Martin Luther King, l'americano Richard Deats.

Quell'équipe fece una serie di incontri di coscientizzazione con gruppi di keniani, che per la prima volta furono così esposti alla nonviolenza attiva. Da questi incontri nacque Chemchemi ya Ukweli (la Sorgente della verità) che tenterà di portare avanti nel paese le dinamiche della nonviolenza gandhiana. Tutto questo lavoro ha aiutato a iniettare nella società civile keniana i germi della nonviolenza attiva. E ha aiutato anche i baraccati a portare avanti le loro lotte con metodi nonviolenti. E infatti la nonviolenza fu uno dei capisaldi della lotta per i diritti e la terra in baraccopoli.

La campagna parte agli inizi del 2000 e si ispira sia allo stile di Martin Luther King, sia al giubileo biblico che proclama che la terra è di Dio: "Dichiarate santo il cinquantesimo anno e proclamate la liberazione per tutti i suoi abitanti. Sarà per voi un giubileo: ognuno tornerà nella sua proprietà e nella sua famiglia" (*Levitico* 25, 9-10). Un duro lavoro nelle baraccopoli per riunire la gente in un'organizzazione popolare, che fu chiamata Muungano wa wanavijiji [Unione dei baraccati]. Tutto questo è sfociato nella giornata del 1 luglio. "Più di un migliaio di rappresentanti delle oltre cento baraccopoli della città si sono ritrovati all'Ufungamano House. Una giornata intensa, pasquale, carica di Spirito capace di creare il nuovo dentro la storia. Una solenne processione con bandiere e scritte ha portato in sala i delegati che hanno deposto sul palco nove vasi di terra, la terra delle baraccopoli. Poi la torcia, che era passata per tutte le baraccopoli nei nove giorni precedenti il lancio della campagna, è entrata in sala al grido: *'Uhuru!'*, 'Libertà', a cui faceva eco la gente: *'Ardhi!'*, 'Terra!'. Poi i delegati delle nove circoscrizioni hanno raccontato la situazione nelle loro zone e come si sono organizzati. Ogni rapporto era ritmato da canti, trilli, danze. C'era un'intensa aria di festa.

"Poi quattro anziani hanno religiosamente mescolato la terra, proveniente da tutte le baraccopoli, per farne un'unica realtà. Un vecchio kikuyu l'ha benedetta con una solenne preghiera. Un giovane, Gitei, ha ricordato a tutti che la lotta di oggi per la terra ha radici molto antiche in Kenya: la lotta per l'indipendenza fatta dai mau-mau era connessa strettamente a quella per la terra. Ho ricordato a tutti che la lotta per la terra è parte essenziale del sogno di Dio (un'*economia di uguaglianza* che richiede una *politica di giustizia* che sottintende un'esperienza religiosa dove Dio è percepito come il *Dio dei poveri, degli oppressi*).

"Gli anziani hanno deposto sul palmo della mano dei presenti un po' di terra delle baraccopoli. Con questa terra abbiamo proclamato insieme il manifesto della Campagna, un'alleanza per la difesa di un diritto fondamentale. Che gioia veder brillare di speranza i volti dei baraccati (e quante tragedie dietro a ogni volto!). È Pasqua per questa gente, ma una Pasqua che dovrà trovare nuovi Mosè perché diventi vera liberazione. Saprà la Campagna per la terra trovare questi nuovi Mosè per far uscire il popolo dei baraccati dall'Egitto?" Così ricordavo quell'evento in una *Lettera agli amici* del 2000.

Quel giorno abbiamo proclamato davanti a tutti il manifesto della Campagna per la terra, che sottolinea sei punti: 1) Ora è il tempo dell'azione. Siamo vissuti troppo a lungo come rifugiati nella nostra stessa patria. Vogliamo riaffermare la nostra umanità calpestata. 2) È immorale che il 55 per cento della popolazione di Nairobi sia costretta a vivere sull'1,5 per cento della terra. 3) Affermiamo pubblicamente e solennemente che la terra dove viviamo ci appartiene e non la lasceremo più. 4) Condanniamo tutti coloro che si appropriano illegalmente della terra, siano essi uomini di governo o speculatori, in quanto nemici dei poveri e del popolo keniota. 5) La terra deve diventare parte integrante del processo di riforma costituzionale in atto nel paese. 6) Affermiamo apertamente e unitariamente la nostra umanità e il nostro diritto a essere considerati uomini.

Il 3 agosto il movimento riceve un'altra spinta, questa volta dalle forze religiose di Nairobi. È lo stesso arcivescovo anglicano di Nairobi, David Gitari, a patrocinare l'evento. "Finora," afferma Gitari all'inizio dell'incontro, "abbiamo abbinato il giubileo alla cancellazione del debito, ma oggi proclamiamo il giubileo della terra a Nairobi. Da parte mia e della chiesa anglicana offro un appoggio incondizionato alla Campagna per la terra." I capi religiosi si dicono pronti a portare il manifesto della Campagna al presidente Moi. È troppo presto? L'incontro dei rappresentanti delle chiese e delle religioni si chiude con una solenne cerimonia di alleanza (*covenant*, che nel mondo biblico significa un patto di sangue) fra tutte le forze religiose per far pressione sul governo affinché venga data giustizia ai baraccati di Nairobi.

"Come i nostri antenati hanno rifiutato la schiavitù, il colonialismo," proclamano i rappresentanti religiosi, "oggi noi denunciamo un'economia di apartheid che domina la città di Nairobi e vogliamo distruggere il Muro di Berlino che divide i ricchi dai poveri..." Parole? A Nairobi le chiese sono lontane dall'aver assunto le istanze dei poveri! È solo un piccolo, timido passo in avanti.

*La terra ai baraccati?*

L'allora presidente Daniel arap Moi venne a Korogocho il 22 novembre del 2000 a dire pubblicamente che intendeva cedere la terra alla gente. La decisione di Moi era dovuta alla pressione del Muungano, l'organizzazione di base dei baraccati di tutte le bidonville, oltre che di Habitat, la struttura dell'Onu che si occupa dell'ambiente, con sede a Nairobi. Anna Tibaijuka, direttrice di Habitat, ha presentato al presidente un rapporto sulle baraccopoli e si è detta disponibile a dare una mano. Non va poi trascurata la presa di posizione di Jesse Jackson, il leader africano-americano che ha visitato con me Korogocho nel 1998. Jesse rimase talmente sconvolto che chiese di incontrarsi una seconda volta con Moi. "Come puoi tu, un cristiano nato di nuovo come me," disse Jesse a Moi, "permettere che centomila persone vivano come animali a Korogocho?" Un ruolo lo ha avuto anche la stampa internazionale che in questi anni si è occupata spesso degli slum di Nairobi.

Quando Moi venne a Korogocho, annunciò che la terra della baraccopoli apparteneva al governo e che il governo l'avrebbe data alla gente che ci viveva. Immediatamente i proprietari delle baracche (un migliaio di persone) si sono riuniti, hanno costituito la loro associazione (Cowa) e chiesto al commissario distrettuale (che rappresenta il governo) il permesso di costituire un comitato per spartire la terra tra i proprietari delle baracche. La giornata prescelta era l'11 dicembre. Sarebbe stato un bagno di sangue.

Con Jane Weru siamo riusciti a farci ricevere dal prefetto della città, Maina. Tramite lui siamo riusciti a gestire la crisi e a preparare le elezioni per un comitato popolare sulla base della formula "2+2": per ognuno dei sette quartieri i proprietari delle baracche (una minoranza) avrebbero eletto due rappresentanti; anche tutti gli altri (gli inquilini), due rappresentanti per quartiere, così da costituire il "Comitato dei 28". Il 17 dicembre, nonostante la tensione, si riuscì a votare e a eleggere il Comitato. Ma poi, che fare? Come dividere la terra?

Jane era riuscita a convincere il prefetto a recarsi in India, a Bombay, per vedere come gli amministratori di quella città erano riusciti a riqualificare le baraccopoli. Il prefetto rimase molto colpito e convinse anche Moi ad adottare quel modello. (La ristrutturazione delle baraccopoli a Bombay deve molto a Joachin, che è presidente dello Sdi, l'Internazionale dei baraccati: un ometto molto deciso, che ci aveva visitato qualche mese prima.) Dopo una seria riflessione, il prefetto di Nairobi, sostenuto dal Pamoja Trust e dallo Sdi, ordinò di procedere con l'operazione di censimento di Korogocho. I proprietari delle baracche fecero il finimondo: ingaggiarono il miglior avvocato di Nairobi, Kamau Kuria, e portarono il governo in tribunale. Inoltre tentarono di bloccare il personale scelto per il censimento. Ci fu un vero e proprio scontro tra proprietari delle baracche e polizia, ma alla fine i rilevatori poterono fare il loro lavoro, anche se sempre scortati dai poliziotti. Nel frattempo il tribunale accolse le richieste dei proprietari. Il governo però completò il lavoro del censimento; decise poi di non continuare con il proprio progetto su Korogocho, in attesa della decisione del tribunale.

Raramente nella mia vita mi sono sentito così insultato e dileggiato come dai proprietari delle baracche in questa occasione. Molti di loro, cattolici, non vennero più in chiesa. In quel momento così duro dissi pubblicamente che io non potevo che schierarmi dalla parte dei nullatenenti, e se dei cristiani che venivano a "spezzare il pane" la domenica non riuscivano a "spezzare la terra", forse non erano poi così cristiani come si ritenevano.

La prima udienza in tribunale, fissata per il 1 ottobre 2001, fu rinviata. E così è avvenuto per le altre udienze. Si è tentata anche una riconciliazione tra proprietari e inquilini. Tutto inutile. A oggi non c'è stato alcun verdetto.

La novità a questo livello potrebbe ora venire dal nuovo governo Kibaki, se accettasse di adottare la nuova costituzione preparata dalla commissione presieduta dal professor Yash Ghai, un keniano di origine indiana, uomo retto e competente. Ghai era diventato nostro amico a Korogocho. Era venuto varie volte in baraccopoli a trovarmi, e mi aveva invitato alla commissione per parlare degli slum. Ci andai. E parlai con molta forza delle sofferenze dei baraccati. Ghai venne poi ad ascoltare i baraccati di Korogocho in pubblica assemblea.

Nella bozza di costituzione del Kenya vi sono delle clausole importanti per i baraccati. Primo, il governo non potrà più demolire le baraccopoli. Secondo, la terra su cui vivono i baraccati è proprietà della comunità dei baraccati. Se la costituzione venisse accettata, il problema della terra e delle baraccopoli farebbe un grande passo in avanti. E questo è parte della lotta politica che abbiamo portato avanti.

Rimane poi l'immane lavoro di ristrutturare le baraccopoli. Il Pamoja Trust sta elaborando un suo piano per far fare un salto di qualità edilizia a chi vive in baraccopoli; questo piano si esprime per il momento solo in un progetto pilota nelle baraccopoli di Huruma (Kariobangi). Una grossa speranza viene ora dal nuovo coordinamento delle équipe pastorali di 13 parrocchie di Nairobi, lanciato quando io stavo lasciando Korogocho e ora seguito dal comboniano Daniele Moschetti, da Franco Cellana (missionario della Consolata) e da Christine Bodewes. Questo coordinamento, che si chiama Kutoka/Exodus, sta iniziando a lavorare seriamente per dare forza al movimento popolare nelle baraccopoli. Mi auguro che tutte le forze operanti a Nairobi si diano una mano. Solo così si potrà dare speranza ai baraccati che vivono una situazione profondamente disumana. L'avvento del governo Kibaki offre un'incredibile opportunità anche ai baraccati di Nairobi. Guai a noi se perdiamo un'occasione come questa.

Anche dall'Italia non sono mancati sostegno e solidarietà al movimento per la terra. Libera, il coordinamento delle associazioni contro le mafie, presieduta da don Luigi Ciotti (un carissimo amico da sempre), ha organizzato a Nairobi una maratona il 14 aprile del 2001, con la partecipazione di campioni come il keniota Paul Tergat. La maratona è ora al terzo anno: un importante appuntamento di Vivicittà per riunire i baraccati di Nairobi in una corsa attraverso i bassifondi della città, allo scopo di rivendicare il diritto alla terra e a un'abitazione decente. L'atleta italiana Gabriella Stramaccioni ha giocato un ruolo importante in questo.

Un'altra spinta è venuta dall'Accademia dei Lincei, che ha conferito al Pamoja Trust, nell'anno del Giubileo, il "Premio A.

Feltrinelli", una scelta che è una denuncia dell'ingiustizia e un aiuto concreto (al premio era abbinata una consistente somma di denaro). Il premio in un primo momento era stato assegnato a me, con l'intento di portare l'attenzione su una realtà drammatica come le baraccopoli di Nairobi. L'ho rifiutato spiegando che non volevo fare la comparsa di turno sulla passerella del buonismo, che c'era bisogno di giustizia e non di carità, c'era bisogno di un gesto politico, e ho chiesto all'Accademia di fare la sua scelta. L'Accademia ha spostato l'obiettivo sul Pamoja Trust e questo le fa onore.

# Quattro chilometri dal paradiso

L'esperienza di vita in bidonville mi ha fatto capire il legame profondo che c'è tra fede e politica, tra fede ed economia. Non si può annunciare la Buona novella rimanendo dentro situazioni assurde come Korogocho senza porre il problema del sistema politico, economico, strutturale entro cui i poveri sono costretti a vivere. Annunciare la Parola e scardinare il sistema è tutt'uno. Ed è questa la difficoltà, in Italia come in Africa. È stato duro questo cammino per cercare nuove vie, perché non esistono strade già tracciate, soprattutto quando si lavora in situazioni così difficili.

Del resto è vero che si può essere cristiani e passare tutta la vita a rimuovere quello che non vogliamo vedere. La classe medio-alta di Nairobi, a parte qualche eccezione, non vuole sapere come vivono i poveri, non gliene importa niente, non ci vuole pensare. Una volta ho portato alcuni professori dell'Università di Nairobi a Korogocho, due uomini e due donne; queste ultime sono scoppiate a piangere: "Non avevamo mai visto questo, non pensavamo che la nostra gente vivesse così". Mi sono molto meravigliato: "Ma come, siete professori, vivete a poca distanza da qui e mai vi è venuto in mente di buttare l'occhio nella baraccopoli?". Un'altra volta un indiano (gli indiani sono i più duri verso i neri) è venuto a Korogocho con degli amici, degli uomini d'affari. Mi hanno chiesto di scattare una foto al gruppo. Ho visto l'indiano con una faccia scura... "Sorridi!" gli dissi. "Ma come faccio a sorridere dopo aver visto Korogocho?" È un fatto che queste realtà vengono totalmente rimosse. E pensare che tra Korogocho e la zona residenziale più bella di Nairobi, Muthaiga, ci sono soltanto quattro chilometri in linea d'aria. L'inferno e il paradiso, fianco a fianco.

La missione è un lento cammino che ti fa toccare con mano certe cose. Ma soprattutto è liberazione dalle "strutture di peccato" (Giovanni Paolo II) che rendono i poveri sempre più poveri. Non ci può essere missione senza questo impegno per la liberazione. Un esempio bello è stato quello della campagna contro la Del Monte Kenya, proprietà di Sergio Cragnotti, padrone della Cirio.

La Del Monte Kenya possiede un'enorme piantagione (30.000 ettari) a Thika, a sessanta chilometri da Nairobi, dove produce ananas. Avevo sempre sentito parlare di violazioni di diritti umani in quell'azienda, ma non avevo mai potuto far nulla perché Korogocho mi assorbiva completamente. La Del Monte Kenya, che produce 300.000 tonnellate di ananas all'anno, dà lavoro a circa 6000 operai, solo un terzo dei quali con contratto. L'occasione buona venne quando Steve Ouma, originario di Korogocho, finita l'università si rese disponibile a darci una mano. "Perché nei tuoi ritagli di tempo libero non ti dai da fare per investigare su quello che avviene alla Del Monte?" gli chiesi un giorno. A Steve la sfida piacque molto e si mise a lavorare con passione. Dopo mesi di visite e colloqui con i lavoratori della Del Monte, Steve preparò un rapporto. Ha potuto farlo grazie all'aiuto di una splendida persona: il sindacalista Daniel Kiule, che lavora nella fabbrica di ananas. Daniel, capo di uno dei tre sindacati di lavoratori della Del Monte, è molto stimato e amato dai lavoratori. Spedii quel rapporto in Italia a Francuccio Gesualdi del Centro nuovo modello di sviluppo.

Gesualdi vide che c'erano le condizioni per fare qualcosa di serio, e venne poi di persona a Nairobi per verificare il tutto. Fu la prima volta che ebbi la gioia di conoscerlo a tu per tu. Con questo allievo di don Milani alla scuola di Barbiana nacque una forte amicizia. Francuccio rimase molto colpito da Daniel, ma anche da Willy Mutunga, responsabile della nota Kenya Human Rights Commission. Avevo sfidato Willy a farsi carico della campagna contro la Del Monte. "Voi avete lottato per i diritti umani della classe media keniana," gli dissi un giorno, "ma non vi siete mai sporcati le mani per i diritti delle classi più deboli, come il diritto a un salario giusto, a condizioni dignitose di lavoro... insomma i diritti umani in campo economico." "Hai ragione, Alex. È vero! La Commissione non si è mai battuta per i diritti dei lavoratori. Accetto la sfida!" La Commissione si impegnò nella campagna contro la Del Monte. È stato il perno che ha permesso la vittoria. Un sindacato come quello guidato da Daniel, una seria organizzazione keniana come la Commissione, e un'organizzazione non governativa come il Centro nuovo modello di sviluppo che desse una mano dall'esterno: è stato il trio vincente.

Gesualdi, dopo aver verificato tutto, ritorna in Italia e il 1 novembre 1999 lancia la campagna. Gli italiani sono invitati a boicottare gli ananas e a spedire migliaia di cartoline alla Cirio: "Diciamo no all'uomo Del Monte". È stato un momento duro per tutti noi in Kenya. Minacce a non finire a Daniel. Ricordo che un giorno l'avevo chiamato e gli avevo chiesto: "Potresti essere licenziato, arrestato o anche ucciso. Ci hai pensato bene? Hai moglie e figli!". "Ci ho pensato bene" mi rispose. "Ho capito una cosa: il bene di molti è più importante del mio bene personale." Il direttore generale della Del Monte, Carlo Zingaro, venne a cercarmi. Due ore di bufera. "Perché attaccare me, un italiano e un cattolico? Perché non te la prendi con quei pescicani americani e inglesi? Quelli sì che sono pericolosi! Non io. Nessuna impresa tratta i lavoratori bene come la Del Monte!" Furente, minacciava tutti: "È tutto falso... Vi porterò in tribunale!". Mi sentivo come un pulcino bagnato. "Padre," mi fa uscendo dalla porta, "spendo tanti soldi in elemosine... so che la sua missione..." Lo ringrazio del gentile pensiero. Che strano mondo è il nostro. Se vivo a Korogocho, povero con i poveri, anche gli industriali mi battono le mani... Tocchi solo un lembo del sistema ed è il putiferio.

Arrivano le ispezioni ufficiali alla Del Monte: l'una richiesta dalla Coop italiana, l'altra da Gesualdi. Entrambe confermano la verità del rapporto. Interviene il governo del Kenya, prima sparando a zero sulla campagna, poi, nel settembre 2000, convocando tutte le parti interessate a un tavolo. È l'inizio della fine, per la Del Monte. La sede londinese della Del Monte decide di sbarazzarsi del direttore generale e di rimpiazzarlo con un altro, il dottor Lorenzo Bertolli. Me lo porta a Korogocho il vecchio direttore Zingaro, che mi aveva insultato a non finire l'anno prima. "Alex, voglio che tu conosca il nuovo direttore: è veramente bravo! Può aiutarci tutti a uscire dall'impasse attuale... Ma toglimi una curiosità: perché avete attaccato la Del Monte? Non siamo la peggior multinazionale in materia di violazione dei diritti umani!" Mi faceva tenerezza. "Sai, la ragione è semplice. Primo, siete una multinazionale di modeste proporzioni; secondo, siete di proprietà italiana, quindi sappiamo di avere un appoggio popolare in Italia; terzo, sapevamo di poter ottenere una vittoria, e abbiamo bisogno di una vittoria! Siete il ventre molle della Bestia." "Bel coraggio!" risponde Zingaro, mentre Bertolli sorrideva. Bertolli si dimostrerà all'altezza e si arriverà molto presto (marzo 2001) alla soluzione della vertenza. Fu una vittoria significativa per tutti. La dimostrazione che la rete lillipuziana funziona!

# Quale chiesa in Africa?

Per me è fondamentale il legame inscindibile tra fede e vita, fede ed economia, fede e politica... Purtroppo è proprio quello che non avviene all'interno delle comunità cristiane. Questo, e la sfida dell'inculturazione, costituiscono oggi i nodi vitali che le chiese d'Africa devono affrontare. Dopo il Concilio Vaticano II si era parlato molto di inculturazione, cioè della possibilità per ogni chiesa locale di esprimere la fede in profonda assonanza con la propria cultura. Si parlava dell'Africa come di un esempio. Non si è realizzato. Perché? Uno dei motivi è il centralismo romano. Roma non ha mai digerito l'inculturazione; sì, a parole la incoraggiava, in particolare col Sinodo africano, in pratica no. Basterebbe pensare alle enormi difficoltà che ha avuto la chiesa dello Zaire – anche se è vero che la Conferenza episcopale era spaccata – per vedere riconosciuta la propria liturgia eucaristica. Quando finalmente ha ottenuto il semaforo verde per il rito zairese, nel 1988, la beffa: il messale zairese si chiama *Messale romano per le diocesi dello Zaire*.

Purtroppo anche dopo il Sinodo africano si è fatto ben poco. E non è solo questione di Roma; sono i vescovi africani per primi che ci credono poco: essi stessi sono in fondo il prodotto di un certo tipo di formazione, non apprezzano molto la propria cultura. Bisogna anche riconoscere la forte pressione della gente che sfida i preti locali: "Ma come? I missionari ci hanno portato una fede che si esprime con questi segni e riti! Come potete cambiarli! Chi siete voi per cambiare?". Tutto ciò ha fatto sì che la dinamica dell'inculturazione, così piena di promesse in Africa, non sia andata molto lontano.

Ma ancor più grave mi sembra la schizofrenia religiosa. In Africa abbiamo esportato un cristianesimo spiritualista. Manca in Africa la saldatura fra la spiritualità e il vivere quotidiano, tra la fede e la dimensione economico-finanziaria e politica. In questo campo, dopo i giganti del Sudafrica sotto l'apartheid – il vescovo Desmond Tutu, anglicano, il pastore Beyers Naudé della chiesa riformata e l'arcivescovo cattolico Denis Hurley – che ci hanno dimostrato nella pratica il profondo legame che c'è tra fede e impegno per la giustizia (che ha poi portato all'elaborazione della teologia nera), negli anni novanta lo sforzo teologico di resistenza all'apartheid economica è sfumato (è rimasto, come richiamo, il domenicano Albert Nolan).

Negli anni novanta le chiese d'Africa sono state salate con il fuoco di conflitti spaventosi, di genocidi, di guerre civili... È stata la traversata del deserto, pieno di serpenti, scorpioni, draghi... Da qui stanno emergendo figure di notevole spessore sia a livello di base (catechisti, donne, semplici cristiani che nel tempo del fuoco hanno dato prova di rimanere fedeli al Vangelo dell'amore, della giustizia, della pace in zone come il Burundi, il Ruanda, l'Uganda, il Congo...) sia a livello di preti e vescovi. Vorrei ricordare qui tre vescovi uccisi nel 1996, forieri di una chiesa africana capace di coniugare fede e vita. Sono tre grandi martiri: Pierre Claverie, vescovo di Orano; Joachim Ruhuna, vescovo di Gitega in Burundi; Christophe Munzihirwa, gesuita, vescovo di Bukavu, in Congo. Tre giganti dell'Africa morti per aver scelto la giustizia e la vita.

Il vescovo di Gitega, dopo l'ennesimo eccidio perpetrato dalla sua etnia tutsi a spese degli hutu, al funerale delle vittime, il 23 luglio 1996, gridò: "I loro carnefici hanno commesso il peggiore dei crimini: hanno rinnegato Dio, il Creatore. Non è uccidendo che restituirai la vita ai tuoi cari, diventerai anche tu un assassino, e il Signore ti maledirà". Fu freddato dai suoi tutsi il 9 settembre.

L'arcivescovo di Bukavu era nel cuore di quella tragedia spaventosa che è la guerra in Congo, che ha ormai fatto oltre quattro milioni di morti. Munzihirwa aveva subito denunciato chi stava dietro ai massacri nel Kivu: Ruanda, Uganda, Stati Uniti... Un uomo con una tale lucidità mentale e il coraggio di "fare" la verità non poteva che essere soppresso. Il 29 ottobre 1996 lo tirarono fuori dalla sua auto e l'ammazzarono come un cane davanti alla sua cattedrale.

Claverie aveva deciso di rimanere in Algeria, dilaniata da una spaventosa guerra terroristica. Sapeva che lo volevano uccidere, ma proprio per questo rimase al suo posto, per un'Algeria al plurale. "Se solo si arrivasse, nella crisi algerina, a concepire che l'altro ha il diritto di esistere e che porta una verità da rispettare, allora non avrei corso invano i pericoli ai quali siamo esposti." Saltò per aria insieme al suo autista Mohamed il 1 agosto del '96, di ritorno da Algeri dove aveva partecipato alla celebrazione della memoria dei sette monaci sgozzati a Tibhirine nella primavera di quell'anno. "Sono convinto che l'umanità esiste solo al plurale" aveva affermato il vescovo di Orano in un discorso a Marsiglia l'anno prima di morire. "Quando pretendiamo di possedere la verità e cediamo alla tentazione di parlare in nome dell'umanità, cadiamo nel totalitarismo e nell'esclusione. Io sono credente. Credo che c'è un Dio, ma non ho la pretesa di possederlo, né attraverso Gesù né attraverso i dogmi della mia fede. Dio non si possiede. Non si possiede la verità e io ho bisogno della verità degli altri."

## No alle guerre di religione

L'esperienza di Claverie riporta a galla in tutta la sua gravità lo scontro cristianesimo/islam che si combatterà soprattutto in Africa, dato che tutt'e due le grandi religioni guardano al Continente nero come alla loro nuova frontiera. Lentamente le chiese d'Africa dovranno regalarci una teologia del dialogo, soprattutto islamo-cristiano. L'Africa, con la sua capacità dialogica e la sua capacità di tolleranza (caratteristica della religione tradizionale africana), potrebbe essere a questo proposito un terreno fertile. È in questo senso che ritorna con forza l'importanza dell'inculturazione. Ma all'inizio del Ventunesimo secolo la chiesa in Africa rischia di apparire come un corpo estraneo, a fronte di un islam, quasi congeniale al mondo bantu, che avanza. L'islam oggi è sentito di casa in Africa; la chiesa no, come importata. Ai tempi di "Nigrizia", ricordo che uno degli assistenti di padre Pedro Arrupe (responsabile dei gesuiti) era stato mandato in Africa per fare uno studio sull'islam per conto della Congregazione per l'evangelizzazione dei popoli. Questo gesuita mi passò il testo ancor prima di consegnarlo al cardinal Agnelo Rossi, allora prefetto di quel dicastero. "Per favore, va' a dire al tuo cardinale che la miglior difesa che avete contro l'islam in Africa è proprio il processo di inculturazione. Se la chiesa dimostra di poter davvero inculturare il Vangelo e la gente può riesprimerlo sentendosi in profonda sintonia con gli aspetti belli della propria cultura, questa è la miglior risposta all'islam, che fa piazza pulita della cultura africana, impone l'arabo e i costumi arabi. La chiesa invece deve poter dimostrare che si può essere cristiani e africani in profonda sintonia con la propria cultura."

Purtroppo i più grandi nemici dell'inculturazione sono proprio i preti e i vescovi africani, perché frutto di una formazione imposta dall'alto, dal Vaticano che è una potente macchina di occidentalizzazione. È l'insegnamento nei seminari che deve cambiare, che deve entrare in crisi. Come si può pretendere di formare dei preti fieri delle proprie tradizioni culturali e disposti a camminare con le loro povere comunità, quando vengono preparati dentro i palazzi, nelle zone bene delle città? Con un tale tipo di formazione non avremo preti capaci di fare la scelta dei poveri. Anzi, se ne staranno ben lontani! Senza parlare poi del lavaggio del cervello sulla loro cultura, considerata inferiore a quella occidentale.

E non c'è verso di cambiare. I vari tentativi fatti in Africa (in Madagascar, per esempio) e in America Latina sono stati bloccati da Roma, che impone un unico metodo formativo che rispecchia l'immagine medio-borghese del prete. Continueremo quindi ad avere preti con una preparazione romana clericale che fa dei sacerdoti piccoli lord serviti dalla comunità: uno stile di vita che è un peso insopportabile per le spalle delle piccole comunità del Sud del mondo, soprattutto nella *brousse* o nelle periferie urbane. Tutto questo richiederebbe una rimessa in discussione della formazione, ma è uno degli aspetti che non si vuole toccare.

La formazione dei missionari non è certo migliore di quella degli altri preti. Non prepara gente per i poveri o che possa fare la scelta dei poveri. Quand'è che gli istituti missionari troveranno il coraggio di rimettere in discussione il loro iter formativo?

# La vita che guarisce

I lunghi anni passati a Korogocho mi hanno indotto a ripensare la mia prima esperienza missionaria in Sudan, e soprattutto la mia esperienza a "Nigrizia". A Korogocho ho tentato di capire i passaggi anche psicologici, a volte laceranti, che avvengono in un missionario nelle sue differenti fasi di vita. Korogocho come momento di riflessione, di ripensamento, ma anche di guarigione, perché "anni ruggenti" come quelli passati a "Nigrizia" lasciano ferite che devono essere guarite. E chi mai più dei poveri può cicatrizzare lacerazioni e graffi?

Forse non è mai stato fatto uno studio psicologico di quello che avviene in un missionario. Cosa significa crescere in una determinata cultura, per esempio come è capitato al sottoscritto: cattolica, democristiana, chiusa, montana, ed essere mandato a studiare negli Usa, una società radicalmente differente, una cultura molto suadente, borghese, che ti penetra dentro, soprattutto in un'età tra i diciassette e i venticinque anni, e quindi essere sbattuto in una situazione come quella del Sudan, dove vieni a confronto con la povertà radicale della gente, in piena guerra civile, e con una cultura e una religione ben differenti dalle tue, l'islam. E dopo che hai tentato di confrontarti con questa realtà, vieni buttato fuori e ti ritrovi direttore di una rivista... e poi, quando incominci a dire certe verità, per tapparti la bocca... vai a finire in una baraccopoli.

Sarebbe importante capire come reagisce la psiche umana, quanto può reggere. E, lo si voglia o no, sono strappi dolorosi, laceranti, che se ti rimangono dentro come ferite aperte, incancreniscono, fanno male.

Ma allora come guarire? Non credo molto alle terapie della psiche. Sono uno di quelli che credono che è la vita stessa, vissuta in tutta la sua interezza, che ti può guarire. E la splendida gente di Korogocho che mi ha accolto, che mi ha travolto nel turbinio dei suoi drammi, è stata per me meglio di uno psicologo. A Korogocho sei costretto a ridimensionare tutti i tuoi problemi, i tuoi drammi, e capisci che sono piccole cose davanti ai drammi della gente. I volti dei crocifissi, immagine viva del Crocifisso del Golgota, mi hanno rivelato il grande volto dell'*Abbà/Ima* (Papi/Mama) che accoglie, che perdona, che ama, che soffre con noi. A Korogocho ho sperimentato l'amplesso materno di quell'*Abbà* che ha versato sulle mie piaghe "l'olio della speranza, il vino della consolazione".

Ma ho anche sperimentato quanto i poveri riescano a guarire ferite, a rimarginare lacerazioni con una celerità impressionante. È la vita che vince, nonostante la morte che ci circonda. E ho imparato quanto abbia ragione Clarissa Pinkola Estés, una psichiatra americana che ha abbandonato quanto aveva imparato a scuola ed è ritornata al ciclo vitale come miglior fattore di guarigione. "Attraverso la vita che abbiamo vissuto appresi la lezione più difficile da accettare, e la più possente che conosca: *la conoscenza*," scrive nel libretto *Il giardiniere dell'anima*, "la certezza assoluta che la vita si ripete, si rinnova, non importa per quante volte pugnalata, spogliata fino all'osso, scagliata a terra, ferita, ridicolizzata, ignorata, disprezzata, vilipesa, torturata, o resa impotente." Era così vero per la mia gente di Korogocho e sentivo che era vero anche nella mia vita.

"Sono certa che curandoci di questa forza fiduciosa, quel che sembra morto non è più morto, quel che pareva perduto non è più perduto, quel che taluni hanno dichiarato impossibile è reso chiaramente possibile, e la terra che pareva incolta stava soltanto riposando – riposava e attendeva che il seme benedetto arrivasse, portato dal vento con divina velocità e fortuna. E così sia."

Quel vento, quella *Ruah* – spiega la Pinkola – è "l'alito di Dio che raggiunge la terra per svegliare e risvegliare le anime". È quella *Ruah* che può far fiorire le ossa aride, è lo Spirito di Dio che è capace di guarire, cicatrizzare, far fiorire vita dove sperimentavi solo morte.

Parte seconda

# Tra le colonne di "Nigrizia"

# "Il volto italiano della fame africana"

*Di fronte alla drammatica situazione alimentare dell'Africa e alla sofferenza di milioni di nostri fratelli, è quanto mai rivelatore quello che succede in Italia sul problema fame. Appare sempre più chiaro a tutti che le nostre forze politiche più che agli affamati guardano al proprio tornaconto. Il bello poi è che tanti lo sanno, ma nessuno vuol dirlo a voce alta. Facendolo, infatti, bisogna aspettarsi delle reazioni. Ne sappiamo qualcosa anche noi. Quando, ad esempio, abbiamo denunciato su queste pagine certe "realtà" del dipartimento della Cooperazione ("Meno male che c'è la fame"; "Nigrizia", dicembre 1983), abbiamo avuto la piacevole sorpresa di essere convocati al ministero per un "colloquio".*

*È sempre più risaputo che i soldi destinati alla lotta contro la fame o allo sviluppo vengono usati per altri fini, persino nel giro delle armi. Ed è inoltre sempre più evidente come l'interesse da parte delle forze politiche italiane provenga più da un preciso tornaconto che da un genuino amore per i poveri. Ne abbiamo un'esemplificazione nella campagna contro la fame promossa dai radicali, i quali hanno sì il merito di aver fatto discutere del problema, ma chiaramente sempre a fini elettorali ben precisi. La fame paga.*

*Sul carrozzone radicale è improvvisamente salito il leader democristiano Flaminio Piccoli. Qualcuno ha parlato di un'improvvisa "conversione" del presidente Dc. Ma le ragioni erano ben più modeste: per salvarsi, sembra, da una campagna dei radicali sui suoi "legami" con la mafia e la P2 (vedi caso Cirillo e Pazienza). Fu così che partì al gran galoppo una campagna che doveva concludersi a Pasqua con una legge speciale che avrebbe stanziato ingenti somme gestite da un Alto commissario. E quando monsignor Nervo, vicepresidente della Caritas italiana, si azzardò a criticare la proposta, vi furono grosse pressioni perché stesse zitto. Ma erano molti anche nella Dc a non essere convinti di quel progetto di legge. Lo stesso ministro degli Esteri Giulio Andreotti, durante il convegno internazionale contro lo sterminio per fame tenutosi a Roma dal 17 al 19 aprile dello stesso anno, si era dichiarato contrario alla creazione di un Alto commissario, suscitando non poco imbarazzo in casa Dc.*

*Poi la Pasqua passò... e, come succede spesso in Italia, non si parlò quasi più di fame – dimenticando quello che nel frattempo stava avvenendo in Africa – fino a ottobre. Fu allora che in seno alla compagine governativa si risentì il discorso della creazione dell'Alto commissario. Si sa che il nostro ministro degli Esteri, "sotto processo" in Parlamento in quel momento, per assicurarsi il pieno appoggio dei voti socialisti aveva finito per accettare l'idea di un Alto commissario.*

*Ma nella commissione parlamentare ad hoc vi fu una notevole resistenza. Si arrivò così il 20 dicembre all'approvazione a Montecitorio di una legge che stanzia 1900 miliardi gestiti da un sottosegretario agli Esteri con funzioni di commissario (cambia, quindi, solo il nome!). Sarà quasi certamente il socialista Loris Fortuna.*

*Ora sono noti a tutti gli intrallazzi di palazzo, socialisti soprattutto, nel dipartimento della Cooperazione; con un così lauto bottino, infatti, si possono accontentare tanti amici: esperti, professori, ricercatori... tutti profumatamente pagati con i soldi della fame! Da quaranta a ottanta esperti assisteranno il nuovo commissario.*

*Altro che fame nel mondo! Forse sarebbe più opportuno chiederci a che punto è giunta la nostra fame... Una cosa comunque è chiara: più analizziamo questa faccenda degli aiuti e più ci convinciamo che servono innanzitutto a noi e poi alle élite borghesi dei paesi poveri per mantenerle al potere. E così il sistema continua a girare.*

*Editoriale di "Nigrizia" del gennaio 1985*

# La vena critica di "Nigrizia"

L'impressione che ho, quando mi guardo indietro, è che tra i comboniani ci sia sempre stata voglia di comunicare, ma che per tanto tempo si sia tradotta, su "Nigrizia" e anche sul "Piccolo Missionario" in articoli sulle loro questioni e necessità spicciole. A mancare era una vena critica precisa, di ripensamento della missione o delle situazioni in Africa, del colonialismo. Comboni è stato un uomo estremamente colto, preparato, una bella mente, senza dubbio. Ma i comboniani!... Sembravano così bifolchi, almeno ai colonialisti inglesi, che invece di Verona Fathers – come erano conosciuti in inglese [i "Padri di Verona"] – erano spesso chiamati Verona Farmers [i "Contadini di Verona"]. Anche questa è una caricatura, perché i comboniani hanno avuto delle menti, soprattutto nella linguistica (Stefano Santandrea, Pasquale Crazzolara...). Ma bisogna aspettare fino alla fine degli anni cinquanta per veder nascere un altro tipo di comboniano. Con il 1958 (è di quell'anno l'elezione di Giovanni XXIII) – vigilia del Concilio Vaticano II, e inizio della stagione delle indipendenze nazionali africane – è come se fosse entrata una ventata nuova anche dentro i comboniani. C'erano, prima di tutto, persone ben dotate e preparate, fra cui Enrico Bartolucci e Raffaele Gagliardi. È lì che nasce il nuovo nella famiglia comboniana quando, anche sulla spinta del Vaticano II, si inizia a ripensare la missione. Furono Bartolucci e Gagliardi a dare non solo una nuova veste tipografica alla rivista, ma anche una dimensione politica che non aveva mai avuto. Ricordo il dibattito durissimo che è avvenuto tra i comboniani con la nuova veste di "Nigrizia" (1958). Non solo perché era passata da bollettino a rotocalco, ma perché dietro ci stava un pensiero nuovo sulla missione, sulla nostra presenza in Africa. Era una novità per i comboniani, conosciuti come costruttori di chiese, gente che sapeva sporcarsi le mani... ma che non aveva teologi come i domenicani Yves Congar o Marie-Dominique Chenu (contro i quali si era scagliato Pio XII), che avevano preparato il Concilio. Ecco perché il gruppo comboniano aveva reagito con tanta rabbia al cambiamento di "Nigrizia". Ma soprattutto non poteva accettarne le implicazioni.

Quando Bartolucci, agli inizi degli anni sessanta, solidarizzò con i neri del Mozambico, colonia portoghese, che chiedevano l'indipendenza del loro paese, immediatamente si scatenò il putiferio. Ci fu la reazione di Lisbona che minacciò di espellere i comboniani dal Portogallo. Il responsabile generale, padre Gaetano Briani (che all'epoca risiedeva a Verona, nella stessa casa madre dove aveva sede la rivista), scrisse una lettera pesantissima a Bartolucci e gli impose di fare ammenda al Portogallo con un articolo positivo su quel paese. Bartolucci ubbidì: con un articolo storico su *Enrico, il navigatore che mai navigò*! Così "Nigrizia" obbligava i comboniani a riflettere su cosa significhi fare missione, sulla dimensione politica della fede. Sarà il team di Renato "Kizito" Sesana, di Piero Milan e di Celestino Celi a fare un altro salto di qualità. Kizito si farà amico dei leader della ribellione africana contro il Portogallo: Amílcar Cabral, Agostinho Neto, Samora Machel... Viaggerà nei territori liberati della Guinea-Bissau, e il suo diario uscirà come libro, *Liberate il mio popolo*. Kizito, che scandalizzava molti comboniani, ha fatto fare decisivi passi avanti a "Nigrizia", in particolare con i dossier, che riprendeva in buona parte da "Croissance des jeunes nations" di Parigi. L'intelligenza di Kizito e del suo team ha portato la rivista a un nuovo salto di qualità intellettuale sulla missione, sulla lettura dei problemi globali, che prima non era presente, nemmeno con Bartolucci. Ricordiamo che siamo in un periodo difficile: le lotte di liberazione in Africa, gli anni di piombo in Italia.

In questo piccolo team di tre persone c'è già una generazione nuova che esce dal Concilio Vaticano II, che ha riflettuto su cosa significa fare missione, che non intende più compiere determinate cose, che vuol muoversi su altre piste. La rivista necessariamente costituisce un laboratorio, con gente che guarda sempre in avanti... Quanti insulti si beccava Kizito! Però è stato un grosso aiuto per i comboniani. Più che da scelte dell'Istituto, il cambiamento è nato sulla spinta di figure come Bartolucci e Kizito, che hanno saputo leggere i "segni del tempo" per una missione nuova. Così è avvenuto nella "Nigrizia" dei primi anni ottanta, con l'arrivo in redazione di Ettore Frisotti e di Pier Maria Mazzola, che hanno innescato una riflessione ancora più radicale su missione e teologie del Sud del mondo, inculturazione, stili di vita... e poi Vangelo e vita!

Fintanto che si parlava di queste cose, non abbiamo avuto reazioni forti. Ma quando abbiamo messo il bisturi nella piaga della cooperazione italiana o della politica estera del Belpaese verso l'Africa... apriti cielo!

Guardando alla storia di "Nigrizia" dal '58 a oggi, si può dire che i responsabili dei comboniani raramente si sono sentiti rappresentati dai direttori o dalle équipe che hanno lavorato alla rivista. Eppure erano uomini scelti da loro. Le équipe di "Nigrizia" hanno quasi sempre finito per scontrarsi con la Direzione generale dei comboniani. La domanda viene spontanea: cos'è successo? Cos'è avvenuto? E non è stato molto differente il rapporto delle équipe di "Nigrizia" con la base comboniana, che spesso non condivideva le linee di fondo della rivista. Ma perché allora i vertici comboniani non hanno chiuso la rivista?

È un mistero per me! Uno dei ricorrenti malumori, anche della base, era il fatto che "Nigrizia" non parlasse delle esperienze di missione dei comboniani. Noi ritenevamo invece importante parlare di esperienze *significative*, fossero esse portate avanti da cattolici o da protestanti. Se si sfogliano le annate di "Nigrizia" degli anni ottanta, si noterà che le esperienze presentate sono in buona parte dal Mozambico. I missionari comboniani si erano già fatti segnalare per le loro posizioni contro il colonialismo portoghese. Per questo nel 1974 furono espulsi. Poi, dopo l'indipendenza, persero tutti gli edifici (confiscati dal Frelimo), ma i comboniani scelsero di rimanere accanto alla loro gente, dentro a una spaventosa guerra che ha fatto un macello del popolo mozambicano. Questo rimanere a fianco di un popolo in guerra, senza le strutture di una volta, ma come piccolo segno della fedeltà dell'*Abbà* a un popolo martoriato, ha fatto fiorire splendide esperienze di missione che noi abbiamo con gioia deciso di rilanciare come stimolo anche alla famiglia comboniana.

Come ha fatto "Nigrizia" a resistere per oltre quarant'anni, con forti opposizioni da parte sia della Direzione generale sia della base comboniana? La Direzione generale vedeva spesso negli articoli di "Nigrizia" la ragione dell'ostilità dei governi africani verso i missionari comboniani. Un responsabile generale, padre Tarcisio Agostoni, aveva affermato che un articolo di "Nigrizia" scritto da Celestino Celi era stato la causa dell'espulsione dei comboniani dal Burundi. Questa era anche la tesi di Propaganda Fide, il dicastero del cardinal Tomko ("Troppo politica", dicevano), ma non è sostenuta dai fatti.

Bisogna però riconoscere che dagli anni novanta l'atteggiamento dei responsabili comboniani verso "Nigrizia" è profondamente cambiato in positivo. Lo stesso vale per la base comboniana, che comincia a sentire le posizioni di "Nigrizia" come proprie – anche se una minoranza non si identifica affatto con la rivista.

Ma allora *a chi* rispondeva "Nigrizia"? Difficile dirlo. Durante la mia permanenza posso affermare che noi ritenevamo di rispondere a Dio e alle nostre coscienze. Per questo ritenevamo fondamentale che nulla uscisse sulla rivista che non avesse l'assenso di tutta la redazione. È stata questa profonda libertà che ha permesso a "Nigrizia" di fare il cammino che l'ha portata a essere la rivista cattolica italiana più impegnata e schierata in campo sociale. Ma non partendo da un'ideologia, bensì dalla fedeltà ai poveri, agli ultimi, ai crocifissi della storia, al Crocifisso, al Martire del Golgota.

# Nevicava, quel giorno...

Tutto nasce nel 1978. Era un momento piuttosto grave per "Nigrizia". Per capire come ci si è arrivati occorre ripercorrere alcuni passaggi chiave della rivista. La grande svolta, il passaggio da bollettino per i benefattori a rivista seria sull'Africa, avviene quando diventa direttore Enrico Bartolucci, nel gennaio del 1958. Questo è lo spartiacque che ha davvero spaccato i comboniani: cosa c'entravamo noi missionari con la politica? A dire il vero la mente, ancora più di padre Bartolucci, fu il direttore del "Piccolo Missionario", il giornalino per ragazzi dei comboniani. Raffaele Gagliardi era stato anche mio "prefetto" quando ero ragazzino in seminario. Era una persona di grandissima intelligenza (morirà presto, neanche trentenne, di leucemia). Fu lui a influenzare profondamente e ad aiutare Bartolucci in questo salto, e a dargli poi una mano per avviare "Nigrizia" sulla nuova strada. Così Bartolucci lo ricordò sullo speciale di "Nigrizia" per il centenario della rivista, nel 1982: "Io avevo trent'anni. Padre Raffaele Gagliardi ventisei. Fu lui, che era un concentrato di idee e di potenzialità incontenibili, a spronarmi. Le reazioni non tardarono. Ci furono, sì, plausi e incoraggiamenti. Ma non mancarono neppure le grida al cielo e il lancio di pietre, di fronte a tanto ardire".

Per i comboniani quello fu un momento di grandissima discussione. Ricordo quanto dibattevamo su quel cambiamento, su quanto stava avvenendo. Ma la rivista è andata avanti nella nuova veste, senza retrocedere, cercando di trovare la propria strada.

La seconda grande svolta è avvenuta con Renato "Kizito" Sesana, direttore dal 1970 al 1973 (nel frattempo a Bartolucci, che era partito per il Burundi, era subentrato Alberto Doneda, quindi Antonio De Carolis). Kizito ha dato alla rivista una dimensione politica ben più accentuata, e anche maggior profondità e ampiezza di campo. Anche la svolta di Kizito fu presa male all'interno dei comboniani. Kizito, essenzialmente, veniva accusato di essere un marxista. Fu davvero scontro con la Direzione generale, tanto che Kizito è stato mandato via, è stato silurato – diciamolo con onestà.

Saltato Kizito, è stato scelto Nazareno Contran (che aveva già lavorato a "Nigrizia" negli anni sessanta), uno che ha cercato di mediare, come cercava la Direzione generale dei comboniani (all'epoca la rivista dipendeva direttamente da essa e non, come accadrà più tardi, dalla Provincia italiana). Bisogna precisare una cosa: quando Kizito saltò e arrivò Contran, ci fu un irrigidimento totale da parte del resto della redazione, Celestino Celi (che poi morirà tragicamente in Ciad) e Piero Milan. Entrambi diedero le dimissioni, chiedendo ai collaboratori di non scrivere più per "Nigrizia", perché sentivano questo passaggio della vita della rivista come un tradimento della sua storia.

Un altro fatto da tener presente è il trasferimento della redazione. Fino a Bartolucci "Nigrizia" era sempre stata a Verona, poi Kizito ritenne importante che avesse la sua sede a Roma, e così avvenne. Insomma, il siluramento di Kizito e la decisione di riportare "Nigrizia" a Verona convinsero la redazione che i comboniani volessero far tornare indietro la rivista, farla ridiventare un bollettino. Fu presa un'iniziativa pubblica: una lettera aperta, pubblicata dal "manifesto" e da altri giornali, in cui si chiedeva di boicottare "Nigrizia". È stato un momento difficilissimo. È in questa situazione che Contran tentò di mediare tra le posizioni di Kizito e quelle della Direzione generale. Nel '78 però Contran, eletto Provinciale in Togo, dovette abbandonare la rivista. Con la partenza di Contran per l'Africa comincia la ricerca di un nuovo direttore. Il responsabile, Tarcisio Agostoni, aveva promesso di portare padre Venanzio Milani, che era in Zaire. Ma ritornò a Roma a mani vuote. La Provincia italiana – cui competeva la decisione, e a questo il responsabile, Tonino Pasolini, ci teneva – non aveva nessuno da mandare a "Nigrizia".

Il mio nome non era mai stato fra coloro che dovevano venire alla rivista, ma fu a quel punto che venni convocato a Roma. Ricordo che ero a Bari quando ho ricevuto la telefonata di padre Pasolini e l'ho avvertita come qualcosa di strano: mi chiedeva di andare immediatamente a Roma. A quell'epoca facevo animazione missionaria tra i giovani a Lecce. Ma il mio modo di fare animazione non andava bene ai comboniani: mi avevano già convocato a Roma con quarantadue capi d'accusa. I comboniani volevano mandarmi via da dove, secondo loro, io non facevo "vera animazione vocazionale", cioè non mi preoccupavo di "reclutare". Così ho replicato a Pasolini: "Ma come, sei mesi fa volevi spedirmi via da Lecce con tutti quei capi d'accusa e adesso mi chiami per fare il direttore di 'Nigrizia'?". "Non abbiamo nessun altro" mi rispose. "Abbiamo tentato tutte le strade, non c'è via, sei l'unico rimasto." E aggiunse: "È un diktat". Pasolini era stato mio compagno di classe e ho potuto dirgli liberamente: "Tu sai bene quello che sento, sai bene quali sono le mie opzioni, sai qual è stato il mio passato, da chi sono stato influenzato, dall'America Latina, la teologia della liberazione... Il vescovo Pedro Casaldáliga mi ha molto ispirato". Gli ho anche detto: "Può darsi che per adesso non ti dia fastidi, ma più in là...". "Pazienza, questo è quello che abbiamo sul mercato, non abbiamo altro" mi rispose con quel suo sorriso ironico.

In queste condizioni sono arrivato a Roma nell'agosto del 1978. Io passavo per uno spiritualista. Franco Moretti, l'unico rimasto della redazione, me l'ha confidato dopo: era convinto che fossi stato chiamato lì per normalizzare la rivista. Nel frattempo proseguiva, in barba all'opposizione di tanti, il progetto di riportare "Nigrizia" a Verona. Abbiamo fatto obiezione di coscienza. Ma la Direzione provinciale ha mandato un camion che ha caricato tutto il materiale della rivista: destinazione Verona.

Io ci sono arrivato in treno; nevicava, quel giorno del dicembre del '78. Abbiamo dovuto scaricare noi il camion... tutti i libri della biblioteca. Finiti i lavori di ristrutturazione della vecchia casa madre, bisognava sistemare ogni cosa partendo da zero.

Il primo anno è stato un inferno per me. Ero praticamente coadiuvato solo da padre Danilo Castagnedi, che mi correggeva l'italiano (il mio italiano è sempre stato una frana!). Fu una vita da certosino, tagliato fuori da tutto. Ho cercato di resistere, di tenere duro. L'arrivo di Ettore Frisotti, negli ultimi mesi del 1979, segna la prima svolta. Con Ettore, molto intelligente e molto acuto (è scomparso troppo presto, dopo una bellissima esperienza di missione tra gli afrobrasiliani di Salvador di Bahia), e poi con Pier Maria Mazzola, finalmente si è creata una redazione solida e valida. Ho sempre detto che se "Nigrizia" ha fatto un passo avanti in qualità, è merito loro, allora giovanissimi. (Devo ricordare anche l'aiuto grande di un altro comboniano, Luigi Gabaglio.) Dal 1982 abbiamo cercato di reimpostare la rivista con più razionalità, maggior ricchezza di temi e rubriche nuove. Abbiamo tentato di programmare seriamente ogni numero in stretta connessione con l'attualità. "Nigrizia" era una rivista che già informava sull'Africa, ma non coglieva gli eventi in profondità ed era rimasta fuori dai grossi movimenti della storia: al di là della lotta contro la fame, non c'era su tematiche come l'ecologia, le armi, l'economia finanziarizzata. Lentamente la rivista si è immersa nel flusso della storia e delle lotte contro l'attuale sistema mondiale. In ogni numero abbiamo cominciato a ospitare un teologo del Sud del mondo: della teologia della liberazione (America Latina), o della teologia nera (Sudafrica) e dei neri Usa o della teologia asiatica... Queste voci critiche ci hanno aiutato a ripensare il passato, ma anche a fare un'analisi lucida del Nord del mondo e delle sue responsabilità nei confronti del Sud. Abbiamo così deciso di rivedere un capitolo amaro: il colonialismo italiano. È bastato che uscissero i primi articoli dello storico del colonialismo italiano Angelo Del Boca perché si innescasse una riflessione critica sulla missione, sulle sue connessioni con il colonialismo. Questo ha scatenato, anche da parte missionaria, reazioni a non finire.

Una cosa importante di cui ci siamo allora accorti è che, fintanto che ti limiti a fare informazione anche seria sull'Africa, tutt'al più hai degli ambasciatori, o qualche governo africano che protestano, però qui in Italia non smuovi nulla. È stato quando abbiamo capito che dovevamo toccare certi tasti della politica italiana nei confronti dell'Africa, che si sono avute pesanti reazioni.

# Le prime avvisaglie

Bisogna ammettere una cosa. I primi problemi sono venuti non in campo politico, ma sul terreno teologico. È stato scontro con il cardinale Ratzinger. Non è mai diventato di pubblico dominio, ma questo è stato il primo vero conflitto di "Nigrizia".

Siamo nel 1983. Quell'anno il Sinodo dei vescovi era dedicato alla riconciliazione. Avevamo chiesto a Meinrad Hebga, del Camerun, un teologo tutto sommato tradizionale, di fare una riflessione sulla riconciliazione in contesto africano. Hebga scrisse un dossier che fu poi tradotto in varie lingue in Africa. C'erano tre o quattro frasi che potevano prestarsi a equivoci, come: "Una migliore conoscenza delle diverse culture porta a relativizzare le norme e i sistemi etici particolari, anche quelli dell'Occidente, considerati e imposti dalle chiese cristiane come la stessa espressione della ragione universale", oppure: "La monopolizzazione ideologica e culturale della religione di Gesù Cristo da parte dell'Occidente diventa ancor più intollerabile nell'ordine morale quando si vedono degli uomini approfittare della loro posizione d'autorità nella chiesa per imporre a tutte le nazioni, in nome di Dio, la sensibilità etica propria alla loro area culturale". È su espressioni come queste che Ratzinger ha reagito, scrivendo tre lettere: una al responsabile generale dei gesuiti, una a Propaganda Fide e una al nostro responsabile generale, affermando che quel dossier di "Nigrizia" conteneva errori contro la dottrina cristiana e chiedendone una pubblica ritrattazione.

Era molto imbarazzante per i comboniani, che non avevano mai avuto problemi dottrinali. Fu il panico. Ho cercato subito di capire cosa ci stava dietro e, attraverso alcune amicizie che avevamo nel cosiddetto "Sant'Uffizio", ho tentato di scoprire che cosa effettivamente bolliva in pentola. I teologi del Sant'Uffizio erano scocciati con la linea di "Nigrizia" perché pubblicava articoli, come questo, di teologi del Sud del mondo. Avevano dunque preso di mira il nostro dossier sulla riconciliazione per attaccare tutta la linea della rivista. Per noi invece era estremamente importante ospitare queste voci, perché "Nigrizia" contestava un imperialismo culturale da parte della chiesa d'Occidente che imponeva un'unica teologia, una sola liturgia, un diritto canonico ai popoli della terra.

Il responsabile dei comboniani, che era allora padre Salvatore Calvia, mi aveva annunciato che mi avrebbe scritto una lettera ufficiale. Gli chiesi di non farlo, ma di ascoltarci. Ci siamo visti a Roma e abbiamo parlato a lungo. "È una cosa molto grave" disse a me e a Elio Boscaini, il vicedirettore di "Nigrizia". "Ho visto anche Ratzinger che ci chiede di ritrattare." Gli ho risposto che il problema non erano gli errori dottrinali contenuti nel dossier, ma che si trattava di un pretesto per attaccare la linea di "Nigrizia" sulle teologie del Sud del mondo. Le espressioni di Hebga potevano essere molto ortodosse, se comprese bene. Calvia era d'accordo, ma rimaneva la richiesta di ritrattazione. Parlammo a lungo cercando invano una strada. Ci accompagnò alla porta del suo ufficio e si fermò: "Ma nella lettera non è detto quando dobbiamo ritrattare. Roma è eterna, aspettiamo". Infatti sei mesi dopo lui non era più il responsabile e tutto finì lì.

# Da montanaro a borghese

Il 1984 è stato per me un altro anno duro, non ce la facevo più. La realtà italiana diventava sempre più asfissiante. A fine anno ero veramente arrabbiato e ho proprio sparato a zero. Nacque da questo stato d'animo l'editoriale *Il volto italiano della fame africana*, pubblicato nel gennaio 1985. L'essere andato avanti nella lettura della Parola di Dio, e nella lettura della realtà italiana alla luce di questa Parola, mi aveva portato inesorabilmente a vedere lo sfascio italiano, confermato dal dilagare della corruzione. E da una chiesa legata alla Democrazia cristiana perché pensava che altrimenti ci sarebbe stato il comunismo, e quindi benediceva una Dc corrotta.

Per me quello è stato il risultato di un lento sforzo di avvicinamento alla realtà italiana, una realtà che non conoscevo, perché ero mancato dall'Italia per quasi vent'anni, a partire dal 1956. Ero arrivato diciassettenne negli Stati Uniti, a Cincinnati, Ohio, dove ho frequentato il college, teologia e l'università. Così nel 1959 cominciai a studiare la Bibbia con un professore bravissimo, Eugene Maly, che poi diventerà presidente dell'Associazione cattolica biblica statunitense. Maly usava il metodo storico-letterario (una novità per i seminari!). Quell'approccio alla Bibbia mi aveva stregato. Era un prete che mi voleva un gran bene, e mi trasmise la passione per le Scritture, ma quel metodo mi fece entrare in profonda crisi, crisi di fede. Io provenivo da una formazione molto tradizionale, molto autoritaria. Il metodo critico-letterario, la *Formgeschichte*, metteva in discussione tutto il mio mondo religioso. Era il periodo in cui a Roma (siamo prima del Concilio Vaticano II) l'ala conservatrice voleva condannare il movimento biblico come modernismo. E d'altra parte non c'erano ancora strumenti teologici per ripensare il tutto in altre maniere. È stato un momento di angoscia: mi sembrava che tutto mi crollasse fra le mani. È stata una vera e propria crisi che mi ha accompagnato a lungo e dalla quale sono uscito solo lentamente, rimettendo i cocci di nuovo insieme. Mi hanno aiutato il Vaticano II e i suoi grandi teologi: Karl Rahner, Yves Congar, Marie-Dominique Chenu, Edward Schillebeeckx. Questa passione per la ricerca, per la lettura (caratteristica della scuola americana), mi è rimasta dentro, è diventata una costante della mia vita.

A questo bisogna aggiungere il momento magico della "nuova frontiera" dei Kennedy, ma soprattutto *I Have a Dream...* di Martin Luther King. I suoi discorsi, la *Lettera dal carcere di Birmingham*, lasciarono una traccia profonda nella mia vita. Ma l'America era anche il fascino discreto della borghesia: un mondo ovattato e allettante, quello degli anni sessanta. Un fascino che mi ha irretito. Ci penserà poi l'Africa a farmi riflettere.

## "Indesiderato" in Sudan

Il rientro in Italia è stato duro: mi sembrava di essere sbarcato su un altro pianeta. Ricordo di aver passato alcuni giorni prima dell'ordinazione al nostro studentato teologico di Venegono Superiore (Varese). L'ultima lezione di teologia morale verteva sul problema se la Madonna avesse ricevuto o no l'unzione dei malati! Uno scontro culturale e teologico per me molto forte. Fu in quel contesto che venni ordinato sacerdote. Era il 1964. L'anno dopo fui destinato a lavorare come missionario in Sudan.

Fui assegnato alla Comboni School di El-Obeid, una cittadina a ovest di Khartoum, nel deserto. Passare dagli Stati Uniti a un ambiente arabo-musulmano è stato un salto grande. La mia cultura americana era antiaraba e antislamica. Un impatto tremendo. Avevo voglia di scappare e basta, andarmene fuori dai piedi. Per di più, mentre gli altri comboniani venivano mandati in Libano a imparare l'arabo, io l'avevo imparato sulla strada. Poi come missionari eravamo continuamente sospettati perché era in corso la guerra civile – la prima – tra Nord e Sud, e i missionari passavano per essere amici dei sudisti, amici dei guerriglieri. "Vivo in un ambiente musulmano che ci è molto ostile," avrei poi scritto nella mia *Lettera agli amici* del Natale '67, "specie perché aizzato contro di noi dalla stampa e dai politicanti. Anche il bene che facciamo per loro attraverso la scuola ci viene spesso rinfacciato come una forma di sfruttamento. Il popolo è ormai stato convinto che siamo noi, i missionari, i responsabili della tragica situazione in cui si trova il Sudan."

È stato un momentaccio, che però mi ha obbligato a una serie di passi in avanti. Prima di tutto a scoprire il mondo arabo-musulmano – una lenta scoperta. Poi la scoperta dei più poveri, dei più emarginati di El-Obeid. Dopo le mie ore di insegnamento alla Comboni School prendevo la bicicletta o andavo a piedi nelle baraccopoli di El-Obeid, dove c'erano i nuba e i profughi del Sud. È nata così la scelta dei poveri, degli ultimi, e allo stesso tempo nasceva in me un'autocritica sulla maniera di fare missione. Mi sentivo un privilegiato: avvertivo che qualcosa non andava. Mi sentivo un piccolo borghese, lontano dai drammi della gente: non mi toccavano direttamente. Vivevo la mia vita in una bella casa a fianco della miseria assoluta. "Voi giovani non capite" mi dicevano i vecchi missionari. Lentamente il mio impegno per la giustizia mi portava ai primi scontri interni con i rappresentanti della chiesa: il pro-nunzio Ubaldo Calabresi e l'arcivescovo di Khartoum, Agostino Baroni, comboniano. Il pro-nunzio andava proclamando in giro per il mondo che in Sudan c'era pace (eravamo in piena guerra civile!) e rispetto dei diritti umani. (Dirà lo stesso da nunzio in Argentina – dove resterà per vent'anni, fino al 2000 – affermando che i desaparecidos erano una gran balla.) L'arcivescovo Baroni condivideva le posizioni del nunzio e per di più insisteva. "L'arcivescovo di Khartoum va a Roma a presentare i problemi di pace e giustizia, e quelli di noi preti, senza averci mai interpellato" scrissi su un bollettino interno dei comboniani in Sudan. Fu il putiferio. Sia il pro-nunzio che Baroni chiesero al nostro vescovo di El-Obeid che venissi rimandato in Italia insieme a padre Alberto Modonesi, un grande amico. Fortunatamente il nostro vescovo (per la precisione era l'amministratore apostolico), Franco Cazzaniga, ci voleva veramente bene. A El-Obeid avevamo formato con lui un bel team pastorale. Era una gioia lavorare insieme. Sotto pressione dei due, pro-nunzio e arcivescovo, perché ci mandasse via, il nostro vescovo ci difese: "È gente impegnata, è gente che lavora... Hanno il diritto di esprimere le loro critiche!".

Lo scontro finale venne proprio sul Sinodo dei vescovi del 1971 dedicato alla giustizia e al ministero dei preti. Per l'occasione tutti i missionari di El-Obeid avevano scritto una lettera sulla drammatica situazione del Sudan e sul silenzio della chiesa cattolica. La lettera era indirizzata alla Conferenza episcopale sudanese perché fosse inoltrata al Sinodo. Ma sapendo che questo non sarebbe mai avvenuto, la portai personalmente all'arcivescovo di Khartoum dicendogli che copia di quel documento sarebbe stata spedita a Roma, ai padri sinodali. Parlai a lungo con l'arcivescovo, ma quando vidi che incominciava a tremare tutto, gli dissi: "Mi perdoni! Abbiamo due visioni di chiesa molto differenti. Lei pensa che lo Spirito Santo ce l'abbia solo il vescovo; io ritengo che lo Spirito lavori in tutti". Baroni mi diceva che non era necessario consultare i preti in Sudan per parlare di questo argomento al Sinodo. Lo lasciai amareggiato. Portai la stessa lettera al pro-nunzio. Spesi alcune ore con lui: era furente. Estrasse dai suoi archivi le lettere che gli avevo scritto (mi dicono che sono ora in Vaticano) e sferrò un attacco durissimo contro di me. Gli dissi che avremmo mandato la nostra lettera ai padri sinodali a Roma. Infatti, aiutati da un grande missionario comboniano, Renato Bresciani, siamo riusciti a far pervenire sugli scranni dei vescovi in Sinodo copia della nostra lettera sulla drammatica situazione del Sudan. La risposta venne da Baroni, che pronunciò un discorso molto duro nell'aula sinodale attaccando quanti spargevano notizie false sul Sudan!

Incominciavo a capire quanto anche all'interno della chiesa fosse difficile far passare certe cose. Dentro... fuori... A El-Obeid divenni un po' per volta l'amico di una popolazione che aveva tanto sofferto per mano degli arabi: i nuba. Non esiste "il" popolo nuba, ma un insieme di popoli arrivati da varie parti dell'Africa e asserragliati sui monti Nuba. I nuba hanno perso la memoria storica. Per secoli sono vissuti sotto il terrore degli arabi che avevano attorno, e tra una guerra e l'altra. Terrore, disprezzo di sé, sensazione di inutilità, schiavi (*abid*, in arabo "schiavo", è la parola che più usano). Di notte erano loro a El-Obeid che portavano via i secchi di escrementi dai cessi degli arabi (lavoro umiliante che solo loro accettavano di fare!)... Quando li incrociavo, non li salutavo nemmeno, perché non si sentissero in imbarazzo.

Li visitavo nelle baraccopoli di El-Obeid, stavo con loro... Avevo anche iniziato una piccola scuoletta. Tentavo di invogliare i giovani a studiare alla Comboni School. Ritenevo fondamentale aiutare i nuba a diventare fieri di sé. Quando, in un incontro ristretto, una volta domandai a degli studenti: "Ma voi avete una cultura nuba?", mi risposero: "No, non esiste una cultura nuba". "Allora smettiamo per un po' di studiare il Vangelo e cominciamo a vedere che cos'è la cultura, se esiste una cultura nuba. Ogni popolo ha la sua cultura!" Questo processo di "coscientizzazione" ha dato un enorme fastidio e fu poi alla base della mia espulsione dal Sudan, poiché il governo aveva paura che i nuba potessero diventare il nuovo cavallo di Troia. Infatti i nuba, africani, vivono al Nord che è in gran parte arabo-musulmano. Il governo ha sempre temuto che i nuba si alleassero con i neri del Sud per combatterlo. Ed è quanto è avvenuto dopo, nel 1983, quando è scoppiata la seconda guerra civile. "Alex, sappiamo molto bene che tu sei stato buttato fuori dal Sudan per colpa nostra, per colpa dei nuba" mi disse Yussuf Kuwa, allora comandante dell'esercito di liberazione (Spla) sui monti Nuba, quando lo incontrai a Nairobi nel 1988. "Ma un giorno tu tornerai sui monti Nuba liberi."

Il governo di Khartoum giocò d'astuzia nei miei confronti.

Avevo maturato la decisione di prendermi un anno o due per studiare seriamente la lingua araba e l'islam. Lasciai il Sudan nel 1973 proprio per questo. Gli otto anni di contatto con i miei fratelli islamici mi avevano messo dentro la voglia di capire meglio il loro mondo, la loro religione, la loro cultura, per poter meglio dialogare. Lentamente uscivo dalla mia educazione antiaraba e antislamica per fare i miei primi passi verso l'altro. Recuperare la dimensione dell'altro, il dialogo, anche se difficile, per me è essenziale. Passai due anni intensi, duri ma belli, a Roma, dove frequentai il Pisai, un centro di studi arabi retto dai Padri bianchi. Ebbi come professori i padri Maurice Borrmans e Michael Fitzgerald (ora arcivescovo e presidente del Pontificio consiglio per il Dialogo interreligioso), ma anche esperti come Mohammed Arkoun, Pierre Rondot... Era la prima volta che mi avvicinavo in profondità a un'altra religione. Ne sono rimasto affascinato, soprattutto dalla mistica. E dentro di me, le domande si sono moltiplicate. Che valore hanno le altre religioni? Dio si svela anche tramite loro? È stata per me, come missionario, un'altra rivoluzione.

Terminato il corso, chiesi il visto per rientrare in Sudan. La risposta fu una lettera ufficiale che mi definiva "indesiderato, un pericolo alla pubblica sicurezza".

# Scoppia il finimondo

Gennaio 1985. "Nigrizia" pubblica *Il volto italiano della fame africana*. Non so perché quell'editoriale abbia avuto quelle conseguenze. Forse perché avevamo visto qualcosa di grosso e una denuncia del genere, fatta poi da istituti missionari che non erano parte in causa e avevano una certa reputazione morale davanti all'opinione pubblica, spinse la gente a chiedersi che cosa ci stesse sotto, cosa avveniva, cosa c'era di vero. In fondo, se si legge bene l'editoriale, c'erano tutte le avvisaglie di Tangentopoli, era quello il problema sollevato. Questo ci ha tirati dentro la storia, perché fino ad allora, pur facendo dei bei passi in avanti, eravamo rimasti fuori da quanto di importante avveniva nella società italiana. Non avevamo mai affrontato seriamente le dinamiche sulle armi e quelle ecologiche, per esempio.

Ricordo qualche redattore che ogni tanto si buttava sconfortato sul divano della saletta tivù di "Nigrizia" e diceva: "Guarda, facciamo una rivista che è bella, che parla di cose di cui nessuno parla, eppure non c'è reazione". Persino le lettere al direttore a volte dovevamo inventarle noi. I lettori non reagivano perché eravamo in un universo di abbonati che erano essenzialmente legati a questo o a quel missionario, forse sfogliavano la rivista ma non la leggevano neppure. Anche per quanto concerne gli incontri pubblici non c'erano inviti, ogni tanto qualcuno chiamava per una conferenza sull'Africa, sulla missione o per qualche testimonianza... Gli inviti venivano da qualche parrocchia, dalle diocesi, quasi mai da ambienti diversi come università, sindacati, partiti, associazioni o movimenti.

Sulla rivista portavamo avanti il problema della fame, ma non avevamo mai attaccato direttamente la politica estera italiana, ed è stato questo che ci ha proprio scaraventato in mare. È stato folgorante. Ricordo che una giornalista del "Corriere della Sera" mi riferì di aver chiesto a dirigenti della Montedison quanto valutassero, in denaro, un editoriale del genere. "È come se aveste investito mezzo miliardo di lire in pubblicità" tali erano state le ripercussioni. E veramente di ripercussioni ce ne furono a tutti i livelli. Ci trovammo in una situazione nuova. Prima "Nigrizia" non veniva praticamente citata sulla stampa. In questa direzione era andato lo sforzo fatto in occasione del primo centenario della rivista, nel 1982, con un numero speciale presentato alla stampa nazionale e con ospite d'onore Alcino Da Costa, giornalista di "Afrique Nouvelle" di Dakar e poi all'Unesco. Era la prima volta che c'incontravamo con giornalisti di tante testate. Da lì nacque un'attenzione nuova. Hanno iniziato a "guardarci", a proporci articoli, a citare la nostra rivista.

Avevamo già preso l'abitudine di passare editoriali e pezzi forti all'Ansa, soprattutto all'Asca, per anticiparli. È stata proprio quest'ultima a rilanciare alcuni stralci del testo dell'editoriale ed è quanto è bastato a provocare il putiferio. Immediatamente tutta la stampa è stata costretta ad accorgersi di "Nigrizia", obbligando anche l'Ansa a pubblicare quel testo. È scoppiato il finimondo. Avevamo attaccato un po' tutti i partiti al governo, non le sinistre. La Dc era menzionata nelle persone di Flaminio Piccoli, che allora era presidente del partito, e di Giulio Andreotti. Per il Psi avevamo attaccato Craxi e il "craxismo" per quanto riguardava la cooperazione. I radicali per la prima volta si sentivano chiamati in causa; erano sempre stati in auge, avevano sempre avuto un alone di santità e si sono sentiti bastonati. Da allora Pannella ha il dente avvelenato con noi. In fondo gli ho detto: "Non prendiamoci in giro, siete l'espressione della borghesia illuminata, europea", ma null'altro.

Avevamo toccato il cuore del sistema. Avevamo toccato, con la cooperazione, il ministero degli Esteri e la politica italiana. È chiaro che le reazioni sono state terribili. Ricordo le scariche di telefonate che abbiamo ricevuto, soprattutto di segretari di partito come Piccoli, che noi non avevamo mai conosciuto: perché non avevamo contatti istituzionali di nessun genere, eravamo tagliati fuori, e poi io avevo una "paura boia" di quella gente. I radicali sono stati tra i più duri e spietati.

La reazione più tremenda fu quella della Dc attraverso Piccoli, che mi ha tenuto un'ora intera al telefono e ha concluso dicendomi: "Non mi sarei mai aspettato nella mia vita di essere pugnalato alla schiena da un mio concittadino", e ha buttato giù il telefono. Non sapevamo se ci avrebbe querelato o meno: la Dc veronese spingeva per il sì, ma Piccoli non volle. La querela non è mai partita.

Il pericolo che ci portassero in tribunale c'era. Anche noi avevamo paura, anche se c'erano delle evidenze, dei fatti. Con Piccoli avevamo toccato una questione che poi è stata evidenziata in tribunale, e cioè la sua connessione con l'affare Pazienza. Nel 1981 Ciro Cirillo, consigliere regionale Dc, venne rapito dalle Br e liberato tre mesi dopo. Per il suo rilascio aveva lavorato il "faccendiere" Francesco Pazienza, che tra le sue frequentazioni contava il capo del Sismi e affiliato alla P2, generale Giuseppe Santovito, e Roberto Calvi, presidente del Banco ambrosiano, oltre allo stesso Piccoli. Ma non era tanto la corruzione di Piccoli che a noi interessava, quanto come era nata la legge dei 1900 miliardi.

Sono state queste terribili reazioni a buttarci per la prima volta dentro la storia italiana, nelle analisi politiche. È stato qualcosa di sconvolgente, alla fine ero io che dovevo rispondere. Non è stato facile, sono stati momenti durissimi.

In quel periodo, tre o quattro giorni dopo lo scatenarsi della bufera, è stato molto bello sentire l'appoggio del responsabile dei comboniani in Italia, Mario Piotti. È venuto a trovarci e ci ha detto: "Io non capisco molto di tutte queste cose. Però so che posso fidarmi di voi. Andate avanti".

La Direzione generale ci ha convocati d'urgenza a Roma. Pensavamo fosse per "cantarcele" sull'editoriale. Siamo partiti da Verona di notte, con la neve (era gennaio). Siamo arrivati alle 17 del giorno dopo. Nel frattempo c'era stata la reazione del Vaticano sull'editoriale. Un dispaccio della sala stampa diceva che "l'editoriale di 'Nigrizia' era stato scritto con una certa dose di irresponsabilità", e questo era estremamente grave. Ma poi cosa c'entrava la sala stampa vaticana con una "rivistina" comboniana? Eventualmente sarebbe dovuta intervenire la Cei, la Conferenza episcopale italiana. Era chiaro che le pressioni dei politici erano state enormi, con Andreotti non si scherzava.

Ricordo la telefonata di un giornalista della "Discussione", l'organo ideologico della Dc. Già mi aspettavo una nuova "lavata di capo" e invece mi ha detto: "Parlo a nome di tutta la redazione, non a nome del direttore perché non l'abbiamo consultato, ma di tutta la redazione sì. Congratulazioni per quello che avete scritto, finalmente qualcuno in Italia ha detto la verità sulla Dc. Questa è la verità, dovremo pur confrontarci con essa. Non avere paura dei partiti o di questa gente, però stai attento, il pericolo per voi viene da oltre il Tevere. Quel comunicato della sala stampa del Vaticano è un segnale brutto!".

È stato in questo clima che ci siamo ritrovati, l'8 gennaio, a Roma. C'era la Direzione generale al completo, il responsabile d'Italia, i padri Boscaini e Carmine Curci della redazione, oltre a padre Antonio La Braca, responsabile del Cca, il Centro per la conoscenza dell'Africa di Verona (la struttura cui "Nigrizia" faceva capo). Il responsabile, padre Calvia, ci mise subito a nostro agio: "Abbiamo sentito che siete nei pasticci, vogliamo semplicemente vedere se possiamo fare qualcosa". Dopo averci ascoltato tutti, ed esserci trovati concordi, Calvia disse: "Siamo qui come fratelli per aiutare dei fratelli sotto pressione; siamo d'accordo sull'essenziale. Allora facciamo un comunicato stampa in appoggio all'editoriale".

Mentre gli altri andavano a cena, La Braca, Carmine, io e Franco Masserdotti, della Direzione generale, siamo rimasti per scrivere il comunicato. Ricordo che, prima di iniziare a scrivere, siamo andati a pregare: ci sentivamo come i discepoli sulla barca in balia delle onde. Poi ci siamo messi a redigere il comunicato stampa. Di nuovo, nel cuore della notte, l'abbiamo letto insieme, ma aveva ancora bisogno di essere limato. Uscì così l'indomani: la famiglia comboniana era solidale con l'editoriale. Questo cambiava tutto: non eravamo più soli.

# C'era già tutta Tangentopoli

Molta gente si chiese allora cosa realmente sapevamo, cosa ci stava dietro, cos'era avvenuto. Avevamo degli amici al ministero degli Esteri che ci avevano suggerito alcune cose, buttato lì delle "pulci". Poi all'interno dei partiti avevamo qualcuno che ci aveva detto dell'altro, e degli amici a Roma che ci avevano aperto gli occhi. Io cercavo di capire in maniera molto critica quello che avveniva, curavo le fonti. Al momento di scrivere l'editoriale però non disponevo di tutte le notizie che ho avuto dopo; partendo da alcune informazioni e da alcuni fatti che conoscevamo è stato come "toccare il bubbone"; la reazione è stata durissima proprio perché avevamo colpito nel segno.

Vediamo allora come è nata la legge dei 1900 miliardi, la Legge 73 del 1985, dalla quale è scaturito il Fai (Fondo aiuti italiani). Tutto è partito dai socialisti di Craxi, i quali volevano prendere saldamente in mano il problema della cooperazione, della fame, perché più che dalla fame dell'Africa erano tormentati dalla fame di soldi. Avevano organizzato un gruppo di tecnici e avevano già preso contatti, l'anno prima della legge, con molti governi africani. La cosa mi è stata confermata dal sottosegretario agli Esteri di allora. Mario Raffaelli me l'aveva raccontato in maniera informale: "L'anno prima della legge ero in giro per le capitali africane e ovunque sottosegretari agli Esteri degli stati africani mi stringevano la mano perché in Italia avevamo un sottosegretario per la lotta alla fame". Lui stesso se ne stupiva: "Non c'è in Italia un sottosegretario per la lotta alla fame!". I socialisti avevano già predisposto il loro piano e i loro uomini. È chiaro che da soli non ce la potevano fare a lanciare una legge sulla lotta alla fame nel mondo, avevano bisogno dei radicali. Quindi hanno proposto loro di entrare a far parte di questo "carrozzone". I radicali erano già noti all'opinione pubblica come i paladini della lotta alla fame. Desideravano giocarlo questo ruolo, e l'hanno giocato bene!

I radicali hanno coperto i socialisti. Radicali e socialisti da soli non potevano far passare la Legge 73 in Parlamento, avevano bisogno della Democrazia cristiana perché era il partito più potente. Ora, il presidente della Dc era Piccoli, e le relazioni tra Piccoli e Pannella non erano buone. Pannella andava in giro per tutta Italia a raccontare i vari, strani legami tra Piccoli e Pazienza. Piccoli aveva avuto a che fare anche con la liberazione di Cirillo. Per uscire da tutte queste storie, ha accettato di montare sul "carrozzone" della lotta alla fame. Dopodiché Piccoli è diventato "il nostro beneamato presidente della Democrazia cristiana". E i partiti di maggioranza si misero a strombazzare per far passare la legge: si trattava di un bel gruzzolo, 1900 miliardi di lire italiane per lottare contro la fame in Africa. La "nostra fame", la fame dei partiti al potere diventava sempre più evidente. I socialisti di Craxi erano all'avanguardia in questo. "Altro che fame nel mondo!" affermava l'editoriale di "Nigrizia". "Forse sarebbe più opportuno chiederci a che punto è giunta la nostra fame..."

C'era una gran fame in giro per il paese. "Una cosa comunque è chiara" concludeva l'editoriale. "Più analizziamo questa faccenda degli aiuti e più ci convinciamo che servono innanzitutto a noi e poi alle élite borghesi dei paesi poveri per mantenerle al potere. E così il 'sistema' continua a girare." A noi era del tutto chiaro come avveniva la cosiddetta "cooperazione italiana": era un grande affare soprattutto per le nostre compagnie, ditte che, a seconda dei loro legami partitici, venivano retribuite con progetti, contratti, lavori... Era la spartizione della torta. "È certo che intorno a questo progetto si sono coagulate strane convergenze" scrivevamo già nel maggio 1984. "Troppo strane perché non sorga il sospetto di strumentalizzazioni da parte di certi politici. Altro che lotta alla fame nel mondo!"

Avevamo toccato l'incredibile intreccio tra affari e politica: Tangentopoli, che scoppierà sei anni dopo, c'era già tutta. Bastava che un magistrato avesse iniziato a investigare sulla cooperazione... "I missionari facciano i missionari" tuonava Craxi da Milano. I socialisti erano certamente i più affamati. Craxi si fece dare 500 miliardi di lire per la Somalia, da sempre feudo socialista. Basta leggere il libro dei giornalisti di "Famiglia Cristiana" su Ilaria Alpi, *Un omicidio al crocevia dei traffici*, per capire quello che è avvenuto in Somalia. Dalle testimonianze di Mauro Rostagno appare chiaro che tra il 1985 e il 1990 da Roma partivano aerei militari carichi di viveri con destinazione Somalia. Gli aerei atterravano in Sicilia, dove venivano svuotati dei viveri e riempiti di armi. Poi ripartivano alla volta della Somalia. Dietro questo traffico c'era l'accordo con il governo somalo di poter scaricare, in mare o sul suolo del paese, rifiuti tossici italiani. Secondo tale ricostruzione l'operazione era resa possibile dalla collaborazione tra mafia, servizi segreti e cooperazione italiana.

Andreotti – uno dei nostri più preparati e illuminati ministri degli Esteri – giocava in un'altra maniera, chiaramente visibile in Etiopia, feudo Dc e Pci durante il periodo di Menghistu (cioè a partire dal 1974). Sappiamo dei legami fra Andreotti e la ditta Salini, la più grande impresa italiana di costruzioni all'estero. Salini, nativo di Asmara, amico intimo del Negus, era stato interdetto da Menghistu dal rimettere piede in Etiopia (non solo è ritornato Salini, ma Andreotti ha convinto Menghistu a costruire la diga del Tana Beles sul Nilo Azzurro, che verrà realizzata appunto da Salini). "Nigrizia" scriverà poi, nel gennaio 1993, che l'opera, "preventivata con un costo di 240 miliardi, è lievitata fino a 400 miliardi". La ditta Salini ha fatto fior di quattrini su questo progetto, che ha comportato anche la deportazione in massa di oltre centomila etiopici dai loro villaggi al nuovo sito. "Con la cacciata di Menghistu (1991) e la conseguente, totale débâcle della 'villaggizzazione' forzata, buona parte delle strutture del Tana Beles sono andate distrutte o abbandonate." Uomini come Salini erano la benzina della potente macchina elettorale della Dc andreottiana.

È importante capire con quali meccanismi nascono le leggi, gli interessi che ci stanno dietro, che non sono, spesso, il bene comune, ma enormi interessi economici. Ed è importante che il pubblico italiano cominci a capire che questa ventata di 1900 miliardi per lottare contro la fame era tutt'altra cosa: erano interessi nostri. Se i radicali si fossero accorti di questo gioco non lo so, ma è chiaro che il gioco è stato fatto sulla loro pelle. È per questo che si erano tanto risentiti dopo il nostro editoriale: era la prima volta che venivano attaccati, smascherati.

Nonostante le polemiche, la legge fu votata. Ma tutto questo cancan impedì a Craxi di nominare a Commissario della lotta contro la fame Loris Fortuna. Ripiegò su Francesco Forte, che non poteva essere all'altezza di quel compito, affiancato da due bravi... ambasciatori: Claudio Moreno, consulente personale di Craxi per la politica internazionale, e Michele Martinez, ex ambasciatore in Uganda, allora sotto inchiesta disciplinare. Fu lo scontro frontale tra loro e "Nigrizia". "Ancora più perplessi ci ha lasciati la nomina di Claudio Moreno," scriverà "Nigrizia" nel giugno dell'85, "fervente craxiano..."

# Noi, preti rossi del Triveneto

È del 1984 il primo dossier di "Nigrizia" sulle armi nel mondo. Eravamo in piena Guerra fredda, lo scontro tra le due superpotenze. Ma non ci eravamo mai impegnati seriamente in un'analisi attenta della realtà che evidenziasse i legami tra fame e armi. Nel 1984 don Albino Bizzotto era venuto a chiedere a me e a Eugenio Melandri di "Missione Oggi" di schierarci, come direttori di riviste missionarie italiane, dalla parte dei pacifisti contro i missili a Comiso e l'atomica. Ricordo la risposta di Melandri: "Primo, non possiamo rilanciare una campagna su una sconfitta. Secondo, Comiso puzza di comunismo e i vescovi italiani non si possono esporre". Ma era evidente che il mondo missionario doveva dire una parola (e chiara!) sulle armi. Non ci si poteva nascondere dietro il fatto che noi ci concentravamo sul problema fame.

È in tale contesto che nasce la riflessione di "Nigrizia" sulle armi, sulla connessione tra armi e fame, tra le armi e il 20 per cento ricco del mondo. Tutta questa riflessione mi ha portato a un ripensamento radicale, mi ha portato al Vangelo della pace, della nonviolenza (tradito da tanti secoli nella chiesa). È stato l'inizio della mia conversione alla *nonviolenza attiva*. Per me è stata davvero una *conversione*! Non avevo mai accettato, prima, la nonviolenza attiva: avevo infatti appoggiato tutte le guerre di liberazione in Africa. Ora finalmente capii che le armi servivano a mantenere i privilegi di pochi a spese di molti morti di fame. Gli scritti di don Milani mi avevano profondamente aiutato in questo cammino di conversione.

Fino a quel momento "Nigrizia" non aveva mai focalizzato il problema delle armi, a livello sia nazionale che mondiale, né era mai scesa in campo a fianco dei pacifisti. Alle armi arriverà come conseguenza delle sue prese di posizione sul problema degli aiuti. Lentamente iniziavo a capire che ci doveva essere un nesso tra aiuti e armi. Sapevamo che per gli Usa le armi venivano offerte a una determinata nazione come parte di un pacchetto. Se per esempio ritenevano l'Uganda importante per la loro politica estera, le imponevano di prendere un tot di quei soldi in armi. In Italia la situazione era più caotica, più incasinata, all'italiana insomma. "In questo modo appare schizofrenica la politica estera italiana," scriverà Luciano Bertozzi su "Nigrizia" nel giugno dell'85, "che appoggia il Mozambico tramite numerosi programmi di cooperazione tecnica e, da un punto di vista militare, il Sudafrica, che cerca di destabilizzarlo in tutti i modi."

Era il momento del boom italiano della produzione ed esportazione del Made in Italy. I mercanti di morte facevano affari d'oro vendendo a tutti, allo stesso tempo a Iran e Iraq mentre erano in guerra (in barba ai trattati internazionali e alle nostre leggi!). Analizzando, apparivano sempre più evidenti anche le connessioni Italia-Africa in chiave militare. E abbiamo iniziato a porre la domanda: "Ma come è possibile che con una mano l'Italia offra aiuti e con l'altra armi?". "Il Belpaese è al quarto posto (dopo Urss, Usa e Francia) nelle esportazioni di armi al Terzo mondo" scrissi nell'editoriale dell'ottobre dell'84. "È importante notare che l'enorme giro di affari che ciò rappresenta non potrebbe sostenersi se non fosse per le connivenze in alto loco. Tangenti, bustarelle, percentuali... Sono ben note realtà di tali ambienti. L'ormai famoso giudice di Trento, Carlo Palermo, che indagava sul giro armi-droga (il giro comprende anche mafia e prostituzione) è stato 'silurato' perché stava arrivando troppo in alto."

È questo il contesto in cui nasce la rete dei Beati i costruttori di pace, messa in piedi da poche persone, una decina al massimo, in buona parte preti del Triveneto e laici impegnati. Oltre a don Albino Bizzotto di Padova, don Vittorio Cristelli di Trento, don Gianni Fazzini di Venezia, don Mario Costalunga di Vicenza, e laici come Patrizia Farronato, Stefano Squarcina, Luisa Zanotelli.... Ci incontravamo di solito a Vicenza, in seminario o alla parrocchia del Cuore immacolato. Lo scopo era quello di portare le comunità cristiane del Triveneto ad assumere la pace come parte integrante dell'azione pastorale. Ci siamo incontrati per vari mesi finché nacque il documento *Beati i costruttori di pace*. Il punto più forte era l'obiezione fiscale alle spese militari: l'invito rivolto ai cittadini a non pagare il 5 per cento delle tasse perché il governo le investiva in armi. Alla fine del 1985 il documento era pronto. Decidemmo di presentarlo in conferenza stampa a Venezia. I vescovi avevano dato la loro disponibilità a firmarlo e avevano invitato l'arcivescovo di Trieste, Lorenzo Bellomi, a rappresentarli alla conferenza stampa. Era il 30 dicembre. Si presentarono solo due giornalisti: Giuseppe Giulietti (ora deputato) di RaiTre e un giornalista dell'Ansa. Bellomi dichiarò davanti alle telecamere del Tg3 di aver firmato il documento a nome dei vescovi del Triveneto. Ce ne ritornammo tutti a casa sotto la neve, nella convinzione di aver fatto un buco nell'acqua.

Il 31 dicembre e a Capodanno, nessuna notizia sulla stampa. Ma il 2 gennaio apparvero due editoriali, l'uno sul "Corriere della Sera", l'altro sul "Giornale" di Indro Montanelli: un attacco sferzante contro quei preti del Triveneto che avevano osato tanto. Una minaccia al cuore dello stato italiano. Era sedizione!

Fu bufera politica. Sotto la pressione dei partiti, la segreteria di Stato del Vaticano reagì rabbiosamente e investì il cardinale Marco Cè, patriarca di Venezia, che aveva dato a Bellomi il permesso di firmare. Cè si tirò indietro e la bufera ricadde sull'arcivescovo di Trieste, il quale ne soffrirà moltissimo. Bellomi non aveva ben maturato quelle prese di posizione sulla pace, e ora ne doveva rispondere alla stampa. Dovette presentarsi davanti alle telecamere per precisare che aveva sì firmato il documento, ma non a nome dell'episcopato del Triveneto. Sotto pressione della segreteria di Stato, i vescovi del Triveneto si sono defilati. È stato un tradimento. E pensare che l'arcivescovo di Udine, Alfredo Battisti, aveva già preparato una lettera, che in seguito ha pubblicato come sua, che doveva essere la lettera ufficiale dei vescovi del Triveneto in risposta a *Beati i costruttori di pace*, nella quale assumevano come priorità pastorale il tema della pace. È duro ingoiare questi tradimenti nella propria famiglia, perché *Beati i costruttori* era nato e cresciuto dentro l'alveo ecclesiale, per aiutare la nostra chiesa a riportare lo *shalom*, la pace messianica, al centro dell'azione pastorale. Un'occasione d'oro sprecata per pura convenienza politica! Ci penserà il senatore Giovanni Spadolini sull'"Espresso" a sferrare un attacco durissimo ai "preti rossi" del Triveneto: "Quelle 2400 firme – di sacerdoti, di suore, di istituzioni, di comunità religiose – ricordano tanto da vicino taluni 'controplebisciti' dell'Opera dei congressi, cent'anni fa. Il nuovo Concordato fissa limiti invalicabili alla chiesa ufficiale". A quel punto che fare? Anche perché Beati i costruttori di pace non era un movimento, era una rete, non c'era un portavoce. "A Spadolini rispondano le riviste missionarie" fu suggerito. Ho chiamato Melandri e don Giulio Battistella del "NotiCeial" di Verona. Ci siamo trovati in una giornata di neve nella redazione di "Nigrizia" per stilare una risposta al ministro della Difesa. Battistella non se l'è sentita di firmare, perché il Ceial era collegato alla Conferenza episcopale italiana. Melandri, dopo aver consultato il suo responsabile generale, lo firmò; la redazione di "Nigrizia" (c'erano allora Elio Boscaini e Carmine Curci) lo sottoscrisse senza esitazione. Così uscì l'editoriale del febbraio 1986, in cui definimmo Spadolini un "piazzista di strumenti bellici", perché in quegli anni era il ministro della Difesa e andava in giro per il mondo a vendere armi. Non ritrattammo nulla di quanto avevamo scritto, anzi rincarammo la dose. "A che scopo queste 'bordate' e un simile ricatto? Forse per tappare la bocca a qualcuno? Se così fosse, a noi cattolici italiani incomberebbe un preciso dovere di discernimento: se il concordato significasse per la chiesa dover chiudere la bocca e incatenare la Parola di Dio, allora sarebbe il caso, anche se 'ancora fresche di stampa', di rivedere le intese di Villa Madama."

Spadolini non mi perdonò più quell'editoriale! E giurò vendetta... In una conferenza stampa tenutasi in Friuli, in quei momenti roventi, affermò: "Le dichiarazioni del direttore di 'Nigrizia' costituiscono un incitamento alla delinquenza terroristica internazionale". Ero sempre in giro per l'Italia per incontri, e ovunque mi trovassi, uomini dei servizi segreti che prendevano nota di quanto andavo dicendo. Mi sentivo braccato. Fu in quel frangente che un giornalista di Verona mi invitò a casa sua e mi disse: "D'ora in poi non potrai più muoverti da solo in macchina. Ti servirebbe una scorta perché rischi di essere ammazzato". Lo guardai stupito e mi venne questa risposta: "A che cosa serve il celibato? Non ho moglie né figli. Ho messo la mia vita a disposizione per far nascere un mondo 'altro'! Il celibato non è un bel giglio da portare davanti al Signore perché lo possa annusare per tutta l'eternità!".

Lo scontro sulle armi era ormai frontale. Questo ci ha convinto a portarlo nella pubblica piazza. Il 4 ottobre 1986 ci fu la prima manifestazione dei Beati i costruttori di pace, nell'Arena di Verona, un momento molto bello e forte. Era evidente che nel Triveneto c'era molto appoggio popolare a queste posizioni. Purtroppo cresceva la distanza tra l'episcopato del Triveneto e Beati i costruttori di pace. (Un vero peccato, perché la chiesa ha perso un'altra straordinaria possibilità di assumere l'istanza della pace come sua!)

Due aspetti avevano nel frattempo reso sempre più tesi i nostri rapporti con il governo. Il primo era la conoscenza che avevamo delle forniture militari della Aermacchi al Sudafrica dell'apartheid sotto embargo (noi di "Nigrizia" sembravamo allora dei marziani a difendere Mandela!). Alcuni lavoratori dell'Aermacchi (in particolare Elio Pagani) ci avevano passato dei documenti che finalmente provavano le relazioni tra l'Aermacchi e il regime dell'apartheid. Avevamo tra le mani tutta la documentazione e l'abbiamo usata solo in piccola parte per il *Dossier Armi* dell'ottobre '85. Nei miei incontri pubblici, ormai numerosissimi, martellavo su questo fatto come grave violazione del diritto internazionale.

Il secondo aspetto era un fatto gravissimo: ai partiti al governo andavano i proventi delle tangenti sulla vendita delle armi italiane. Ero venuto a conoscenza di questo fatto durante un incontro notturno dopo un lunghissimo dibattito in diretta a Telenuovo, un'emittente veronese. Verso le 3 del mattino siamo andati a mangiare una pizza. Eravamo in sei: c'era con noi un pezzo grosso di un precedente governo. Mi è venuto spontaneo chiedergli, davanti a tutti: "Tu sai che io lo so! Dimmi, quanto va ai partiti al governo in tangenti sulla vendita di armi?". Quell'uomo reagì come una belva ferita: "Come ti azzardi a fare una tale domanda *a me*? Non ne so nulla!". Ripetei calmo: "Io lo so già. Voglio solo la conferma. Quanto? Il 10 o il 15 per cento?". Infuriato, esplose in una serie di "Giuro sulla Bibbia che se mi porterai davanti a un giudice io non ho mai detto nulla! E che non ti ho mai visto!". Lo rassicurai: "Ti prometto che non rivelerò mai il tuo nome. M'interessa la verità". E lui: "Sì, ai partiti al governo va dal 10 al 15 per cento in tangenti sulla vendita di armi. Anche al Pci!". Ho usato quell'informazione per attaccare pesantemente il governo, senza però mai citare la fonte. Non ho mai rivelato quel nome. Anche questa accusa era un'altra pesante mazzata contro i potenti di allora.

Dicevo queste cose in centinaia di dibattiti pubblici. "Nigrizia" era ormai diventata uno strumento di lavoro per tanti. Tutte le sere ero fuori, ero invitato a incontri, dibattiti sui temi degli aiuti e delle armi. È stato durissimo: dovevo partire alle 5-6 di sera, ritornare alle 3-4 del mattino e dopo poche ore di sonno ricominciare a lavorare in redazione. Però tutto questo ha cambiato la rivista, ha cambiato tutti noi e ci ha lanciati in un impegno per cambiare un sistema. E man mano che andavamo avanti, diventavamo sempre più precisi, più duri e più chiari. Potevo farlo anche dai microfoni di RadioUno che mi affidò per alcuni mesi la riflessione prima del notiziario delle 8 del mattino. Vi furono dure reazioni soprattutto da ambienti militari, che chiesero non mi fosse più permesso di parlare, perché ritornavo sul problema delle armi. Gli interventi furono raccolti da amici nel volumetto *Il coraggio dell'utopia*.

## Fare Politica

Quelle trasmissioni crearono un certo malessere anche in Vaticano. La chiesa italiana appariva legata alla Dc, incapace di parlare, di prendere posizione, era molto imbarazzata. Il Vaticano sentiva sempre più insistenti le pressioni dei politici italiani. Anche Propaganda Fide era molto irritata, perché il cardinal Tomko non poteva accettare quel che veniva scritto sia su "Missione Oggi" sia su "Nigrizia". Per lui il problema era cosa c'entrasse la missione di annunciare la Buona novella con le armi, con la cooperazione, con la politica estera italiana. Questa, gestita in buona parte da Andreotti *vis-à-vis* dell'Africa, soprattutto del Corno d'Africa, era diventata uno dei nostri cavalli di battaglia. Negli anni caldi (1985-1986) abbiamo attaccato pesantemente la politica italiana verso l'Eritrea. Dicevamo ad Andreotti: "Ma perché questa guerra? Basterebbe che tu affrontassi la questione eritrea, che è una questione reale!". L'Eritrea era stata una colonia italiana, occupata poi dal Negus e annessa all'Etiopia. Era chiaro che l'Eritrea aveva le carte in regola per diventare indipendente secondo i principi dell'Oua, l'Organizzazione dell'unità africana. Quindi c'erano solide ragioni storiche perché avesse l'indipendenza. Bastava che Andreotti portasse la questione alla Comunità europea, e questa all'Onu, e si sarebbe potuto risolverla senza una guerra spaventosa durata oltre trent'anni, con più di due milioni di morti.

È stato uno scontro duro con Andreotti: per noi era il tradimento di tutto. "Nigrizia" chiederà poi (luglio-agosto 1987) al leader della resistenza eritrea, l'attuale capo di stato, che ne pensasse della politica italiana nei confronti del Corno d'Africa negli anni ottanta. "Ma quale politica estera? Il governo italiano ha fatto la politica delle proprie ditte nel Corno d'Africa!" rispose Isaias Afwerki. È quanto stava facendo Andreotti. Quando Berlusconi ha affermato, da ministro degli Esteri, che oggi i nostri ambasciatori devono essere i promotori del Made in Italy nel mondo, non ha detto nulla di nuovo. Si faceva già. Soltanto, lui lo dice con una spudorata trasparenza "innocente". Persone come Andreotti, Craxi, Colombo lo avevano già praticato. Particolarmente grave è la speciale relazione di Craxi con la Somalia. Se la Somalia è arrivata allo sfacelo di oggi, dobbiamo riconoscere che abbiamo gravissime colpe, soprattutto i socialisti. Di quei 1900 miliardi, Craxi ne ha presi 500 per la Somalia: la corruzione dei socialisti italiani ha ingrassato la corruzione somala che aveva pervaso il tessuto sociale di quella nazione. Che ci interessassimo di queste cose, non andava proprio giù a Propaganda Fide. Melandri finì per andarsene, dalla rivista e dall'istituto, all'inizio del 1987, perché le pressioni su di lui erano enormi, anche se aveva il suo responsabile, Gabriele Ferrari, che lo proteggeva. Bisogna dare atto a padre Ferrari di averlo difeso a spada tratta fino in fondo. È stato davvero grande.

Melandri è stato tentato dalla politica, da Democrazia proletaria, in particolare da Mario Capanna. "Io ho sempre parlato di fare politica," amava dire, "non si può non sporcarsi le mani, non è possibile non entrarci!" Si è candidato e questo, secondo me, è stato uno sbaglio, perché faceva più politica in Italia da non eletto che da eurodeputato. Peccato! Mi è sembrato di perdere un compagno di strada, talmente mi era fratello. Quell'anno, a Firenze, ho incontrato Capanna. "Ma possibile?" gli dissi. "Voi sapete che Melandri sta vivendo un momento difficile e gli fate una proposta del genere?" "Sai, noi avevamo pensato inizialmente a te" mi rispose. "Complimenti per la bella trovata! Lasciate stare Melandri, lasciateci lavorare per fare vera Politica." Hanno insistito ancora con me. Anche a Korogocho mi hanno telefonato da Verona perché mi candidassi, non so più se al Senato o alla Camera, penso come indipendente di sinistra. "Ma non avete ancora capito nulla!" risposi loro.

Non avrei mai potuto accettare quella proposta! Credevo nel mio essere prete e volevo fare il prete. Dopo questi tentativi hanno capito e non ci hanno più riprovato. Forse hanno anche capito che si può fare molto più politica fuori che dentro. Bisogna qui riconoscere che Tangentopoli è esplosa solo in certi settori, mentre realtà come la cooperazione e le armi non sono mai state indagate a fondo. Sulla cooperazione era stata istituita una commissione d'inchiesta che non ha mai portato a nulla. Sulle armi (il settore più pericoloso), silenzio totale. Finché non si riesce ad abbattere questo muro di omertà, dobbiamo renderci conto che siamo nelle mani di servizi segreti, P2, logge e mafie varie. È incredibile l'intreccio che c'è tra i poteri occulti, logge massoniche o cosche mafiose che siano, i servizi segreti e i partiti al potere. Una grande mafia. Per di più tutta questa roba è coperta dal segreto di stato, dal segreto militare (cosa c'entra con le armi che si vendono?), ma in questa maniera ti copri le spalle e non trapela mai nulla. Penso che la stessa cosa valga oggi forse più di ieri. Siamo caduti dalla padella nella brace. Vorrei fra l'altro sapere quanto va in tangenti sulle armi ai partiti al potere nel governo Berlusconi. So che la commissione d'inchiesta sulla P2 poteva rivelarci le connessioni fra la P2 e il giro delle armi. Un generale era disponibile a parlare, ma non da solo. Avrebbe accettato purché fosse stato convocato insieme ad altri generali. Tina Anselmi, che presiedeva la commissione, rifiutò di convocarli. Peccato, abbiamo perso un'occasione d'oro per capire certe connessioni.

# Le erbe amare della Pasqua

È a questo punto, siamo agli inizi dell'87, che si fa sentire sempre più la pressione del Vaticano anche su di me. Dopo Calvia era stato eletto responsabile generale dei comboniani Francesco Pierli, il quale era sempre stato in sintonia con la linea di "Nigrizia" – Pierli era un uomo colto e intelligente. Il problema è che era un "pivellino", e con i pivellini il Vaticano può giocare meglio – i comboniani non hanno la forza e l'esperienza dei gesuiti o dei domenicani! In secondo luogo, il Vaticano aveva saputo che Pierli era in minoranza all'interno del Consiglio generale. (Il Vaticano è di solito molto ben informato!) Alla fine Pierli dovrà cedere al cardinal Tomko di Propaganda Fide. È chiaro per me che Tomko a sua volta aveva ceduto alle pressioni della segreteria di Stato, alla quale facevano le loro rimostranze grandi uomini del potere politico. È evidente però che non si doveva sapere che era il cardinale ad aver chiesto la mia testa, né che aveva chiesto che me ne andassi. Il Consiglio generale ebbe un incontro ufficiale con il cardinale, nel corso del quale Tomko in persona chiese che io partissi, e Pierli diede il suo assenso.

Pierli mi scrisse una lunga lettera per dirmi che mi aspettava a Roma, che voleva parlare con me. E aggiungeva che dovevo fare in fretta ad andare in Kenya se volevo realizzare il mio sogno della baraccopoli. Ho mangiato la foglia: era chiaro che c'era sotto qualcosa. Mi presentai dopo un mese. Lì mi sono reso conto che il cerchio si stava stringendo. Pierli mi proponeva un nuovo incontro a Roma, il 19 dicembre 1986, con la Direzione generale, la Direzione provinciale e la redazione di "Nigrizia". Venivo da Barletta, in provincia di Bari, dove ero andato a parlare nel duomo. Feci quel viaggio con padre Raffaele Di Bari. Non l'ho più rivisto: sarà poi ucciso in Uganda, per la strenua difesa dei diritti umani della sua gente, il 1 ottobre del 2000. Arrivato a Roma, scrissi due lettere di dimissioni, una a Piotti, il responsabile provinciale e una a Pierli. (Ero pronto a tutto!) Passammo la mattinata a discutere. Mi sembrava tutto uno scherzo. Io in realtà non ho quasi mai parlato. Invece di pranzare, sono andato in cappella a pregare, ero talmente avvelenato! Quando ci siamo ritrovati il pomeriggio, ho chiesto la parola. Con crudezza e tanta rabbia ho spiegato a tutti cosa c'era dietro alla richiesta di andarmene... Ho parlato di Andreotti, di Spadolini, di Craxi, delle pressioni politiche fatte sulla segreteria di Stato. Mai nella mia vita ero stato così duro e tagliente. Mi veniva fuori tutto. L'atmosfera si raggelò, ci fu un silenzio tombale. "Forse voi pensate che voglio restare a 'Nigrizia' per diventare un giornalista di fama. A me non interessa! Queste sono le mie lettere di dimissioni." E le ho sbattute sul tavolo: una a Pierli e una a Piotti. Quest'ultimo la prese e me la rispedì sul tavolo: "Non accetto dimissioni da te". Pierli invece: "Le dimissioni sono date!". Il Natale 1986 ero dunque dimissionario. "Il giorno più nero della mia vita" fece Pierli richiudendo la sua agenda. "Mai mi sarei aspettato che un religioso si comportasse così." Ci restai così male, perché stimavo troppo Pierli, che rimane per me uno dei migliori comboniani che conosca.

La cosa che aveva veramente fatto arrabbiare i presenti era la mia minaccia di presentarmi a una conferenza stampa e vuotare il sacco. "Non posso parlare delle malefatte del governo italiano, se non sono capace di fare altrettanto con il Vaticano." Uscii da quell'incontro senza salutare. Dovevo andare a Torino, quella sera. Avevo lo stomaco a pezzi. Parlai a Torino con una tale rabbia che un giornalista della "Stampa" lo notò. Ma non rivelai quello che stava avvenendo. Sono rientrato a Verona il 20: ho tolto tutto dalla mia stanza, ho liberato la scrivania in redazione e sono andato a casa, ad aspettare la decisione.

La Direzione generale era spaventatissima per la mia minaccia di una conferenza stampa. Dopo due giorni mi telefonò Pierli e mi disse: "Abbiamo riflettuto: ti chiediamo di ritirare le dimissioni". Io risposi dicendo che se la Direzione generale avesse dato almeno una persona valida per la direzione di "Nigrizia", io me ne sarei andato senza dire quello che avveniva dietro le quinte. La Direzione promise di trovare un nome. Nulla da fare. Per mesi siamo andati avanti tra un nome e l'altro! La Direzione provinciale italiana era pienamente solidale con "Nigrizia" e non accettava che me ne andassi. La Direzione generale invece era sotto pressione del Vaticano perché lo facessi.

Decisione finale. Il 16 aprile – era il Giovedì santo – a Roma ricevetti una lettera di Pierli che mi annunciava che, nonostante quello che diceva la Direzione provinciale, dovevo lasciare "Nigrizia" e recarmi al più presto in Kenya. Presi carta e penna e scrissi: "Reverendissimo Padre Generale, grazie per questa Pasqua di tradimento. Sappia che con il 25 aprile 1987 io non sono più direttore di 'Nigrizia'. Sappia con altrettanta certezza che convocherò una conferenza stampa a Roma per dire la verità".

Sono stato malissimo per Pierli, perché lui condivideva la linea della rivista, ma si è trovato schiacciato da forze più grandi di lui, come spesso succede ai superiori. Mi spiace perché so di avergli fatto del male. Nella vita ti ritrovi così spesso stretto da tutte le parti. Gliene chiedo ancora scusa.

Andai a Roma per la conferenza stampa del 7 maggio. Eravamo, tra l'altro, in clima elettorale. Alla conferenza stampa ha partecipato tutta la redazione. C'erano tanti giornalisti, c'era gente che piangeva in sala. Ho detto quello che era accaduto, ho dato le mie ragioni, ho tentato di spiegare perché eravamo arrivati a quel punto. "Penso che il popolo italiano abbia il diritto di sapere la verità" aggiunsi. Da quella conferenza stampa è venuto fuori il putiferio politico. La stampa nazionale riprese la storia alla grande. A fine giugno il cardinal Tomko mi convocò a Roma. È stato uno dei momenti più terribili della mia vita. Tomko aveva anche convocato il responsabile dei comboniani, che era assente, e fu rappresentato dal vicario, padre Angel Lafita. Erano presenti a quell'incontro anche l'arcivescovo José Sánchez e uno dei segretari di Propaganda Fide. "Ricordati," mi apostrofò il cardinale, "dopo di me c'è il papa e poi solo Dio." Così incominciò Tomko. E mi travolse con una valanga di insulti. Impossibile trattenerlo. Lui riteneva che io l'avessi sputtanato. E difatti lo era, perché la gente non riusciva a capire, si chiedeva come mai io, che stavo combattendo contro le armi, venivo defenestrato dal Vaticano. La gente ha accusato il cardinale di essere l'amico dei mercanti di morte. È chiaro che lui non c'entrava con loro, però il ragionamento che veniva fatto era quello.

Il cardinale era un torrente in piena. Ho tentato in qualche modo di difendermi, perché il vicario dei comboniani non ha avuto il coraggio di dire nemmeno una parola. È lì che ho capito cosa volesse dire essere sotto il tiro del Vaticano. Ho sentito tutta la violenza del potere religioso. Tomko mi ha chiesto di ritrattare. Gli ho risposto che tutto quello che avevo detto era vero. L'unica cosa che potevo fare era un comunicato stampa per chiarire che non avevo mai detto che era stato lui a stringere un'alleanza con i mercanti di morte per sbattermi fuori. Era per me chiaro che le pressioni erano state fatte tramite la segreteria di Stato. Mi ha anche dato la prima ammonizione formale (con tre ammonizioni un prete viene sospeso *a divinis*, cioè dall'esercizio del sacerdozio). "Come cristiano sono anche capace di perdonarti" mi disse congedandomi. "Eminenza, anch'io la perdono." Mi ha guardato, fuori di sé dallo stupore. È stato un momento drammatico: ho anche pensato di aver sbagliato nel fare la conferenza stampa. Ma sentivo che *dovevo* parlare, non si potevano lasciare le cose così come stavano: il centralismo vaticano stava facendo un gran danno alla chiesa. Ci avevo pensato a lungo se fare o non fare la conferenza stampa. Alla fine, con una decisione tutta mia e molto sofferta, mi sono sentito obbligato in coscienza a parlare. Uscii dal palazzo vaticano con un'angoscia incredibile. Non accettai neanche l'invito a prendere qualcosa. Mi veniva solo voglia di vomitare. Presi un treno e ritornai a casa mia.

I comboniani entrarono così nel vortice della tempesta. La Direzione generale rispondeva a chi scriveva protestando che Alex non era stato rimosso ma che era stato lui a chiedere di andarsene in Africa. In Italia era appena stato eletto come responsabile provinciale Vittorio Moretto (al posto di Piotti), che si scandalizzò del mio comportamento: chiese che io scrivessi una lettera in cui domandavo perdono per aver disobbedito. Quando i suoi consiglieri gli fecero notare che non erano d'accordo con lui, si dimise. Ma la Direzione generale gli impose di rimanere.

Come d'accordo, preparai un comunicato stampa di chiarifica su quanto detto o non detto alla conferenza stampa. "Nigrizia" si rifiutò di pubblicarlo, facendo infuriare ancor di più il cardinale. Sono grato a tanti amici comboniani che mi sono stati vicini in quei giorni e mi hanno dimostrato la loro solidarietà. "Alex, tu sei solo" mi disse padre Gianni Capaccioni, allora coordinatore del Cca. "Guarda che è pericolosissima questa tua situazione. Sappi che noi vogliamo fare quadrato attorno a te, non possiamo lasciarti solo. La maggioranza del Consiglio provinciale è dalla tua parte, anche se il responsabile provinciale non condivide quello che hai fatto. Vogliamo sostenerti, dobbiamo stare insieme! Soltanto così salverai te stesso e il movimento che sta nascendo." Non solo gli amici comboniani, ma soprattutto la gente comune mi è stata molto vicino. Come sono grato ai miei genitori perché ho potuto in quel periodo godere della loro solidarietà. Sono stati dolci quei mesi passati nel paesello di Livo, in Val di Non, insieme a papà e mamma.

In quei momenti è stato fortissimo anche l'appoggio della gente del Triveneto. Nel maggio 1987 c'è stata la seconda Arena dei Beati i costruttori di pace, dedicata al Sudafrica. Che bello fu per me sentire il pastore riformato sudafricano Beyers Naudé gridare nell'anfiteatro romano: "Io sono un boero, nato da una famiglia afrikaner che è in Sudafrica dal 1688. Io amo la mia gente, amo la mia terra, ma amo il mio Cristo più della mia gente quando disobbedisce a Cristo". Sentivo un appoggio popolare che davvero mi ha confortato in un momento in cui ero psicologicamente distrutto. Ero veramente a pezzi, avevo bisogno di ritrovarmi, di riandare al centro di me stesso. Per questo a settembre sono andato a Spello, in Umbria, nella fraternità dei Piccoli fratelli del Vangelo, per ritrovare quella dimensione contemplativa che gli anni ruggenti di "Nigrizia" mi avevano un po' appannato. A Spello mi ha accolto uno straordinario uomo di Dio, Carlo Carretto, che iniziava allora il doloroso calvario della sua malattia. Non dimenticherò mai l'accoglienza che mi ha dato nella prima eucaristia che vi ho celebrato. A Spello mi son sentito a casa, ma soprattutto ho potuto pregare, riflettere, pensare. Questo grazie a un altro Piccolo fratello, Tommaso, che rimarrà uno dei miei compagni di viaggio: un'amicizia che continua (Tommaso è ora in Tanzania). Quattro mesi di preghiera, di contemplazione. Un momento anche di riflessione su quanto accaduto, grazie a Eugenio Pellegrini, il piccolo editore di Trento che mi ha forzato a una lunga intervista, fatta da un giornalista di "Repubblica", che è diventata poi *La morte promessa*.

Mi piace ricordare, di questo libro – nel quale non sono entrato molto nei dettagli perché non mi pareva il momento di parlare di certe cose, volevo focalizzare l'attenzione sui problemi, non sulla mia persona –, la prefazione, che è di don Tonino Bello. All'inizio avevamo paura di chiedergliela. Invitare un vescovo a difendere uno che era stato buttato fuori dal Vaticano non era uno scherzo. Invece ha accettato e quell'introduzione, secondo me, è uno dei testi più belli che don Tonino abbia scritto: *La Pasqua è in agguato*. Vorrei qui riproporne un ampio stralcio. "Sperare, per noi cristiani non significa far finta. Né mettere tra parentesi. Anzi, vuol dire togliere le parentesi, dare nome e cognome ai focolai della disperazione, individuare le scaturigini della malvagità, inventariare le tossine entrate nel circolo dell'organismo sociale. Vuol dire, soprattutto, saper leggere la 'cronaca della perdizione' all'interno della 'storia della salvezza', intuire che nonostante i segni di morte la vita irrompe con prepotenza, e proclamare che stiamo già mordendo i primi frutti della Resurrezione.

"In questo senso, il libro-intervista di Zanotelli è un libro carico di speranza, perché, perfino tra le dolorose aritmetiche che ne infittiscono le righe, trascorre incontenibile la passione per il Regno e arde senza riserve un grande amore per la chiesa. Forse qualche provocazione non ha proprio il tocco leggero della carezza. Ma sarebbe ingeneroso scorgere il sacrilegio dello schiaffo, laddove c'è solo la forzatura della mano che tenta di comporre sul viso della madre, sia pure col rischio del graffio, un 'maquillage' di bellezza."

Era stato don Tonino stesso che alla fine dell'85 mi aveva invitato a Brescia all'incontro nazionale di Pax Christi, di cui era appena diventato presidente. Ed è lì che sono ritornato sui due temi: le relazioni militari tra il Sudafrica dell'apartheid e l'Italia, e le tangenti ai partiti sulla vendita di armi italiane all'estero. Gli industriali delle armi di Brescia si infuriarono e fecero pressione sulla procura della Repubblica perché partisse un'inchiesta sul mio conto! So che la procura di Brescia ha preparato un esposto che ha poi passato a quella di Verona. Il procuratore di Verona, Guido Papalia, non ha agito sull'esposto ma mi ha solo fatto interrogare in questura da due agenti della Digos. Volevano sapere le fonti delle mie informazioni, soprattutto in merito alle relazioni militari Italia-Sudafrica e alle tangenti ai partiti. "Ma mi avete convocato come missionario, come giornalista o come prete?" chiesi ai due della Digos. "Tu devi dircelo. Se no il giudice ti farà parlare." "Se andrò davanti al giudice," ribattei, "me la vedrò io su cosa dire. A voi non dico niente." Si sono veramente arrabbiati. "Accetta almeno un caffè?" mi dissero mentre uscivo. "Volentieri" risposi sorridendo. "È bello prendersi un caffè anche con i servizi segreti."

Parte terza

# Sulle strade d'Italia

# "Non pensavo che il popolo italiano..."

*In questi gironi danteschi, in questa immensa baraccopoli di Korogocho, alla periferia di Nairobi, la notizia della vittoria di Berlusconi & co. è stata per me un pugno allo stomaco, per gli impoveriti uno schiaffo.*

*Non pensavo proprio che il popolo italiano potesse scendere così in basso a solo dieci anni da Tangentopoli. La sconfitta di Di Pietro (non è certo l'eroe che lo si è fatto!) e la vittoria di Previti la dicono lunga!*

*La tragedia del nostro paese è stata l'incapacità di far nascere, sulla scia di Tangentopoli, un movimento popolare che sapesse esprimere sia la voglia di pulizia morale, di legalità nella res publica, sia di volti nuovi che la incarnassero. (Che tradimento è stato quello!)*

*Gli anni novanta, invece, sono stati anni di "rottamazione" politica, di riciclaggio del peggio del vecchio regime. Questo processo è stato aiutato anche dall'inarrestabile rivoluzione sociale (legata alla new economy) che ha spazzato via antichi valori rimpiazzandoli con quelli della società del benessere: lo status, il potere, il denaro, l'immagine (il look)... A veicolarli sono stati i mass media (il quarto potere) abilmente orchestrati dal potere economico-finanziario (l'impero del denaro), motore della società globalizzata (la politica è diventata ormai l'ancella, umile e devota, dell'apparato economico-finanziario-militare).*

*Berlusconi (frutto maturo del craxismo che ha dominato gli anni ottanta) è l'incarnazione della nuova società, dei suoi valori (denaro, successo, immagine)... Che non è altro che la fotocopia della società americana. Non a caso Berlusconi ha copiato abbondantemente gli Usa per la sua campagna elettorale: tolleranza zero, sicurezza, diminuzione delle tasse... ma anche il vendere il prodotto politico come si vende la Coca-Cola.*

*Il popolo italiano è rimasto vittima di una sapiente operazione di marketing elaborata da esperti del settore. Gli elettori come con-sumatori! La politica di consumo!*

*L'Italia ha eletto non il candidato che esprimeva l'idea di go-verno più idonea a risolvere i problemi del paese, ma quello che ha saputo usare meglio i mass media, le tecniche pubblicitarie e la propria immagine (un'immagine narcisistica, quella di Berlusco-ni). Senza neanche chiedersi (nell'America puritana almeno se lo sarebbero chiesto!) se ci fosse un conflitto di interessi. È mai pos-sibile che in sei anni di governo del centrosinistra non si sia posto il problema preparando un'appropriata legislazione in merito? (Il tradimento della sinistra in questi anni è stato grande e ha prepa-rato il risultato di oggi.) "Gli innumerevoli conflitti d'interesse creerebbero ostacoli tremendi a un governo Berlusconi, in Italia come in Europa" afferma Bobbio in un appello pre-elettorale sot-toscritto da eminenti personalità, che mi è giunto purtroppo a ele-zioni finite. "È in gioco la democrazia" afferma ancora Bobbio. "Una vittoria della Casa delle libertà minerebbe le basi stesse della democrazia." Per me la situazione è ancora più grave poiché il Ca-valiere e i suoi pericolosi alleati minano la base vitale stessa della società italiana, senza la quale la democrazia è un gioco di parole.*

*Un governo Berlusconi non farà altro che accelerare un proces-so di disintegrazione sociale, morale, legale in atto da tempo nel nostro paese.*

*E qui trovo incredibile la cecità di buona parte della chiesa ita-liana che si trova a suo agio all'ombra del Cavaliere. Questa "ber-lusconizzazione" della chiesa italiana la renderà sempre più fun-zionale e integrata nel sistema. Altro che la coscienza critica della società! (La chiesa è chiamata a essere il termostato della società – diceva Martin Luther King – e, invece, ne è solo il termometro.)*

*Questo mi fa un male boia, proprio perché è la mia chiesa e poi perché tutto ciò lo vivo in questi inferni umani dove sono costret-to a vedere quel povero Cristo crocifisso ogni giorno.*

*Infatti, in questo villaggio globalizzato, le scelte politiche di una nazione come quella italiana hanno gravi ripercussioni per gli impoveriti della terra. Non possiamo dimenticare che l'Italia fa parte del Club degli otto più grandi della terra, che è schierata in armi a fianco dei paesi della Nato, che partecipa a importanti de-cisioni economiche a favore o a danno della vita del pianeta (il vertice dei G8 a Genova). D'ora in poi la nostra adesione al vange-lo liberista, alle leggi del mercato, diventerà sempre più accentua-ta. A scapito dei dannati della terra (di Korogocho come di casa nostra).*

*È giunto il momento delle decisioni, delle scelte. È l'ora della resistenza (una parola che deve ritornare in auge!).*

*Dobbiamo guardarci in faccia e contarci: abbiamo bisogno di uomini e donne, soprattutto giovani, capaci di "vedere", di "legge-*

re la realtà"! Giovani capaci di rifiutare l'omologazione e il confor-mismo ritrovando la gioia di essere se stessi. Come diceva don Mi-lani nella "Lettera ai giudici": "Avere il coraggio di dire ai giovani che essi sono tutti sovrani per cui l'obbedienza non è più una virtù, ma è la più subdola delle tentazioni... e che bisogna che si sentano ognuno l'unico responsabile di tutto". Uomini e donne, giovani e non, capaci di mettersi insieme, in gruppi, in comunità di resistenza (la gioia della riscoperta dell'altro differente da me). Vivere "la convivialità delle differenze", come diceva Tonino Bello. Comunità di resistenza con un sogno da realizzare, capaci di tra-durlo in scelte economico-politiche alternative all'impero. Con una capacità straordinaria di fare rete (bando ai protagonismi o particolarismi) con metodi nonviolenti e nel profondo rispetto per il mistero che ogni uomo è!

"In piedi, costruttori di pace!", diceva Tonino Bello dieci anni fa all'Arena. In piedi, obiettori di coscienza all'impero berlusconia-no, fotocopia dell'impero del denaro!".

Editoriale di "Mosaico di pace" del giugno 2001

# Missione globale

Mentre portavamo avanti la nostra presenza sofferta e complicata a Korogocho, il responsabile provinciale dei comboniani un giorno mi convoca: "Alex, sarebbe pericoloso se tu legassi te stesso, il tuo nome, la tua vita solo a Korogocho. E questo impedirebbe anche ai comboniani di assumere veramente questo tipo di missione". Rispondo: "È verissimo. Sono disponibile a fare qualche altra esperienza, quando voi lo decidete. Però chiedo che i comboniani assumano Korogocho: ci vuole rispetto per i poveri, non si può prenderli in giro. Se avete una persona adatta che mi sostituisca e che sia decisa a portare avanti questa presenza, mi va bene".

Questo discorsetto ce lo siamo fatti nel 1997. La trattativa è durata cinque anni ed è stata durissima, con tutto un andirivieni di nomi. Poi abbiamo finito per focalizzarci su padre Daniele Moschetti, un giovane che aveva studiato teologia a Nairobi e che, con altri due studenti (ora padri), Paolo Consonni e Stefano Giudici, veniva a spendere i suoi weekend con i poveri. Daniele era stato poi assegnato all'Italia per il lavoro con i Gim (Giovani impegno missionario), ma aveva continuato a dire: "La mia scelta è Korogocho". Perciò abbiamo mantenuto una certa pressione sulla Direzione generale e sulla Provincia italiana perché finalmente uno che voleva assolutamente venire, che era motivato, che conosceva Korogocho, potesse farlo. È stato soltanto nel 2001 che la Provincia italiana ha ceduto: la Direzione generale ha assegnato Daniele al Kenya, e il responsabile provinciale del Kenya ha destinato Daniele a Korogocho. Ma a Korogocho ci doveva essere una comunità comboniana. Quando io ho lasciato, nell'aprile 2002, c'erano due comboniani, padre Alex Matua, ugandese, e un diacono keniota, John Webootsa... ambedue trasferiti altrove. Daniele ha bisogno di un compagno di viaggio. È fondamentale una comunità: piccola fraternità alle frontiere della sofferenza umana. Accanto a Daniele ci sono sempre Gino e due volontarie dell'Accri, Monica e Claudina. Ma ci vuole un altro comboniano. Daniele ha scritto una lettera ufficiale ai superiori, io un'altra, in appoggio alla sua. I comboniani, quando assumono una situazione, devono assumerla come comunità – aperta ad altri, noi siamo ben felici se vi si uniscono preti di altre congregazioni – ma che ci siano almeno due comboniani.

C'è un'altra ragione, però, che mi ha portato a decidere il rientro in Italia, e che è stata oggetto di lunghe riflessioni anche con Daniele e gli amici comboniani. Se la sua scelta era maturata da una volontà di operare scelte radicali e di indicare una strada ai giovani ("Qui c'è un lavoro serio da fare – Se volete buttare la vita per qualcosa che vale, a Korogocho ne vale la pena – Vi do l'esempio"), tuttavia sia lui sia altri comboniani – come Mosè Mora – erano convinti che un mio ritorno in Italia sarebbe stato importante. Avrei potuto tornare a parlare di missione in un certo modo e anche dare una mano al movimento della società civile organizzata, non solo l'ala cattolica, in un momento di berlusconismo imperante. Da Korogocho non avevo mai perso completamente di vista le vicende italiane, ogni tanto intervenivo con messaggi, con articoli, con interviste ora sul debito estero, ora sulla guerra in Kosovo, ora sulla cooperazione allo sviluppo, ora sui temi della pace e della giustizia.

Non solo questo. Mi rendevo conto che la missione in Italia e in Europa doveva prendere altre strade, altri volti. Sapevo che anche nel nostro paese ci sono situazioni di enorme disagio, specialmente nelle grandi città. È importante viverlo questo disagio, entrarci come comunità, viverlo dal di dentro, viverlo sulla propria pelle e, come ho fatto a Korogocho, camminare con questa gente che soffre. Non facendo, come si usa dire nel nostro linguaggio, "animazione missionaria", ma facendo proprio *missione*, annunciando la Buona novella agli emarginati, ai poveri, agli immigrati.

Perché lavorare oggi in Italia come missionario? Molti sono convinti che un missionario appartiene a paesi lontani in situazioni di difficoltà e di miseria. È infatti l'immagine che proiettiamo continuamente. Dobbiamo incominciare a convincerci che un missionario oggi ha un compito che va ben al di là della presenza in *quelle* situazioni di sofferenza. Mentre le vive, deve avere la mente e il cuore aperti alle dimensioni del mondo e comprendere che la situazione che la sua gente sta vivendo è frutto di un sistema che produce questo necessariamente. Pensare globalmente e agire localmente è fondamentale per la missione. Se il missionario non ne è capace, temo che trascuri qualcosa di estremamente importante per la sua missione.

La missione oggi è una missione a 360 gradi, e se vuoi annunciare la Buona novella ai poveri devi avere anche il coraggio di rimettere in discussione i sistemi che creano i poveri. Quando un missionario rientra in Italia, in Europa, nel Nord del mondo, molta gente gli domanda – succede anche a me –: "Che cosa fai qui, il tuo posto non è altrove?". Dobbiamo allora aiutare a capire che il nostro posto di missionari è anche qui, per rimettere in discussione un sistema che permette a pochi di avere tutto a spese di milioni di morti per fame. O facciamo una missione a 360 gradi, o rischiamo di tradire la missione stessa.

È inoltre importante *come* fai missione anche nel Nord del mondo. Un missionario deve essere presente lì dove la gente soffre. Sarebbe ora che i missionari escano dai conventi e vivano là dove vivono i poveri, gli emarginati. Anche il Nord pullula di situazioni di sofferenza umana. È importante immergersi, viverle dal di dentro, con uno stile di vita il più semplificato possibile. Uscire dai conventi ed essere presenti nei luoghi di emarginazione, semplicemente parlando con la nostra vita.

Noi missionari purtroppo siamo ancora intrappolati nelle parrocchie, mentre non siamo chiamati a fare lavoro parrocchiale: siamo chiamati, anche nel Sud del mondo – dove pure ci sono le chiese –, a essere presenti proprio là dove le chiese spesso non sono presenti, a portare l'attenzione sul mondo dei rifugiati, sui malati di Aids, sulle aree particolarmente depresse, su chi non sa che Dio è *Abbà*. Lo stesso vale per il Nord, dove ci sono sacche di emarginati che è importante assumere come missione. Una missione fatta così nel Nord del mondo assume una dimensione molto forte, significativa e rilevante. Perché se non cambiano le cose nel Nord, tra i ricchi, non avverrà nulla tra i poveri, non cambierà nulla per loro, anzi sarà sempre peggio. Da qui, l'importanza di gridarlo nel cuore stesso dell'impero, di aiutare le comunità cristiane a capirlo: non ci si può definire l'unico popolo di Dio mentre abbiamo a che fare con gli uni che muoiono di fame e gli altri che sono ipernutriti.

Sono tornato in Italia sotto Berlusconi, con una situazione di degrado sociale, umano, che spaventa. L'impressione è che tantissima gente non ha più alcun valore, non riesce più a relazionarsi, è gente individualizzata, atomizzata. È una società in cui le persone diventano cose. Questo è l'impatto che sperimenti passando dalla miseria di Korogocho all'Italia di Berlusconi. Vedi benissimo quel che sta avvenendo sotto i tuoi occhi: lo smantellamento di uno stato legale per arrivare a una situazione dove tutto è affare, un assalto al concetto di giustizia, di legalità. L'importante è fare business, ogni cosa diventa soldi, merce. Nel mio primo anno sotto Berlusconi ho visto una serie di scelte estremamente gravi, che vanno dalla legge Bossi-Fini sull'immigrazione all'attacco alla giustizia, in particolare con la legge Cirami e poi il lodo Berlusconi, e l'appoggio dato agli Usa per la guerra contro l'Iraq, lo smantellamento della 185/90 sul controllo del commercio delle armi, e giù, e giù...

Sono tutte indicazioni della direzione in cui ci stiamo muovendo, verso la mercificazione di tutto. La parola fondamentale è *business is business*, gli affari sono affari, e si fanno. Ciò trasforma la società italiana in un qualche cosa di incredibilmente squallido, vuoto, senza significato. È in questo contesto che sono venuto in Italia e sento l'importanza di esserci.

# Il Mistero degli incontri

Pellegrino sulle strade d'Italia, buona parte del tempo lo spendo con persone che hanno voglia di parlare e di essere ascoltate. Dopo ogni incontro pubblico c'è così tanta gente che si mette in fila semplicemente per parlare... Ho la sensazione che noi preti abbiamo abbandonato uno dei nostri compiti fondamentali, che è l'incontro con l'altro, l'ascolto, la capacità di accoglierlo così com'è, di perdonarlo – abbiamo lasciato questo agli psichiatri, agli psicologi... – e in questo modo di farlo incontrare con il Mistero: è il Mistero che può guarire, un Mistero fatto d'amore dove ti senti accolto, perdonato, amato, non giudicato. Ce n'è un bisogno enorme. Purtroppo facciamo le solite confessioni di routine, ma non è questo che serve. Io penso che quello che le persone chiedono è soprattutto di sentirsi accolte, amate, benvolute. A volte non puoi far nulla, puoi soltanto pregare, imporre le mani, dare coraggio, ma anche questo è estremamente importante. È un ministero che noi preti abbiamo perso per strada e che dobbiamo ritrovare, se vogliamo anche noi riguadagnare il nostro sacerdozio. È incredibile quanta forza riesco a tirar fuori dagli incontri con questa gente, quanta forza mi danno per andare avanti. È l'incontro il cuore di tutto. C'è gente che non ha mai avuto nulla a che fare con la chiesa: viene, parla, e poi si mette a pregare e ti chiede di confessarsi: semplicemente perché si sente accolta. Questo è importante nella nostra società dove ormai ti senti un nulla. "Ma come, con tutto il daffare che hai, ti metti lì ad ascoltarmi!..." mi dice più d'uno. C'è un enorme bisogno di parlare ed è molto importante recuperare il sacramento della riconciliazione come gesto relazionale, far sentire alla gente che Dio le vuole bene. L'*Abbà* ti perdona, ti ama nonostante le brutture che puoi aver fatto. Sentire questo e farlo sentire a un'altra persona è importante.

Incontro anche tanti atei, che mi dicono: "Sono ateo". Ri-

134

spondo loro: "Sei più credente di me! Chi può dire di credere o non credere? Non ci troviamo tutti davanti al Mistero?". Moltissimi amici miei sono atei; chiedo loro: "Ma allora perché tanta amicizia con un prete?...". Forse è questo "toccarsi" per strada che più mi impressiona! La vita è un lungo "toccarsi"... Sembra tutto un caso! E poi scopri che... Ho sessantacinque anni e spesso mi domando chi sono io. L'unica risposta che mi do è: "Io sono le persone che ho incontrato". Sembra tutto un caso, ma poi scopri che nulla è a caso.

Io sono veramente grato per le persone che ho incontrato nella mia vita. Sono le persone che ho incontrato che mi hanno fatto la persona che sono. La mia ricchezza è la ricchezza umana di tanti uomini e donne che mi hanno toccato, soprattutto poveri. Questo "toccarsi" sulla strada... uno più misterioso dell'altro. Questo essere stato "toccato" dai poveri, dagli ultimi, dai malati di Aids. Questo essere stato "toccato" dalle donne, che mi ha fatto riscoprire la dimensione femminile del mio essere maschio, la tenerezza...

Ricordo l'incontro a Roma, mentre studiavo lì, con una ragazza-madre, che faceva parte di un gruppo di ragazze che seguivo come prete. Quella ragazza-madre aveva iniziato a venire, a parlare, a confidarsi... Poi un giorno mi chiese di confessarla: una confessione che durò sei ore! La più lunga e la più potente confessione che abbia mai sperimentato: la sua era stata una vita bruciata, buttata allo sbaraglio. Una confessione finita in un'esplosione di gioia, di grazie a Lui che è capace di rimettere in piedi le persone. Dopo averla accompagnata per alcuni mesi, la salutai poiché dovevo rientrare in Sudan.

Lei poi venne a sapere che non ero partito e che non potevo più ritornare in Sudan. Ci siamo dati appuntamento a tarda sera nella stazione dell'Eur della metropolitana di Roma. Arrivai per primo, mi sedetti sulla panchina di marmo. Ci salutammo con un bacio. Ci sedemmo. Iniziò a raccontarmi che era ritornata alla vita di prima... Vide come ci rimasi male. "Alex, perdonami! Ho bisogno di te! Da sola non ce la faccio!" A quel punto (con tutte queste storie di preti e donne!) sentivo il bisogno di chiarirmi. E, a bruciapelo, le chiesi: "Ma tu sei innamorata di me?". Rimase in silenzio qualche minuto, per riflettere. "No!" concluse secca. "Non sono mai stata innamorata di te." "Ma non è possibile" le dissi. "Fra me e te c'è un'amicizia profonda, non è vero?" "Sì!" mi fece. "Ma tu ti sei buttata nelle braccia di tutti gli uomini che hai incontrato nella tua vita, hai fatto l'amore con uomini che hai visto anche solo una volta!" Calma, mi rispose: "Con te è differente! Ho capito che se mi aggrappavo alla tua mano, non ci sarei stata né io, né te". "Grazie!" le dissi.

Da quel giorno mi sentii molto più libero e sereno nelle mie relazioni con le donne che mi hanno "toccato" nella vita.

Quella donna veniva poi a trovarmi di tanto in tanto alla casa dei comboniani all'Eur. "Andiamo in cappellina a pregare" mi diceva. Andavamo insieme, ci sedevamo per terra e leggeva un pezzo di Vangelo, e lo rileggeva raccontando sprazzi della sua vita. Poi mi guardava: "So che il Vaticano ti dice che non puoi assolvere una donna come me. Ma ho *bisogno* di sentire che il Signore mi ama, mi perdona, mi accoglie. Alex, dammi l'assoluzione!". Io non capivo più nulla, ma una cosa mi sembrava evidente: come potevo io rifiutare il perdono del Signore a chi mi supplicava?

Per non farla sentire giudicata le dicevo: "Va bene! Ti darò il perdono del Signore, ma anch'io sono un peccatore! Ascolterai i miei peccati e poi mi benedirai!". "Impossibile! Tu lo sai che razza di vita sto conducendo... Come faccio a benedirti?" "E allora anch'io non posso..." Quindi iniziava la sua confessione. Poi mi diceva: "Alex, lo so che ti sto chiedendo troppo... lo so che tu non lo puoi fare... ma io ho bisogno di quel Pane! Dammelo, ho fame! Forse riuscirò a non fare l'amore con l'uomo con cui vivo per qualche giorno". A una donna che chiede il Pane con tanta umiltà, con tanta... Come può un prete negarglielo? Spezzavamo il Pane insieme pregando...

È stata questa donna a farmi capire che i sacramenti non sono belle onorificenze distribuite ai buoni, ai bravi, ma conforto per chi cammina per tirarsi fuori. E questa donna è riuscita a farcela. "Raccontala la mia storia, Alex!" mi diceva. È storia di grazia.

Come un'altra donna che ho incontrato girando per l'Italia. Arrivai un giorno in una casa. La mamma mi salutò e mi disse: "Alex, ho una figlia ammalata grave di Aids. Ti vuole solo salutare". Entrai da lei, la salutai in pochi secondi, e uscii. Una sera mi trovavo in una città vicina per una conferenza, che si protrasse fin oltre la mezzanotte. Quella stessa mamma era lì, in fila ad aspettarmi. "Alex, mia figlia vuole che tu venga da lei per pregare e per ungerla come fai con gli ammalati a Korogocho." "Guarda che è passata mezzanotte... e domani devo essere in una scuola alle otto!" le risposi. "Mia figlia ti vuole stanotte!" Ho chiesto agli amici che si occupavano dei miei spostamenti di lasciarmi andare con questa donna. Arrivai a casa sua alle due del mattino. La figlia era lì ad aspettarmi. Entrai da lei e pregammo a lungo, poi benedissi l'olio e la mamma ne cosparse il corpo della figlia. Un momento intenso di preghiera. Ma la figlia rimase quasi fredda, non mi rivolse la parola. La salutai. Andai a dormire un paio d'ore, e poi via per arrivare in tempo alla scuola. Parlai agli studenti. A mezzogiorno, mentre mangiavo un boccone, sentii squillare il telefono. "Sono la mamma che ti ha disturbato questa notte... Mia figlia ti vuol parlare." "Sono io," mi disse, "colei che tu hai unto questa notte! Alex, grazie. È la prima volta nella mia vita che mi sono sentita *amata*!" Due giorni dopo era morta. Apprenderò poi che quella ragazza veniva da un'esperienza di vita dove non aveva mai provato l'essere amata.

Questo "toccarsi", questo entrare in comunione, questo amarsi... che può avvenire anche senza essersi mai visti, perché c'è anche un "toccarsi" sotterraneo, misterioso, come mi è successo con molte sorelle che vivono in clausura. Tra loro vorrei ricordare Chiara Patrizia, che mi ha seguito nei momenti duri di "Nigrizia" con un amore e una passione... Mi scrisse per la prima volta a Nairobi, senza avermi mai conosciuto: "Caro fratello, è un po' che desidero scriverti, da quando ho seguito con passione le avventure di 'Nigrizia' e del suo direttore... Desidero solo dirti che se anche non ti conosco personalmente sono con te, intensamente nella preghiera, nella condivisione, nel cammino di ricerca delle vene sotterranee di acqua viva che portano nel cuore del Regno. Vivo in clausura da venticinque anni, ma questo starmene come in disparte dalla storia degli uomini è solo apparente, perché il silenzio della vita contemplativa mi butta continuamente nel centro della storia e delle sue battaglie. Il sentire il Regno che avanza, nonostante il male che sembra predominare su tutto, mi fa esultare e mi fa nascere il desiderio di mandare un piccolo segno di comunione, come una lettera, a chi per il Regno ha dato la vita come te, come tanti altri. Siamo nella novena della Pentecoste: lo Spirito del Signore ha invaso l'universo! È senza schemi! Ci guida per vie inaccessibili... ci porta fuori del nostro mondo chiuso dentro le cose sicure... ci porta nel rischio dove solo si può danzare l'ineffabile ballo della libertà!".

La vita è stata un camminare, e camminando "lasciarsi toccare" dai fratelli pellegrini, vicini o lontani non ha importanza. L'importante è questo sentirsi abitati, amati... e amare, abitare altri... È ciò che poi rimane.

# Pellegrino

Prima di scegliere Napoli, dove ho fissato la mia dimora, ho visto anche le periferie di Palermo, Bari, altre situazioni difficili. E mi sembrava importante in questo momento di passaggio, mentre mi guardavo intorno, essere sulle strade, pellegrino sulle strade d'Italia. Ho vissuto questo periodo da un treno all'altro, da una città all'altra. È stata un'esperienza molto dura ma anche molto bella. Tanta gente è sulla strada, vive sulla strada. Il mio essere sulla strada mi ha permesso l'incontro con tantissimi. Al di là di tutti quelli personali, a tu per tu, ho preso parte a una serie di incontri pubblici, a cominciare soprattutto dal settembre 2002 con la Carovana della pace del secondo Giubileo degli oppressi, che ha rappresentato un momento estremamente bello in giro per le città, con esperienze umane molto forti, sia con i ragazzi e le ragazze della Carovana che con i testimoni che ci accompagnavano, come l'avvocatessa brasiliana dei poveri Valdênia Aparecida Paulino o Magouws Catherine Morakabi che lavora per la commissione Giustizia e Pace sudafricana.

Lungo le strade d'Italia con Gino Strada abbiamo messo insieme quattro organismi: la Tavola della pace, la Rete di Lilliput, Emergency e Libera. Alla fine della Carovana abbiamo lanciato sia la campagna per le bandiere, "Pace da tutti i balconi!", sia la campagna "Fuori l'Italia dalla guerra". Il Forum sociale europeo di Firenze è stato poi un momento molto forte. Firenze ha aiutato a lavare Genova, a ricompattare il movimento, permettendo a ognuno di proseguire poi con le sue modalità.

Con moltissima gente, in tante città e paesini d'Italia, ho avuto l'occasione di parlare non solo della guerra ma dei problemi delle povertà create da questo sistema. Il viaggio è culminato il 15 febbraio a Roma, giornata delle grandi manifestazioni per la pace in tutto il mondo; è stata la conclusione di un lungo cammino. Roma è stata una festa di vita, di gioia, nonostante la guerra incombente. È stata anche l'occasione di un tentativo per premere sui partiti come società civile organizzata. I rappresentanti della società civile hanno chiesto di parlare prima con l'Ulivo, poi con la maggioranza, infine con Rifondazione. Abbiamo portato ai partiti quello che sentivamo lungo la strada. Anche dopo la dichiarazione di guerra contro l'Iraq, la gente non solo non ha mollato, non si è dispersa, ma ha continuato a resistere.

Questo zigzagare per l'Italia mi ha dato la possibilità di un contatto reale con le persone, che ritengo davvero fondamentale: non nasce nulla se non c'è un rapporto sereno, bello, con la gente, con la base. È stato un bagno di umanità straordinario. Ed era proprio una delle cose che sentivo di dover fare in Italia, ovvero il dare una mano a questa società civile che c'è e che dovrà trovare la sua strada. Ho incontrato anche tanti vescovi bravi, impegnati, che si trovano quasi a mordere il freno dentro una chiesa – quella italiana – che nell'insieme è piuttosto bloccata. Camminando per l'Italia ho anche tenuto un occhio aperto sulle realtà urbane di sofferenza umana entro cui potevo collocarmi. È stato subito ovvio per me che la scelta doveva essere una grande città del Sud (un Sud che ha pagato pesantemente per lo sviluppo del Nord). Ho visitato con attenzione città come Bari, che ha delle zone degradate, da San Paolo a Enzitetto; Palermo, con quartieri come l'Albergheria e soprattutto lo Zen; Napoli, che è di gran lunga la più vasta realtà urbana italiana, con situazioni che vanno dai Quartieri spagnoli al Traiano. D'accordo con i miei responsabili la scelta è caduta su Napoli. Il resto vien camminando.

# La società civile organizzata

Avevo fatto un altro lungo pellegrinaggio sulle strade d'Italia nel 1995-1996. In quel giro vidi tantissima vivacità alla base, ma priva di visibilità pubblica e di valenza politica. Non è possibile, dicevo, avere una tale ricchezza senza alcun impatto. Da qui è nata l'idea di Lilliput. L'abbiamo lanciata con Francuccio Gesualdi come una rete per aiutare gruppi, gruppuscoli, comunità, a mettersi insieme, in modo da permettere a livello locale – non abbiamo mai pensato a livello nazionale – nelle città, nelle province, di collegare più soggetti possibili. Più numerosi si riesce a essere in rete, meglio è. Questo è lo scopo essenziale di Lilliput. Sono stato a volte pesante con Lilliput perché avevo l'impressione che nelle emergenze non riuscisse a reagire con tempestività. Capisco le ragioni: se deve essere un processo democratico, deve esserci un consultarsi di base di tutti i gruppi. Lilliput ci sta insegnando che si può avere un processo democratico dal basso, in cui si arriva alle decisioni per consenso e senza i cosiddetti capi carismatici o portavoce. È un'esperienza di democrazia partecipata dal basso estremamente interessante.

È un fenomeno nuovo, un tentativo di aprire strade talmente inesplorate che non sappiamo dove ci porteranno. Lilliput è la capacità che hanno gruppi che condividono lo stesso spirito critico nei confronti del sistema di mettersi insieme, di lavorare insieme. Per me tutto questo è la società civile organizzata. E questa società civile organizzata è un *soggetto politico*! D'Alema mi ha detto: "Solo i partiti sono soggetti politici". È chiaro che la società civile organizzata non vuole essere un partito politico (guai se lo diventasse!). Ma è altrettanto chiaro oggi che la società civile organizzata deve essere un soggetto politico, deve fare politica con la P maiuscola! Proprio perché i partiti non la fanno più, e in buona parte non la possono più fare perché sono i potentati economico-finanziari a prendere le grandi decisioni politiche. Toccherà alla società civile organizzata rilanciare la Politica, riprendere i grandi temi, e fare pressione sui partiti perché li accolgano. È altrettanto chiaro per me che la società civile organizzata deve avere degli obiettivi politici precisi. Le decisioni a livello alto non sono più prese dai governi, dai partiti, ma dal mondo economico. La politica fa da ancella. Bisogna che davvero i rappresentanti ritornino democraticamente a prendere decisioni politiche fondamentali, e che economia e finanza sottostiano a queste decisioni. È soltanto dal basso che può venire una spinta.

Ecco perché i partiti politici non sono gli unici soggetti politici, ma lo è anche la società civile. I suoi primi obiettivi politici sono a livello locale – e qui sono moltissime le cose che ormai si possono fare, dal problema dell'inceneritore all'energia solare invece di quella elettrica... Ma non è sufficiente. L'importante è vedere come forzare finalmente i partiti a esprimere ciò che la base sente, per trasformarlo poi in decisioni politiche per tutta una nazione, per il mondo. Guai se la società civile organizzata si lascia tentare a entrare nel governo! È la fine di tutto. Com'è accaduto in Sudafrica: sotto l'apartheid c'era una società civile molto fiorente. Quando Mandela è arrivato al potere, vi è arrivata anche la società civile sudafricana. Che perdita enorme!

È fondamentale mantenere la distinzione tra partiti e società civile organizzata come soggetti politici. La mia opinione, ma siamo in molti a pensarla così, è che i partiti devono starsene fuori dalla società civile organizzata. I partiti ripetono: "Noi senza la società civile ci inaridiamo". Può darsi, ma oggi dico a tutti i partiti: lasciate che la società civile faccia la società civile. Altrimenti cosa succede? Innanzitutto tanta ambivalenza... le bandiere rosse con le bandiere della pace. La società civile organizzata non fa gli interessi di nessun partito, porta avanti le proprie istanze politiche. Ma se i partiti devono starsene fuori, chi è che sta dentro alla società civile? Le realtà di base, per cominciare, le associazioni, i gruppi, i gruppuscoli, ma a pari titolo anche le forze sindacali. L'esperienza di Seattle è stata molto istruttiva: l'effetto dirompente di Seattle si è avuto quando le realtà vive della società civile Usa si sono alleate con i sindacati che si stavano accorgendo che, con la globalizzazione, a perderci sarebbero stati gli stessi lavoratori americani. È stato grazie al ricongiungimento tra le realtà di base e i sindacati che è nata la protesta di Seattle. I sindacati sono forze sociali, ecco perché è importante che rimangano quello che devono essere e non diventino forze politiche o altro.

Penso che anche le comunità ecclesiali o i gruppi religiosi siano forze sociali che hanno un'enorme incidenza nel toccare il cuore delle persone per un cambiamento: deve nascere l'uomo nuovo, l'uomo planetario, se vogliamo sopravvivere. E le chiese qui giocano un grosso ruolo.

Come si esprime, allora, la società civile? Chi parla a suo nome? Finora nessuno ha una soluzione. Più che su persone da immettere nei partiti, ritengo sia il caso di puntare su personalità di grande statura morale all'interno della società civile che abbiano a cuore il bene della comunità. Un uomo come Antonino Caponnetto, stimato da tutti, poteva essere portavoce della società civile sui temi della giustizia. Dovremmo andare verso figure del genere, possibilmente persone di una certa età, persone che esprimono la società civile organizzata ma sono ormai immuni dalla tentazione di usarla per fare carriera. (A Caponnetto mi legava una profonda amicizia, nata camminando sulle strade. Ero riuscito a parlare con lui solo nel '96 alla Badia Fiesolana. Era commosso. Poi l'anno scorso sono stato a fargli visita a casa sua. Mi accolse con un abbraccio caloroso. "Non riesco più a pregare" mi disse. "Ma tu la tua preghiera l'hai già fatta," gli risposi, "la tua messa l'hai già celebrata quando hai messo la tua vita a disposizione, quando hai creato a Palermo il pool antimafia." Piangendo mi strinse più forte: "Nessuno mi ha mai detto questo!". Qualche tempo dopo mi mandò una lettera con questa parole: "I miei ragazzi – si riferiva al pool antimafia – hanno trovato nelle tue parole e nei tuoi scritti la forza per un impegno ancora maggiore".)

Si potrà obiettare che allora, astenendosi la società civile dal rifornire di sangue fresco i partiti, si lascia che in questi spadroneggino i peggiori, i carrieristi, i più distanti dalla base. La mia risposta è che la prima cosa da fare è vedere se si riesce a organizzare bene almeno la società civile e a farla crescere, perché siamo ancora agli inizi, ovunque nel mondo. Il secondo passaggio sarà come rinnovare i partiti. Così come sono oggi, sono frutto di una vecchia logica. In altri tempi, per lo meno – si pensi al vecchio Pci, alla vecchia Dc –, avevano delle scuole di formazione, scuole di politica. Oggi non c'è più nulla, solo i telegiornali e i talk-show. Non possiamo fare a meno dei partiti ma, così come sono concepiti oggi, vanno sottoposti a un ripensamento serio. I partiti in questo periodo ci hanno tradito. La gente era convinta che i rappresentanti democraticamente eletti fossero quelli che poi decidevano. Ma cosa decidono? O si ritorna alla politica che davvero decide, o siamo completamente fuori.

Ma come può la società civile esprimere dei partiti che assumano davvero le sue istanze nuove? Questa è la grande domanda. È chiaro che la società civile organizzata dovrà designare delle persone da candidare. Il problema tornerà a porsi: tanti si infilano nei movimenti per far carriera. Non abbiamo bisogno di questa gente. Facciano qualcosa d'altro. La questione si pone soprattutto a livello nazionale e poi europeo. A livello locale, comuni e province, si ha già più capacità di decidere, è più facile il passaggio dalla società civile al locale. Questo sottende un altro discorso: bisognerà lavorare per far sì che a livello internazionale si ritorni ad avere un centro che possa prendere decisioni per impedire che siano il Fondo monetario internazionale, la Banca mondiale, l'Organizzazione mondiale del commercio a decidere in nome di poche, potentissime "famiglie". Dobbiamo veramente inventare un'Onu con un potere politico: bisognerà arrivare al punto in cui ogni stato ceda parte della propria sovranità all' Onu. È chiaro che la politica deve tornare a decidere, mentre l'economia e la finanza devono sottostare al politico. Altrimenti è la logica del mercato a trionfare.

La società civile organizzata deve assumere la nonviolenza attiva come discriminante. Non possiamo permetterci sbagli a questo livello. E ciò deve essere molto chiaro anche per i Disobbedienti o i ragazzi dei centri sociali: o fanno la scelta della nonviolenza in modo netto, o dovremo lasciarci. (È chiaro che questi ragazzi vengono da una realtà violenta, quella delle nostre grandi città cui queste fasce giovanili reagiscono, eredi anche di un'ispirazione marxista che ha sempre visto la violenza come parte della lotta.) Sarebbe un peccato, perché molti di loro hanno la possibilità di rifiorire con il movimento, di dare un contributo. Mi sembra che oggi i Disobbedienti siano stati a scuola di nonviolenza attiva e abbiano fatto degli atti notevoli come bloccare i treni carichi di armi per la guerra all'Iraq in maniera nonviolenta.

Va detto, per onestà, che anche nei partiti ci sono persone che mi hanno impressionato. Rosy Bindi è una donna che vale: sa ascoltare ed è poi chiara sui suoi obiettivi. Ma non c'è solo lei. Quando facevamo pressione perché la Legge 185/90 non fosse modificata, ho avuto l'occasione di incontrare una serie di senatrici e senatori veramente bravi. Ma molti di loro avvertono una difficoltà: quello che blocca tanti dei nostri politici è che per loro la profezia è profezia e non ha nulla a che fare con le scelte politiche concrete. La cosa più difficile da far passare è stato il no alla guerra in Iraq. Ricordo i primi incontri con i Ds, mi sembrava di parlare con dei muri, D'Alema come Fassino. Non ci siamo scoraggiati e abbiamo continuato a parlare, a ragionare con loro. Appare chiaro a me che gli apparati di partito sono molto distanti dalla gente. Ci dovrebbero essere più occasioni per far incontrare i capipartito con la gente. Bisogna inventare vie nuove per un costante confronto dialettico con la base. Quando dicevamo: "Guardate che noi esprimiamo i vostri elettori", lo dicevamo anche ai partiti di maggioranza. L'80 per cento del popolo italiano dice no alla guerra, vi rendete conto di quello che significa? Ma allora chi esprimete? Ecco perché è importante una società civile organizzata che faccia pressione.

Nei mesi che hanno preceduto l'attacco all'Iraq gli incontri con i partiti hanno avuto per principale tema la pace. E la mobilitazione per la pace è quella che ha stimolato, amplificato e coagulato la società civile italiana. Milioni di bandiere vendute, non è solo moda. In Italia ho sempre intuito che c'era una bella realtà di base, ma quanto è accaduto per la guerra in Iraq è stato un grosso segno anche per me. Dovremmo leggere questo fenomeno in Italia insieme agli altri movimenti a livello mondiale. Il 15 febbraio quello che abbiamo visto – con la marcia di oltre cento milioni di persone in tutto il mondo, allo stesso tempo, su un unico tema – è stato la nascita per la prima volta di una realtà nuova: la società civile organizzata. Sia il "New York Times" sia il "Financial Times" hanno detto che quel giorno è nata la seconda superpotenza: l'opinione pubblica mondiale. Non mi piace la parola superpotenza, come non mi piace la parola opinione pubblica; penso si tratti della società civile organizzata che sta crescendo ovunque, perché a Nord come a Sud sentiamo che c'è un tradimento in atto.

Il problema sarà come legare con fili lillipuziani tutte queste realtà. Sarà questa la forza del futuro: la capacità di legare gli interessi del Nord con gli interessi del Sud, Sud con Sud, Nord con Nord: mettere insieme fili e forze che, anche per interessi diversi, si sentono minacciati da questo unico sistema che ci porta alla morte, e dicono no e fanno resistenza.

Di questo l'amministrazione Bush ha molta paura. Chi detiene il potere economico-finanziario guarda con molta diffidenza a questa nuova realtà di base. La stessa paura che gli Usa avevano della teologia della liberazione in America Latina. Basta leggere il *Documento di Santa Fé* del 1980. E la soppressione della teologia della liberazione era diventata uno degli obiettivi perseguiti dagli Stati Uniti in America Latina. Se si sono sentiti minacciati dalla teologia della liberazione, immaginarsi come i potentati economico-finanziari devono guardare ora a questo movimento di base. Un movimento che nasce dentro il sistema, ed è così forte. Che soprattutto toglie credibilità al sistema dal di dentro. Il sistema si sente molto più disturbato da questo che non da un attacco armato o una guerra.

# Nessuna guerra è giusta

A questo punto devo fare una confessione. Sono arrivato alla nonviolenza a cinquant'anni. Sono stato imbevuto di militarismo dalla fanciullezza (la difesa della patria, gli alpini, la difesa dal comunismo...). La formazione negli Usa, una nazione così profondamente guerrafondaia, durante il periodo della Guerra fredda, mi aveva ancor più rafforzato in quello spirito. Nel mio lavoro in Sudan mi son trovato nella guerra tra Nord e Sud e mi sono sempre sentito dalla parte dei neri del Sud. E quando sono arrivato a "Nigrizia", abbiamo simpatizzato con tutte le lotte di liberazione: Mozambico, Angola, Sudafrica... Ho appoggiato tutte queste guerriglie contro le potenze coloniali per l'indipendenza, tutte con la lotta armata. Non mi ero mai lasciato interpellare dal Vangelo. Ero prigioniero del mio bozzolo. Ricordo che quando lavoravo a "Nigrizia" e tornavo da Roma a Verona, passando da piazza Bra vedevo ragazzi del Movimento nonviolento, come "Mao" Valpiana (ora è direttore della rivista "Azione nonviolenta") e mi sentivo talmente lontano da loro! Lo scatto è avvenuto dopo. Nel 1985 è accaduta una vera e propria conversione. Ci sono arrivato sia recuperando la tradizione evangelica sia guardando in profondità la realtà. Ho cominciato a riflettere sulla connessione tra fame e armi. Era ormai sempre più chiaro in me il fatto che le armi servivano a mantenere il tenore di vita del 20 per cento del mondo contro l'altro 80 per cento. Il problema non era più il Muro di Berlino, ma il muro che divideva i poveri dai ricchi. Ho cominciato a capire a cosa servivano veramente le armi. In quegli anni di Guerra fredda si spendevano nel mondo 1200 miliardi di dollari in armi. Un'assurdità! Quanto più guardavo all'atomica, alla violenza che c'era, tanto più tornavo al Vangelo, e il cuore del Vangelo è la nonviolenza. Gesù cerca di far uscire il suo popolo dalla spirale della violenza. Questa riflessione porterà al documento *Beati i costruttori di pace*.

Purtroppo su questo la chiesa, le chiese non c'erano. *Beati i costruttori di pace* era un tentativo di rilettura radicale del sistema allora imperante, un sistema di morte. È stato davvero un lento processo quello che mi ha portato alla scelta nonviolenta, che si è radicalizzata ancora di più a Korogocho.

Quando da Korogocho vedi le guerre – e io ne ho vissute là quattro, quella del 1991 contro l'Iraq, quella in Bosnia del 1993, quella del Kosovo, cosiddetta "umanitaria", del 1999, e quella dell'Afghanistan del 2001 – in mezzo a tanta miseria umana, e vedi i soldi che buttiamo via in maniera assurda, ti viene il voltastomaco, ed è quello che è successo a me. Io avevo già maturato certe istanze sulla guerra e, data tutta l'esperienza a "Nigrizia", per me era inconcepibile che si ritornasse a utilizzare la guerra come strumento per risolvere i conflitti. Invece mi sono trovato già nel 1991 con una guerra tra le mani. Ricordo che l'avevo bollata in maniera molto, molto pesante. Perché? Avevo capito che ormai non c'è più possibilità di guerra giusta. E ho reagito con scritti, lettere, con interventi molto pesanti. Ero anche sbalordito che, mentre il papa era di una chiarezza estrema contro la guerra, la segreteria di Stato e la Conferenza episcopale italiana fossero di altro avviso. Poi mi sono meravigliato di come sia passato il concetto di "ingerenza umanitaria" nel Kosovo: non può esistere un intervento umanitario, la guerra è guerra, mi sembrava talmente ovvio, ed è per quello che sono sceso in campo in modo netto, chiedendomi come si potesse tornare così indietro. Che bello sentire oggi la voce del vescovo ausiliare di Sarajevo, Pero Sudar, affermare: "La guerra nella mia patria e le sue tragiche conseguenze mi hanno costretto a immaginare il corso della storia senza le guerre con cui si intendeva combattere le ingiustizie e abbattere i sistemi ingiusti. Riconosco di essere stato convinto anch'io che l'uso della violenza fosse utile e necessario quando si tratta della libertà dei popoli. Dopo aver visto e vissuto da vicino che cosa vuol dire guerra oggi, non la penso più così. Sono profondamente convinto, e lo potrei provare, che l'uso della violenza ha portato sempre un peggioramento. Oggi l'unica scelta della chiesa è la nonviolenza, perché questa è l'unica strada, magari lunga e sofferente, alla pace che viene garantita dalla giustizia".

La stessa cosa con la guerra contro l'Afghanistan. Qui c'è stato anche il voto del Parlamento italiano, che mi ha fatto tanto male. Come possono far quadrare questo voto con la costituzione italiana? Ma anche per il Kosovo arrivare al concetto di "ingerenza umanitaria" è una contraddizione in termini, come quella di "guerra preventiva". Non reggono da nessuna parte. A Korogocho, con tutta la riflessione che avevo fatto sulle armi e la guerra, trovarmi lì e sentire che dall'Italia, dall'Europa, dal mondo, veniva proclamata un'altra guerra... stavo di un male incredibile.

Ho sempre reagito con interventi pubblici rabbiosi, dettati dal fatto che, mentre hai davanti agli occhi un'incredibile sofferenza umana come Korogocho, vedi tutta l'assurdità di investire somme astronomiche in armi. Potremmo fare di questo mondo un piccolo paradiso terrestre, e lo stiamo rendendo un inferno terrestre.

Era talmente ovvio per me che la guerra non risolve più nulla. Non solo, ma che il cuore dell'economia sono proprio le armi. La maschera è caduta: spero che sempre più persone riescano a capirlo. Eppure quando ho preso quelle posizioni da Korogocho sono stato molto bersagliato, molto criticato come il solito inveterato pacifista. Ma quando vedi queste tragedie umane da Korogocho, le leggi da un'altra prospettiva. Ti fa un male boia vedere che l'uomo ritorna in continuazione all'assurdità della guerra quando dovrebbe già averla eliminata e resa tabù.

La mia lettura è così differente, per esempio, da quella di Oriana Fallaci. Non mi sarei mai aspettato che una giornalista che ha visto il mondo, che ha avuto la possibilità di conoscere altre realtà, altre culture, potesse arrivare a una posizione così assurda. Mi chiedevo come fosse possibile che una giornalista brava come la Fallaci potesse arrivare a tanto. La risposta che mi sono dato è che quando tu vivi, come lei, a New York, murata dentro il suo bell'appartamento – e il mondo lo leggi da lì ed è tutto in funzione di te stessa – è chiaro che vedi tutto il resto come una minaccia alla tua civiltà, alla tua razza, alla tua cultura, perfino alla tua religione, anche se lei non appartiene a un credo religioso.

Manhattan è la prigione della Fallaci. Il suo bozzolo. Non ho altre spiegazioni. Ho riascoltato il suo grido sul "Corriere della Sera" alla vigilia di Firenze... mamma mia, come si fa? Ma quando diventi prigioniero di quel mondo dorato e ti senti sotto attacco, ti difendi. Lei, alla sua età, rinchiusa nella sua tana, sembra un leone ferito che sente crollare il mondo attorno, e ruggisce. Dovrebbe invece cominciare a capire il mondo che le sta attorno. È un mondo assurdo, che permette al 20 per cento dei suoi abitanti di papparsi l'83 per cento delle risorse, lasciando al restante 80 per cento della popolazione le briciole.

Per il 60 per cento di poveri c'è solo il 15,6 delle risorse e per il 20 per cento più povero – oltre un miliardo di esseri umani – c'è appena l'1,4 per cento. È una cosa incredibile, se pensiamo che ogni vacca europea riceve 2,5 euro al giorno, ogni vacca americana 5 dollari, e ogni vacca giapponese 7 dollari! Il nostro è un sistema assurdo, che permette a pochi di avere quasi tutto, a spese di molti che muoiono di fame: ogni anno 30-40 milioni di persone muoiono di fame; nel 2001, 11 milioni di bambini sono morti per malattie meno gravi di un raffreddore. Tutto questo è reso possibile dallo strapotere delle armi. Nel 2002 gli Stati Uniti hanno speso 500 miliardi di dollari in armamenti. A questo bisogna aggiungere per gli Usa i 60 miliardi di dollari per rinnovare l'arsenale atomico, i 50-60 miliardi per costruire lo scudo spaziale, che ci dovrebbe costare sui 300 miliardi a lavori finiti, e infine gli 80 miliardi di dollari per la guerra contro l'Iraq.

È chiaro che la conseguenza di tutto questo sono le guerre, meglio, la "guerra infinita". Ci siamo spesi per la guerra contro l'Iraq, ma ne abbiamo oltre quaranta di conflitti aperti... Basti pensare alla guerra in Congo: in sei anni, quattro milioni di morti! Chi ne parla? Da qui si capisce come i mass media, dalla carta stampata alla telematica, sono nelle mani di pochi potentati finanziari. Negli Usa sono una decina, in Italia il 95 per cento è nelle mani di Berlusconi, il resto...

Non possiamo aspettarci notizie. I mass media sono parte integrante del sistema economico-finanziario: sono anch'essi merce e producono merce che serve al sistema. Quand'è che ci renderemo conto che si tratta di un sistema che deve essere rimesso radicalmente in discussione? E che la militarizzazione è parte integrante di questo sistema? E che le armi servono a mantenere i privilegi di pochi con la pancia piena?

Ci siamo cacciati in un vicolo cieco! Questo sistema è pagato dall'ambiente. Gli esperti ci dicono che il pianeta non può più reggere il ritmo forsennato dei nostri consumi. Sono in molti a dirci che abbiamo cinquant'anni per cambiare. Poi sarà troppo tardi. Se tutti a questo mondo vivessero come vive il 20 per cento ricco, avremmo bisogno di quattro pianeti terra per risorse e quattro pianeti terra come pattumiera dove buttare i nostri rifiuti.

Io penso che è giunto il momento per l'umanità di rendere la guerra e la violenza tabù. Il gene della guerra e della violenza ci è sfuggito dalla bottiglia dove i poteri costituiti in nome di Dio lo tenevano rinchiuso. Il gene della violenza è ormai fuggito, e non c'è nessun potere che potrà rimetterlo nella bottiglia. E questo gene è oggi di una violenza distruttiva inimmaginabile: basti pensare che abbiamo abbastanza bombe atomiche al mondo da farlo saltare per aria quattro volte! Ecco perché se vogliamo salvarci oggi la scelta della nonviolenza attiva è l'unica scelta possibile. Secondo, diventa fondamentale il rifiuto radicale della bomba atomica. È la negazione dell'umano, è l'espressione del potere demoniaco che è entrato nell'umanità. Per i credenti dovrebbe diventare un motto inequivocabile: "O Dio o la bomba". "Dio o la bomba?" gridava il giornalista tedesco Franz Alt all'Arena di Verona il 4 ottobre 1986. "Questo," continuava, "è il grande esame di intelligenza per l'umanità nell'era nucleare.

Tanti vescovi e tanti cristiani rispondono: 'Dio', ma è alla bomba che molto di più si affidano. Gesù pretende un netto 'sì' o un netto 'no', esige da noi chiarezza e non delle chiacchiere diplomatiche e politiche quando si tratta dell'esistenza di tutto il creato."

Dobbiamo iniziare a dire che, dopo il lampo di Hiroshima, non ci sono più guerre giuste. Giovanni Paolo II è stato durissimo sulla guerra all'Iraq. Questo deve ora diventare magistero della chiesa, contro tutte le guerre. Sarebbe importante ora una dichiarazione comune di tutte le chiese contro la guerra, contro le armi. Dobbiamo dire no al riarmo e sì al *disarmo* partendo dai nostri comuni, fino a... Non abbiamo altra scelta!

Dobbiamo avere il coraggio di dire no alla Nato. A che cosa serve ora? Helen Caldicott, nel suo studio *The New Nuclear Danger*, sostiene che lo sforzo di portare l'Est europeo nella Nato è una grossa operazione militare per forzare i paesi dell'Est a rifare tutti i loro strumenti bellici sui modelli occidentali (altri investimenti in armi!). Dovremmo iniziare a dire: "Fuori l'Italia dalla Nato!". Era quanto sosteneva il grande Dossetti insieme a La Pira e Lazzati (la "Comunità del Porcellino"). Ho potuto vedere don Giuseppe Dossetti solo un mese prima della sua morte: stava troppo male perché gli facessi delle domande. Volevo chiedergli perché aveva rotto con la Dc e De Gasperi. I suoi monaci mi dicono che la rottura è avvenuta sulla Nato: Dossetti voleva tenerne fuori l'Italia. Siamo allora in buona compagnia! Se vogliamo rimettere in discussione un sistema che ammazza e uccide, non ci rimane che fare delle scelte ben precise.

## La nonviolenza funziona?

Ci viene rimproverato che la nonviolenza è inefficace: senza la forza delle armi non sarebbero mai stati sradicati dittatori come Saddam e Milošević. È chiaro che se si aspetta l'ultimo momento non si può fare nulla. Come mai ci si preoccupa e si interviene quando siamo al limite? Dov'eravamo prima? In situazioni come queste la miglior cura è proprio la prevenzione. Cioè portare alla luce le condizioni di ingiustizia, di oppressione, di dittatura perché possano essere redente, possano trovare soluzioni, altrimenti la guerra è inevitabile. Ma come?

È chiaro che questo richiede che ci sia un'autorità internazionale che possa intervenire. Ed è chiaro che l'Onu è paralizzata. Serve un'Onu dei popoli, un'Onu democraticamente eletta e operante, che sia messa in grado di prendere decisioni, di intervenire, di aiutare determinate situazioni a evolvere. Non si può andare con l'idea di imporre la democrazia o i diritti umani. Bisogna aiutare le comunità, che per molte ragioni hanno sofferto e stanno soffrendo, a evolvere. Ma devono essere aiutate dall'interno, coadiuvate da interventi stile Onu, con azioni indipendenti e neutre, per favorire la crescita, dal di dentro, di un popolo.

È quello il livello da dove iniziare un'operazione. Invece non abbiamo fatto altro che favorire tutte le più grosse dittature. Gli Stati Uniti hanno lottato contro l'Iraq per imporre la democrazia e per sbarazzarsi di una dittatura, eppure siamo stati noi che abbiamo mantenuto le peggiori dittature del mondo per anni e anni, da Mobutu a Videla a Pinochet, gente che ha commesso crimini incredibili. L'azione nonviolenta è solo agli inizi. Per il "genio" militare abbiamo speso secoli di ricerca e di soldi. Quand'è che inizierà a funzionare un "genio civile"? Il problema è sempre lo stesso: vogliamo fare business anche della guerra e troviamo tutte le maniere per farlo.

Ho detto nonviolenza, ma anche sui termini c'è un vero guazzabuglio. È vero quello che ha affermato l'arcivescovo Renato Martino, del Pontificio consiglio per la giustizia e la pace, che il papa non è pacifista. Non lo sono neanch'io! Ma il papa e la chiesa devono ancora scegliere l'opzione per la nonviolenza attiva. Per capirla, guardiamo a chi l'ha inventata, Gesù. Cos'ha fatto Gesù, nella situazione gravissima in cui è vissuto? È incredibile che la chiesa cattolica e le chiese continuino a dire che la nonviolenza attiva è stata inventata da Gandhi. Oggi gli studiosi dicono che Gandhi l'ha copiata da Gesù! E Gandhi ha continuato a ripeterci che l'ha imparata dai Vangeli.

Gesù aveva avvertito la violenza del sistema economico romano e ne aveva visto i frutti amari in Galilea. Aveva visto che il suo popolo stava reagendo violentemente alla violenza strutturale, economica, dell'Impero. Gesù ammoniva il suo popolo: "Se farete la guerra contro Roma, sarà la fine". Per Gesù era la fine di un mondo, del suo popolo.

Quella della guerra non era la strada per andare avanti. Per Gesù la strada giusta è rimettersi prima di tutto in piedi, rifiutare di essere schiacciati dal sistema, ritrovare la propria dignità, ritrovare se stessi e, rifiutando la logica perversa della violenza, tentare tutte le strade per ottenere i propri diritti. Nonviolenza è credere che tu, mettendoti insieme ad altre persone, puoi cambiare la realtà, non attraverso la via della violenza ma attraverso mille vie nonviolente che inventerai. Gesù ha inventato le sue nel particolare momento che viveva, e ci invita a fare altrettanto oggi. Il che richiede, naturalmente, tutta una spiritualità. Non è uno scherzo; basterebbe leggere, a livello italiano, Aldo Capitini, per vedere quanta importanza dia alla spiritualità. Quando parlo di spiritualità parlo di spiritualità profondamente ecumenica. In Gandhi, in Martin Luther King, c'è una profonda spiritualità che ti aiuta ad acquistare fiducia in te stesso, a credere che ce la puoi fare, che ce la possiamo fare mettendoci insieme. Non c'è scampo: violenza chiede violenza, sangue domanda sangue. E non serve dire no, non voglio la guerra, se poi me ne sto tranquillo a casa. No! C'è una bella differenza tra pacifismo e nonviolenza. Oggi viviamo in un sistema profondamente violento, essenzialmente violento, patriarcale e maschilista, da cui dobbiamo uscire per approdare a una civiltà della tenerezza.

## La nonviolenza attiva di Gesù

Torniamo a Gesù. Viveva in una situazione estremamente difficile. La Galilea sperimentava un'oppressione romana spaventosa: questo – è la lezione che ho imparato a Korogocho – rende i poveri diffidenti l'uno dell'altro. Per questo diventa difficilissimo metterli insieme. La prima cosa che dà speranza alla gente è l'unione che fa la forza. Diventa fondamentale aiutare la gente a capire che il tuo fratello o il tuo vicino non è il tuo "nemico": "Riconciliati in fretta con tuo fratello, prima che..." e insieme dovrete poi impegnarvi contro il grande avversario, il sistema, dice Gesù ai discepoli (*Matteo* 5, 25).

"Se qualcuno ti leva il mantello, lasciagli anche la tunica" (*Luca* 6, 29). Gesù parlava a dei contadini della Galilea, schiacciati sotto il tallone dell'imperialismo economico romano. La gente portava una sottoveste (tunica) di lino o lana, e una "sopravveste" (mantello di lana o coperta). Un contadino indebitato fino al collo che non riesce a pagare il suo debito è portato in tribunale dal creditore (*Matteo* 5, 40). Cos'è che Gesù consiglia ai contadini impoveriti? Consiglia di dare anche la sottoveste. Significa uscire dal tribunale nudi. Pensate al creditore, con la sopravveste (mantello) in una mano e la sottoveste nell'altra. Il povero non può vincere la causa, ma denudandosi riesce a evitare di essere umiliato. "Vuoi la mia sopravveste? Ecco, prendi tutto. Ho solo il mio corpo. Vuoi pignorarmi anche questo?" La nudità era tabù in Israele. Il debitore fa della nudità una protesta profetica contro un sistema oppressivo. E quando il debitore esce nudo dal tribunale, provate a pensare alla squadra della poveraglia che lo segue! È la protesta dei poveri! È così che lo spiega Walter Wink, biblista americano, nel suo studio ora tradotto in italiano *Rigenerare i poteri*: "Immaginiamolo mentre lascia il tribunale, nudo. I suoi amici e vicini, stupefatti, gli si avvicinano per chiedergli cosa è mai accaduto. Lui glielo spiega. Si forma presto una processione sempre più nutrita che pian piano si muta in un corteo di vittoria. L'intero sistema che opprime i piccoli proprietari indebitati è stato smascherato pubblicamente. Il creditore non è apparso più come un legittimo prestatore di denaro, ma come uno di quelli che hanno voluto portare alla rovina un'intera classe sociale, in passato del tutto autosufficiente. Questo smascheramento, si aggiunga, non è di carattere esclusivamente punitivo: offre allo stesso creditore una chance di rendersi conto, forse per la prima volta, dell'iniquità del sistema a cui presta il suo appoggio ed, eventualmente, di pentirsi".

"Se uno ti percuote la guancia destra, tu porgigli anche l'altra" (*Matteo* 5, 39). Anche qui è importante capire quello che avviene. Per dare uno schiaffo sulla guancia destra, bisogna usare il manrovescio. È quello che un padrone faceva con lo schiavo, era un segno di disprezzo. Gesù intendeva dire: tu hai la tua dignità, non sei uno schiavo, porgigli l'altra guancia e costringi il tuo padrone a schiaffeggiarti così, da pari a pari, con il palmo della mano. Il padrone non lo farà mai, perché vuol dire mettersi alla pari con te. Erano tutti metodi per aiutare la gente a rimettersi in piedi, a ritrovare dignità, a capire che il nemico non è tuo fratello, a mettersi insieme, a darsi da fare per avviare il cambiamento.

Uno dei momenti fondamentali della vita di Gesù è la marcia verso Gerusalemme. Ma la marcia su Gerusalemme è essenzialmente quello che Martin Luther King ha fatto quando ha deciso di andare dall'Alabama a Washington con centinaia di migliaia di persone. Con Gesù invece erano quattro gatti, dei poveracci della Galilea, ma era una vera e propria marcia. Per fare che cosa? Quello che ha fatto anche Martin Luther King: portare nel cuore del sistema le istanze dei poveri. Portare a Gerusalemme, portare a Washington le istanze dei poveri! E quando arriva a Gerusalemme, tutti si aspettano che questo profeta della Galilea dia un segno forte, come segnale della rivolta contro Roma... Bastava che fosse entrato montando un cavallo, e sarebbe stata la rivolta contro l'Impero. Gesù entra su un asino (un teatro popolare di strada, per di più nonviolento!). Vi immaginate Berlusconi che entra a Roma su un asino? È stato per Gesù uno dei momenti di più forte tentazione (la via del potere, della lotta armata!). Come diventa vero qui quel "fu tentato da Satana".

Gesù non è la "vittima" che si offre come "agnello immolato", ma dai Vangeli appare chiaro (basta un attimo di attenzione) che Gesù usciva tutte le sere da Gerusalemme e si nascondeva fuori della città in un luogo segreto, che solo lui e gli intimi conoscevano. Di giorno ritornava poi a Gerusalemme, quando non lo potevano arrestare dato l'appoggio del popolo di cui godeva. Gandhi aveva capito molto bene le tecniche nonviolente di Gesù. Poi è andato avanti a inventare le sue.

Non dimentichiamo quello che René Girard ci dice di quella croce, di quella "vittima" del Golgota. Girard, vero genio dei nostri tempi, ci ricorda che il Vangelo è il primo testo religioso al mondo dove la "vittima" (Gesù crocifisso) è innocente. Secondo Girard in tutte le culture una vittima è vittima perché è necessariamente colpevole. Con Gesù è differente. Questo smaschera il meccanismo del capro espiatorio, meccanismo fondante della violenza! Ogni sistema, direbbe Girard, è basato sul mito, sulla bugia del capro espiatorio.

Gesù costituisce qualcosa di radicalmente nuovo. Se la chiesa fosse capace di proclamare dogma di fede che è Gesù che ha inventato la nonviolenza attiva, avremmo una rivoluzione incredibile. Al momento della storia umana in cui siamo arrivati, con la violenza inaudita che ci circonda, la chiesa non può che proclamare il Vangelo di pace, quel Gesù che ha rifiutato il ciclo della violenza e che ha inventato come risposta la nonviolenza attiva. Oggi non si può più rispondere alla violenza con la violenza. O sarà la fine. "Oggi, dopo il lampo di Hiroshima, non è più possibile difendersi con la guerra" affermava Tonino Bello. "L'esplosione atomica è lo spartiacque nella storia della specie umana, ha posto fine per sempre alle regole del vecchio realismo politico degli stati sovrani, secondo cui, per dirimere i conflitti, diventa indispensabile l'uso della forza. Da quel tragico fungo nucleare fiorito il 6 agosto 1945 è finita l'epoca della guerra giusta e nulla può essere più come prima, ogni guerra è diventata iniqua."

Quando diciamo che è Gesù che ha inventato la nonviolenza attiva, non è una cosa da poco. La domanda allora è: e le comunità cristiane cosa ne hanno fatto? Per i primi tre secoli dell'era cristiana la chiesa è rimasta fedele a quell'insegnamento e diceva agli uomini che si presentavano per il battesimo: "O l'esercito o il battesimo". Poi, quando la chiesa divenne religione dell'Impero, tutto cambiò. Per secoli la chiesa ha abbandonato l'insegnamento di Gesù. Da quando è diventata religione civile abbiamo benedetto quasi tutto, fino ad avere cappellani militari, pagati e con stellette, dentro l'esercito. Per un cambiamento radicale la chiesa dovrà smettere di essere religione civile degli imperi e degli stati, e tornare a essere coscienza critica, come il Vangelo chiede.

"I cristiani sono chiamati a riscoprire tutta la forza della pace evangelica e testimoniarla semplicemente e radicalmente in primo luogo come tratto qualificante della loro esperienza ecclesiale" ha detto il teologo siciliano Giuseppe Ruggieri al Pontificio Ateneo Sant'Anselmo di Roma, nell'aprile di quest'anno, nel corso di un seminario sulla nonviolenza. "Come ogni fatto della storia, la congiuntura attuale, che è inestricabilmente economica, culturale, religiosa, politica, è davanti a noi in benedizione e maledizione al tempo stesso. Dipende dalla nostra libertà, e dalla vitalità della nostra fede, che essa vada in un senso o nell'altro. Se le chiese porranno al centro della loro vita di fede il Vangelo della pace, esse potranno mutare in benedizione ciò che avviene. Altrimenti, al di là di ogni proclamazione di principio, esse saranno coinvolte in una storia di sangue e di maledizione." E così concludeva Ruggieri il suo pregnante intervento: "Fa parte della 'bella testimonianza di Cristo' il fatto che essa sia stata resa 'di fronte a Ponzio Pilato' (1Timoteo 6, 13), cioè al potere di questo mondo, e mai in un qualsiasi legame di integrazione o mediazione con questo potere. Pilato sta qui per tutti i governatori di questo mondo. Il fatto che il credo della chiesa abbia inserito il nome di Pilato al suo interno non è frutto di pura reminiscenza storica del processo di Gesù, ma traduce il senso del martirio, della testimonianza cristiana dei primi secoli. Essa si regge sulla convinzione che il potere dei regni di questo mondo non è integrabile nella *exousia* (il potere) del Crocifisso risorto. E la testimonianza di questa *exousia* implica quindi il mantenimento della differenza tra la pace cristiana e le varie reincarnazioni della pax romana, fino a quella attuale della pax americana". Dopo avere ammonito che se si ammettono eccezioni alla teologia della pace per "un perseguimento del diritto tramite il conflitto armato e la legge del più forte", allora "l'evento cristologico" viene di fatto "confinato nell'interiorità", Ruggieri rilancia infine la proposta che la pace "divenga un articolo *stantis et cadentis ecclesiae*", ossia un articolo di fede sul quale si gioca la "visibilità stessa della comunione di fede della chiesa", alla stregua dei grandi dogmi.

Arrivare a questo richiederà una vera conversione da parte della chiesa, che è convocata dai segni dei tempi a ritornare al Vangelo, a proclamare che è Gesù di Nazaret ad aver inventato la nonviolenza attiva. Ciò significa che la chiesa dovrà ritornare a quel "o battesimo o esercito", all'obiezione di coscienza, al ritiro dei cappellani militari dalle forze armate, al no alla bomba atomica ("o Dio o la bomba"). Ma tale scelta significherà anche una profonda purificazione teologica. Se affermiamo che è stato Gesù a inventare la nonviolenza attiva, allora diventa chiaro che non possiamo più pensare e parlare di Dio in termini di violenza, di un Dio che usa la violenza, che castiga, che punisce... Tutto questo richiede un serio ripensamento della nostra teologia, del linguaggio che usiamo. Richiede anche di iniziare a riconsiderare il nostro linguaggio sacrificale, che può riportare le comunità cristiane nelle spirali della violenza e del capro espiatorio. Il Dio di Gesù è il Dio della vita, dell'amore, della nonviolenza.

Io ritengo che in Gesù c'è qualcosa di radicalmente nuovo. Il Vangelo di Giovanni lo traduce nella parola Amore: che ha preso carne e ha messo la sua tenda in mezzo a noi. Infatti in Giovanni la scelta è netta, tra due paternità, quella del *diabolos* che ha come figlio Caino (la vendetta, l'odio, l'omicidio) e quella dell'*Abbà*/Papà che ha come figlio Gesù (l'Amore). Bisogna scegliere fra le due! Per René Girard tutte le società umane, tutti gli imperi (ed è un'immagine presente anche in Giovanni) sono essenzialmente violenti. Poiché la loro pace è costruita sulla violenza, hanno come padre il diavolo. L'esperienza alternativa è un'altra cosa, l'*Abbà* ha un figlio, e *simbolo* di Gesù è l'amore. È questa l'intuizione profonda di Giovanni, che non fa che ritradurre in chiave teologica, cinquant'anni dopo, quella che era stata l'intuizione di Gesù. Per questo ritengo ancor più importante l'ipotesi del biblista americano Wes Howard-Brook nell'*Impero svelato*, secondo il quale il "piccolo libro", di cui parla l'*Apocalisse* al capitolo 10 e che contiene la "rivelazione del Mistero di Dio", indica che l'unica via aperta all'umanità è quella della nonviolenza, il grande dono di Gesù. Quel "piccolo libro" aperto è il Vangelo della nonviolenza attiva. Un'ottica, questa, che ci permette di leggere l'*Apocalisse* con ben altri occhi!

In Italia abbiamo tutto un filone, teologico come laico, da Capitini a Danilo Dolci, da Lorenzo Milani a Primo Mazzolari. E non posso dimenticare due grandi della cultura di pace: Ernesto Balducci e David Maria Turoldo, due amici con i quali ho camminato insieme. Balducci è stato per tutti un faro. Ricordo la prima volta che sono stato costretto a fare un dibattito con lui a Fiesole, nel 1985. "Mi vergogno di essere qui, accanto a te" gli dissi timidamente. Mi sentii quella sua manaccia sulla spalla: "Parla!". E mi porse il microfono. Ne nacque un'amicizia che sentii tanto, soprattutto a Korogocho. E lo stesso fu con Turoldo, che conobbi a Sotto il Monte agli inizi degli anni ottanta, quando chiese di vedermi per consegnarmi le sue poesie scritte in Uganda, dove era andato ospite dei comboniani, e che pubblicammo su "Nigrizia". La sua straordinaria umanità così calda l'ho spesso sentita in quegli anni difficili per lui, per noi. Lo riabbracciai all'Arena di Verona nel 1991 quando, già distrutto dal cancro, volle presentarsi all'incontro di Beati i costruttori di pace, un'assemblea di oltre ventimila volti. "E se la politica non serve all'uomo," tuonò levando quella mano scarnificata, "all'inferno la politica!"

Due nomi che si sono davvero impegnati a costruire una cultura di pace, e con il vescovo Tonino Bello fanno un trittico contemporaneo di grande rilevanza. Tutti e tre si sono ritrovati in quella lettera aperta ai parlamentari italiani che Tonino Bello ha scritto il 16 gennaio 1991: "Come cristiani ci sentiamo in dovere di ricordare, senza operazioni di sconto, che uccidere è sempre un gesto immorale e contrario al Vangelo. Lo diciamo a voi per primi. Osiamo sperare che questa convinzione, che parte non solo dalla logica delle beatitudini ma anche ormai dalle viscere della terra e dalle conquiste della civiltà, verrà assunta responsabilmente da voi. Risparmiateci, vi preghiamo, la sofferta decisione, quale *extrema ratio*, di dover esortare direttamente i soldati, nel caso deprecabile di guerra, a riconsiderare secondo la propria coscienza l'enorme gravità morale dell'uso delle armi che essi hanno in pugno".

## Personale/Strutturale

Ho riflettuto a lungo sulla situazione gravissima in cui viviamo e sulle responsabilità personali – perché in fondo se noi viviamo quello che viviamo è perché ognuno di noi lo vuole. Eppure non ce ne rendiamo conto.

Il papa quest'anno, nel discorso del 13 gennaio al corpo diplomatico, ha fatto uso per la prima volta dell'immagine del bozzolo: "No all'egoismo!" ha esclamato. E poi: "No a tutto ciò che spinge l'uomo a rifugiarsi nel bozzolo di una classe sociale privilegiata o di una cultura di comodo che esclude l'altro". Siamo tutti prigionieri del bozzolo, della nostra classe sociale, delle nostre esperienze religiose, della nostra ideologia. Gli psicologi dicono che al 90 per cento l'uomo alla nascita è predeterminato: al 90 per cento! Quindi, più riesci a rompere l'involucro di questo bozzolo, più diventi uomo: più diventi libero. Ma questo è esattamente ciò di cui l'uomo ha più paura: la libertà. C'è in noi una forte tendenza alla schiavitù, perché abbiamo paura di quel che c'è fuori, non sappiamo dove la libertà ci può portare. Abbiamo paura della libertà, amiamo la schiavitù!

Il Vangelo di Giovanni esprime molto bene il concetto di bozzolo nell'immagine del "mondo", che noi tradurremmo oggi come sistema. E in quella delle tenebre, della cecità. L'eroe di Giovanni è il cieco nato che riesce lentamente a vedere, non solo fisicamente ma dentro: sa leggere la realtà. È la grande sfida che ci attende tutti. E allora capiamo quanto è difficile la costruzione di un'alternativa. Essendo noi prigionieri di questi bozzoli, di questi sistemi... non è facile vedere oltre.

Una cosa chiara è che il punto di partenza deve necessariamente essere la persona. E qui il Vangelo e la chiesa hanno ragione di insistere che una conversione si può dare solo in chiave personale. Il bene non può essere imposto, fosse pure da talebani o da preti. Diventerebbe dittatura del bene. È dal di dentro dell'uomo che deve scattare un meccanismo in grado di aprirgli gli occhi e di fargli fare un salto di qualità. La conversione non è solo l'adesione a certe formule dogmatiche, ma fondamentalmente – direbbe Giovanni – uscire dalle tenebre per venire alla luce. Giovanni infatti non parla di "dire" la verità, ma di "fare" la verità!

Ma qui ci scontriamo con il problema che oggi ci appare insormontabile: io mi converto, sì, a dei valori, ma devo subito rendermi conto che sono prigioniero di un bozzolo, di una struttura, di una società, che ha ben altri valori. E allora? Come fare? Finché rimango nel mio bozzolo, "convertito", con tutti i miei valori, non succede assolutamente nulla. Anzi. Il bozzolo intorno a me mi riporterà a essere esattamente quello che ero prima, anche senza che me ne accorga. Non si scappa. A meno che io non mi impegni a far passare questi valori nell'ambito antropologico, culturale, familiare, politico, economico... O questi valori, cioè la conversione, diventano, attraverso l'azione, società, economia, cultura, o non succederà un bel nulla.

L'ho chiesto anche a psicologi, psichiatri, professori universitari: perché non vi mettete a studiare a fondo questo passaggio dal personale al sociale – come esso avviene o non avviene –, dal personale allo strutturale, all'economico, al sociale? Non ho praticamente visto ricerche serie sull'argomento. Tutti quanti stiamo ancora balbettando.

Guardiamo ai detti di Gesù sull'economia. Non è scontato che il giorno che si decidesse di prendere sul serio il Vangelo tutti lo metterebbero in pratica. Ma badiamo allo sforzo che la chiesa ha profuso nel campo della sessualità. A partire da tre detti di Gesù sul matrimonio e sul sesto comandamento, la chiesa è stata molto dura e ha costruito una teologia morale estremamente esigente. Non contesto nulla. Anzi, in una situazione come quella odierna, dove non vendi più nulla senza un corpo nudo di donna a fianco del prodotto, può essere profezia anche la durezza della moralità sessuale cattolica.

Ma perché allora non fare altrettanto in campo economico? A questo riguardo abbiamo un'infinità di detti di Gesù, e di una radicalità incredibile. È Gesù che ha detto: "O Dio o Mammona. Non si possono servire due padroni". È ancora Gesù a dire a quel ricco: "Va', vendi quello che hai, dallo ai poveri...". Sono stati attualizzati per i frati – che sono poi quelli che meno li osservano – ma le chiese non hanno mai elaborato un serio tentativo per tradurli in esigenze etiche per tutti. Il teologo Enrico Chiavacci li riassume in due comandamenti: "Primo: non arricchire. Secondo: se hai, hai per condividere". Basterebbe che la chiesa traducesse questi comandamenti – che non sono *consigli* evangelici! – come ha fatto con la morale sessuale, e ne verrebbe fuori una rivoluzione, anche se non è detto che poi i cattolici li osserverebbero – questa è un'altra cosa. Però è importante che il magistero, come ha fatto con la sessualità, faccia con l'economia. Anche stilando una casistica, proprio come con la sessualità: se abortisci; se prendi la pillola... A una donna che prende la pillola devo dire, secondo l'insegnamento papale, che non può fare la comunione; invece a un uomo che ha i miliardi in banca... che va bene così, perché quelli son soldi suoi! Ha ragione chi ci rimprovera di essere dei moralisti, solo interessati al campo della sessualità. È gravissimo.

Quanti giovani non fanno di tutto, finita l'università, per trovarsi un lavoro che renda più soldi possibile? Ciò significa porre una vita all'insegna del peccato, eppure non troverai mai nessuno che venga a confessarsi di questo: che è il vero peccato mortale, perché pone tutta la vita sotto l'egida del dio denaro, di Mammona. E poi tutti gli investimenti speculativi, i giochi in Borsa, la cultura dell'Enalotto e del Bingo... Tutto questo mondo economico-finanziario è come se non esistesse, per la chiesa. La conversione è allora qualcosa di squisitamente intimista? Allora il Vangelo non inciderà mai sulla realtà?

## Trasformazione sociale

Poche persone che io conosco hanno riflettuto così seriamente sui comportamenti sociali come Denis Hurley quand'era arcivescovo di Durban, in Sudafrica. Il sistema dell'apartheid entro cui viveva lo ha costretto a ragionare con forza sui comportamenti sociali. "Sembrerebbe che i comportamenti sociali siano responsabili della maggior parte del male che imperversa nel mondo, male grande e disastroso eppure non imputabile, se ben analizzato, a individui o, se lo è, a molto pochi" scriveva Hurley. "Se pensiamo al grande male fatto dal colonialismo, dal capitalismo, dal nazismo, dal fascismo, dal comunismo... possiamo ben chiederci quanti professionisti hanno veramente peccato in senso morale. Quasi sempre essi erano motivati da comportamenti sociali. Ciechi e paralizzanti comportamenti sociali. Non intendiamo con questo negare la colpa personale. Ma quando consideriamo il vasto accumularsi di male sociale, non possiamo non essere colpiti dalla sproporzione tra la causa in termini di genuina e personale scelta e decisione, e le dimensioni catastrofiche dell'effetto in termini di male sociale."

Ma allora la grande domanda è: come è possibile tutto questo? "Quando un uomo è socializzato nelle abitudini di un gruppo, queste abitudini formano una specie di sistema nervoso che ne regola il comportamento. La sua libertà di scelta è severamente ristretta dai limiti della sua consapevolezza, e la sua consapevolezza è profondamente condizionata dalle abitudini sociali. È possibile crescere fino alla maturità e oltre in una società che vive e prospera sull'ingiustizia come fa la società bianca del Sudafrica, senza mai diventarne consapevoli. È possibile far parte di un grande sistema di male senza mai saperlo. E tutto a causa dei comportamenti sociali."

Parole di un vescovo che ha pagato sulla sua pelle quello che scrive nella sua resistenza al sistema dell'apartheid. È chiaro che "i comportamenti sociali producono istituzioni, e le istituzioni a loro volta perpetuano i comportamenti. In questo circolo vizioso le istituzioni cattive sono insieme effetto e causa dei comportamenti cattivi". È fondamentale quello che afferma a questo riguardo uno dei teologi africani più noti, l'amico tanzaniano Laurenti Magesa: "La peggior specie di peccato, di fatto l'unico 'peccato mortale' che ha reso schiavo l'uomo per la maggior parte della sua storia, è il peccato istituzionalizzato. Nell'istituzione il vizio sembra virtù, o è di fatto considerato tale. Si suscita così apatia verso il male, ogni riconoscimento del peccato è totalmente cancellato, istituzioni peccaminose vengono assolutizzate, quasi idolatrate, e il peccato diventa mortale in modo assoluto. Nella Sacra scrittura il presupposto per il pentimento (come lo è fortunatamente anche nel catechismo) è il riconoscimento e l'ammissione della colpa. Ma il riconoscimento del male, e perciò il pentimento per il peccato, è reso praticamente impossibile quando il peccato è idolatrato come istituzione".

E la chiesa, le chiese, sono a volte parte integrante di questa struttura di male. Un esempio è proprio il Sudafrica, dove le chiese hanno vissuto dentro un sistema di peccato senza il coraggio di dire che era peccato! Solo nel 1991 (dopo il crollo dell'apartheid) le chiese hanno avuto il coraggio di affermare che l'apartheid è peccato. Le domande che pone il vescovo Hurley, ancora vivo e vegeto a Durban, sono fondamentali per la chiesa. "È possibile elaborare una prassi pastorale che renda i cristiani capaci di trattare con l'establishment politico che è responsabile di ingiustizia, e che rimane cieco e ostinato sulla sua posizione? Niente può essere più granitico dei comportamenti sociali che sono la fossilizzazione del potere e della ricchezza. È la rivoluzione l'unica via per spezzare il granito? O è possibile trovare un metodo cristiano per dissolvere i comportamenti sociali dei gruppi dominanti?"

Domande pesanti come macigni. Abbiamo già risposto che non c'è via sulla strada della violenza. Le chiese sono convocate oggi dalla storia a portare l'attenzione sulla dimensione sociale del Vangelo. Ha ragione Hurley quando conclude: "Scopo della chiesa è operare con Cristo nella trasformazione dell'umanità. Questa trasformazione, come tutto ciò che coinvolge l'uomo, ha due dimensioni: quella personale e quella sociale. Nella vita della chiesa fino a oggi si è prestata molta attenzione alla dimensione personale, è giunto il momento ora di dedicarsi nella stessa misura, e possibilmente anche di più, alla trasformazione sociale".

È una sfida immane, ma fondamentale per l'oggi e soprattutto per il domani. Quando ho incontrato a Johannesburg il più grande teologo del Sudafrica, il domenicano Albert Nolan, gli ho chiesto: "Ma perché è così difficile per la chiesa arrivare oggi a dire che questo sistema economico-finanziario è un sistema di peccato?". Nolan sorridendo mi disse: "Alex, ma se ci sono voluti tre secoli per le chiese per arrivare a dire che il sistema dell'apartheid è peccato, di quanti secoli avrà bisogno la chiesa per arrivare a dire che tutto questo sistema economico-finanziario è peccato?".

# Verso un nuovo Concilio

Dopo Giovanni XXIII e Paolo VI, la sensibilità al tema della pace ha caratterizzato sempre più anche il magistero di Giovanni Paolo II, che ha preso ancora maggior forza a partire dal crollo del Muro di Berlino.

Ero in piazza San Pietro quando è stata annunciata la sua elezione. Nella parte iniziale del pontificato ebbi subito la percezione netta che il nuovo papa avesse come politica fondamentale l'abbattimento del comunismo a Est (lo conosceva bene e conosceva i disastri fatti in quei paesi). Per questo negli anni ottanta il Vaticano ha lavorato molto con gli Usa sotto la presidenza Reagan per far saltare il comunismo nell'Est. Ciò è stato pagato dalle chiese del Sudamerica e in particolare del Centroamerica (Nicaragua, El Salvador, Guatemala). E in Occidente chi poneva il problema della pace, del Vangelo della pace, delle armi, del nucleare, veniva tacciato di essere comunista.

Il crollo del comunismo all'Est ha liberato il papato per un compito mondiale. Dopo la caduta del Muro di Berlino, il papa era convinto che stesse per fiorire una nuova primavera di pace. Il che purtroppo non è avvenuto. Sull'onda del tracollo dell'Est non è venuto nulla di nuovo. È chiaro che Gorbaciov, influenzato da Gandhi, aveva lanciato una grande sfida all'Occidente per uscire dalla spirale della violenza atomica. È in quel momento che la chiesa, le chiese, avrebbero dovuto rispondere alla grande, rifiutando l'atomica e il militare. Invece non è accaduto. C'è stata un'incapacità di leggere in profondità il sistema economico mondiale e i disastri che stava producendo. L'enciclica *Centesimus annus*, due anni dopo il crollo del Muro di Berlino, è un documento piuttosto morbido, un passo indietro rispetto alla *Sollicitudo rei socialis* del 1987.

Negli anni novanta, tra la prima e la seconda guerra all'Iraq, è un pontefice che comincia a capire i danni prodotti all'Est dal

capitalismo selvaggio: consumismo, degrado sociale, povertà...
E abbiamo allora un papa sempre più critico del sistema, sempre più critico dell'Occidente. Condannerà la prima guerra all'Iraq, cosa che la segreteria di Stato si è ben guardata dal fare, mentre la Conferenza episcopale italiana si è defilata. La guerra della Iugoslavia e del Kosovo, Giovanni Paolo II l'ha appoggiata invece come "ingerenza umanitaria". Sull'Afghanistan ha mandato una sorta di messaggio cifrato, quel documento del 1 gennaio 2002 in cui diceva: "Non c'è pace senza giustizia e non c'è giustizia senza perdono". La logica è quella del perdono e non della vendetta. (E quindi no alla guerra all'Afghanistan, ma non l'ha detto apertamente.) Mentre quando scoppia il caso Iraq, il papa ha capito che deve prendere una linea dura. Qui il papato secondo me sta facendo fare per la prima volta alla chiesa un salto di qualità. È vero che il pontefice non ha mai condannato la guerra in sé, sono stati Jean-Louis Tauran, il "ministro degli Esteri" vaticano, e Renato Martino, alla guida del Pontificio consiglio per la giustizia e la pace, che l'hanno chiamata "crimine", lui non ha mai usato questa parola. Però è stato molto pesante, chiaro. È la prima volta che questo avviene, secondo me perché ha cominciato a leggere in profondità il sistema. C'è solo da augurarsi che la profezia personale del pontefice diventi magistero della chiesa. E che la chiesa assuma la proclamazione della pace come parte integrante del Vangelo.

Ma, mentre sul fronte esterno Giovanni Paolo II è stato molto politico, e bisogna dargli atto di gesti estremamente coraggiosi, all'interno è stato molto ortodosso, favorendo il centralismo romano. Ne hanno sofferto le chiese locali, che non sono cresciute. Questo ha salvato l'unità della chiesa, ma ha soffocato tantissime realtà che stavano germogliando. È stato il cardinale Carlo Maria Martini a chiedere un Concilio Vaticano III. Mi trovo in profonda sintonia con lui e con le ragioni che ha dato. Io aggiungerei che se la chiesa del Ventunesimo secolo vuol fare un salto di qualità, dovrebbe fare una revisione della camicia di forza che la tiene stretta, che è il concetto di stato entro cui il papato è costretto a operare. Nel secolo scorso lo stato era l'unico concetto che poteva permettere al papato di rimanere libero, indipendente, e anche di mantenere una relazione con gli altri stati. Oggi non è più vero. Ci sono tante realtà giuridicamente riconosciute da tutti (come l'Onu), e non sono degli stati. Ciò libererebbe il papato dai rimasugli di potere temporale che ancora gravano su di lui, e farebbe cadere tutta la diplomazia vaticana, che è legata a una maniera mondana di leggere la realtà. Questo è un altro fondamentale salto di qualità che dobbiamo fare come chiesa.

Mi ritrovo nelle tesi dell'arcivescovo di San Francisco, John Raphael Quinn, espresse nel volume *Per una riforma del papato*.

Il Ventunesimo secolo sarà il secolo decisivo: vita o morte. Ecco perché solo una chiesa che abbia come unico metro il Vangelo potrà aiutare, in questo momento grave per l'umanità. Per questo c'è bisogno di una riforma interna: della vita religiosa, del sacerdozio... È talmente ovvio che noi religiosi ci siamo integrati nel sistema, non diciamo quasi più nulla, non provochiamo domande. La vita consacrata deve essere ripensata radicalmente in Occidente, perché possa parlare ancora alla gente. La vita religiosa è ormai diventata borghese.

A quarant'anni dal Vaticano II le cose sono così cambiate che c'è veramente bisogno di un Concilio Vaticano III. Un concilio che sarebbe ora veramente ecumenico, per la prima volta con europei e occidentali in minoranza. I vescovi sono circa 5000, la maggior parte del Sud del mondo. Un prossimo concilio sarebbe per la prima volta espressione della cattolicità reale della chiesa in un mondo globalizzato. Il Concilio di Trento venne chiesto dal basso, era il papato che non voleva saperne, ma la base chiedeva una riforma, c'era bisogno di una riforma. È stato Giovanni XXIII a volere il Vaticano II, contro la curia. Non necessariamente per arrivare a un concilio ci vuole una base; se c'è, tutto di guadagnato. Ritengo, in ogni caso, che stavolta la base cattolica sarà certamente più pronta di quanto non fosse al Vaticano II ad affrontare certe tematiche. Come rispondere alle dinamiche di una società materialista, edonista, come fare breccia nella gente, nel cuore della gente? Soltanto una chiesa povera può farlo, e questo è uno dei temi che oggi non si vuole toccare. Giovanni XXIII ha parlato di "chiesa povera" e di "chiesa dei poveri". Abbiamo assunto la chiesa dei poveri (l'"opzione preferenziale per i poveri"), ma abbiamo lasciato cadere la chiesa essa stessa povera. Ma solo una chiesa povera potrà interloquire nel contesto di una società borghese edonista e materialista. Non si tratta di filosofare ma di testimoniare, di vivere il Vangelo, di viverlo mostrando a tutti che si può essere felici anche vivendo in semplicità, volendosi bene, accogliendoci.

In ogni caso dobbiamo stare attenti: un concilio non può limitarsi a una riforma ecclesiastica interna, mentre fuori il mondo brucia, trascurando la dimensione della pace, dell'economia, della finanza. La chiesa deve liberarsi degli orpelli del passato, del concetto di stato, della diplomazia, e tentare vie nuove, la via dello Spirito, lasciarsi andare nella storia ma con il Vangelo in mano. Ma tutto questo per fare cosa? Per rispondere meglio alle enormi sfide che ci attanagliano. Viviamo in un sistema che ammazza per fame (la guerra contro i poveri), che ammazza per guerra (oltre quaranta conflitti armati nel mondo) e che ammazza il pianeta (stiamo uccidendo la terra!). Sono sfide enormi, epocali, che interpellano la chiesa di Dio, il Dio della Vita.

# L'addio di Korogocho

"Quando questo libro uscirà, forse Zanotelli avrà già lasciato l'Italia. Ma non per ritirarsi nel deserto a espiare colpe che non ha commesso. Non parte in esilio per sfuggire l'ira dei potenti. I quali, peraltro, saranno ben felici che egli non possa più recare disturbo al manovratore. Ma parte per obbedienza. Un'obbedienza che ci edifica più di quanto il suo coraggio profetico non ci abbia fatto vibrare.

"Ecco perché, nonostante tutto, egli se ne va con una grande benedizione della sua chiesa, così come un altro, tantissimi secoli fa, lasciò la terra di Madian con la benedizione di Ietro. 'Scendi Moses, ritorna là in Egitto...'

"Noi qui continueremo a misurarci con le cifre del commercio delle armi, con i paradossi delle ingiustizie operate sulla pelle dei poveri, con gli assurdi inventari della fame, con le liste dei condannati a morte dal sistema, con le inconcepibili sopraffazioni di un'economia perversa che elimina dal banchetto tutti i Sud della terra.

"Ma mentre noi, forse a corto di speranza, proseguiremo la lettura del libro dei *Numeri*, ci auguriamo tanto che padre Zanotelli vada a scrivere laggiù, tra gli oppressi della sua Africa nera, il libro dell'*Esodo*. E un giorno non lontano possa tornare a raccontarci che, ancora oggi, la Pasqua è in agguato sulle strade dei poveri" (Tonino Bello, *La Pasqua in agguato*).

Ho già spiegato perché sono tornato a essere missionario in Italia. Ma il perché profondo mi è stato rivelato la vigilia del mio rientro. La gente di tutte le piccole comunità cristiane mi aveva dato il saluto la domenica dopo Pasqua, nel corso di una grande celebrazione eucaristica. Un'eucaristia durata quattro ore, carica di segni, simboli, canti, gioia, danze... e tanti abbracci. È stato l'abbraccio della comunità cristiana.

Ma l'addio ancora più toccante è stato la celebrazione alla vigilia della mia partenza, il 17 aprile 2002. Era il mercoledì sera, il giorno in cui si incontrano i responsabili delle piccole comunità cristiane. Quella volta si sono dati appuntamento per un momento di preghiera, e per affidarmi al Signore, tutti i responsabili delle piccole comunità insieme ai pastori delle chiese indigene africane. Una serata ritmata dai canti dei pastori evangelici, pieni di brio, di allegria, di calore umano... seguiti dai canti e dalle danze dei responsabili delle piccole comunità cristiane. Un'esperienza pentecostale di preghiera (negli anni a Korogocho è accaduto di frequente che c'incontrassimo così a pregare, tra esponenti di varie chiese). I pastori offrivano testi biblici dai quali partivano per le loro riflessioni, i loro inni di grazie.

È stato bello sentire come le varie chiesette indipendenti africane avevano recepito il mio lavoro a Korogocho. (Ero appena riuscito, qualche giorno prima, ad aiutare i pastori delle varie chiese a chiedersi perdono, a riconciliarsi, a perdonarsi.) Ora i pastori erano come un fiume in piena. Uno di loro si alzò e lesse l'addio di Paolo agli anziani di Efeso. Letto in quel contesto, il racconto degli *Atti* assume uno spessore incredibile. "Voi sapete come mi sono comportato con voi fin dal primo giorno in cui arrivai... e per tutto questo tempo ho servito il Signore con tutta umiltà, tra le lacrime e tra le prove... Per questo vigilate, ricordando che per tre anni, notte e giorno, io non ho cessato di esortare ciascuno di voi. E ora vi affido al Signore e alla parola della sua grazia... Non ho desiderato né argento né oro né la veste di nessuno... In tutte le maniere vi ho dimostrato che lavorando così si devono soccorrere i deboli, ricordandoci delle parole del Signore Gesù che disse: 'Vi è più gioia nel dare che nel ricevere'" (*Atti degli apostoli* 20). Un discorso commovente, alla fine del quale i responsabili hanno abbracciato Paolo piangendo: aveva detto che non avrebbero più rivisto il suo volto.

I responsabili delle piccole comunità di Korogocho hanno ricordato con commozione questo cammino fatto insieme nei bassifondi della storia. Era commovente fino alle lacrime ascoltarli raccontare come quelle parole di Paolo diventavano vere oggi ed esprimevano così bene quanto era avvenuto in questi anni a Korogocho. Quanti episodi belli hanno ricordato quella sera! Ognuno narrava le meraviglie di un Dio tanto straordinario nell'ordinarietà della vita di ogni giorno dentro i sotterranei della vita e della storia. Qui la Parola è subito vita, quotidianità... Il tutto condito da una gioia, una forza e un calore umano straordinari.

Quindi mi hanno chiesto di inginocchiarmi su una stuoia e tutti (oltre un centinaio di persone) mi hanno imposto le mani sulla testa, toccandomi... Mi sentivo quasi avviluppato in una morbida coperta umana. Poi sono scoppiati a pregare con una tale forza carismatica! Uno di loro gridava: *"Baba*, ti ringrazio per questi dodici anni che Alex ha passato a Korogocho, nei quali ha camminato con noi nel fango e nella polvere. Grazie Papà! Grazie per la sua predilezione per i deboli, i malati, gli esclusi. Grazie perché lo ha fatto senza distinzioni di religione, di etnia, di razza... Ora tu lo sai che ci sta lasciando. Per questo ti preghiamo: donagli il tuo *Roho*, il tuo Spirito, che sia nuova forza in lui per continuare la sua missione". E sentivo centinaia di mani che mi premevano sul corpo come per farmele entrare dentro. "Papà, ora Alex sta lasciando Korogocho per un'altra missione alla quale Tu lo chiami. Te lo affidiamo. Donagli il Tuo Spirito perché possa tornare dalla sua tribù bianca a raccontare le meraviglie che Tu, Papà, hai fatto a Korogocho. Alex è un testimone delle Tue meraviglie in questa baraccopoli. Alex, ritorna dalla tua gente, dalla tua tribù bianca, e racconta quello che hai visto, sentito, toccato con mano: il Dio della vita! Sentiamo che la tua tribù bianca ha dimenticato Dio, non sa più cosa farsene di Lui... forse perché la tua tribù sta troppo bene. Alex, va' e converti la tua tribù bianca. Di' loro che Dio c'è, ma è il Dio dei poveri, degli ultimi. *Baba*, siamo pronti anche noi ad andare dalle tribù bianche per farle ritornare a Te. Ora, *Baba*, dona il Tuo Spirito ad Alex perché sia un missionario nella sua tribù bianca che si è dimenticata di Te!"

Sussurri, voci, grida: "Donaglielo, *Baba*! Dona il Tuo Spirito ad Alex perché possa compiere la sua nuova missione!". Mi sono sentito in quel momento investito dai poveri di Korogocho e dalle loro guide spirituali, inviato da loro alla ricca Italia, alla mia tribù bianca, alle tribù d'Europa, per dire che Dio c'è, ma è all'inferno e soffre. Mi tornano alla mente le parole finali di Dietrich Bonhoeffer, il grande martire antinazista: "Allora si prende finalmente sul serio non la propria, ma la sofferenza di Dio nel mondo; allora si veglia con Cristo nel Getsemani e, io penso, questa è fede, questa è metanoia; e così diventiamo uomini, cristiani (*Genesi* 45). Come ci si potrebbe insuperbire dei successi e avvilirsi per gli insuccessi quando, nella vita di questo mondo, si è compartecipi del dolore di Dio?".

Forte di questo mandato, mi alzai in piedi e iniziai ad abbracciare i presenti. Come Paolo allora... "Detto questo, si inginocchiò con tutti e pregò. Tutti scoppiarono in un gran pianto e gettandosi al collo di Paolo lo baciarono, addolorati soprattutto perché aveva detto che non avrebbero più rivisto il suo volto" (*Atti* 20, 36). Mi abbracciarono, mi baciarono tra le lacrime... e mi affidarono al Signore perché andassi dalla mia tribù bianca.

Parte quarta

# Scritti nello zaino

# Beati i costruttori di pace

## L'appello

Il Concilio Vaticano II, nella *Gaudium et spes*, condannata "l'inumanità della guerra", posta la necessità di "considerare l'argomento guerra con mentalità completamente nuova", rivolgeva "un ardente appello ai cristiani affinché con l'aiuto di Cristo, autore della pace, collaborino con tutti per stabilire tra gli uomini una pace fondata sulla giustizia e sull'amore e per apprestare i mezzi necessari per il suo raggiungimento".

Nel 1981 la Conferenza episcopale del Triveneto così si esprimeva: "Bisogna arrestare a qualunque costo la pazza corsa alle armi ispirata all'assurdo equilibrio del terrore... Deploriamo che il nostro paese sia ai primi posti nella produzione e nel mercato delle armi specialmente verso il Terzo mondo, che non di armi ha bisogno, ma di pane".

A vent'anni esatti da quell'avvenimento la realtà non può non inquietarci. Viviamo in un mondo dove il 20 per cento della popolazione consuma l'87,5 per cento di tutte le risorse della terra; un mondo dove 800 milioni di persone vivono in condizioni di assoluta povertà, "una condizione di vita così limitata da malnutrizione, analfabetismo, malattia, alta mortalità infantile e bassa speranza di vita da essere al di sotto di qualsiasi definizione razionale di decenza umana" (McNamara al consiglio della Banca mondiale).

Molti paesi del Terzo mondo non riescono nemmeno a pagare gli interessi dei prestiti del Fondo monetario internazionale e della Banca mondiale. I paesi poveri sono costretti a produrre sempre di più per i paesi ricchi, anche per il semplice mantenimento degli animali (l'industria alimentare per cani e gatti degli Usa consuma per ogni animale più dell'introito medio di un abitante dell'India. Solo in Italia si buttano via ogni giorno 1400 tonnellate di pane, 5 milioni di tonnellate l'anno).

Un bambino dei paesi ricchi consuma 500 volte di più in risorse materiali di un bambino del Terzo mondo. Viviamo in un mondo dove 50 milioni di persone, di cui 20 bambini, muoiono ogni anno per fame, mentre si spendono mille miliardi di dollari (oltre tre miliardi di lire al minuto) in armi. Al di là delle parole gli investimenti per l'industria della morte sono in enorme espansione.

"La corsa agli armamenti, anche quando è dettata da una preoccupazione di legittima difesa, è nella realtà un pericolo e un'ingiustizia... aggressione che si fa crimine: gli armamenti, anche se non messi in opera, con il loro alto costo uccidono i poveri, facendoli morire di fame" (Documento della Santa sede all'Onu, 1976).

È tempo che il problema della pace, connesso con quello del sottosviluppo, entri come centrale nella vita delle nostre comunità, nella catechesi e nell'impegno di associazioni, gruppi e movimenti.

Siamo in stato di peccato e urge quindi una conversione.

Dice il cardinale Arns: "Un sistema economico non può avere come sottoprodotto la creazione di una razza inferiore o la morte di milioni di persone. E il peggio è che chiunque richiami l'attenzione su questa situazione viene considerato sovversivo. Ma sovvertire significa solo girare la situazione e guardarla dall'altro lato. Rispettosamente sostengo che questa situazione deve essere guardata dall'altro lato. I poveri non sono una minaccia, sono un appello per cambiare un sistema ingiusto".

*Alcune proposte*

Queste proposte, senza la pretesa di essere sistematiche ed esaustive, vogliono indicare un cammino per le comunità parrocchiali, non solamente per gruppi o movimenti:

– adoperarsi per l'educazione alla pace e alla mondialità, fin dall'infanzia;

– fare corretta e continua informazione sulle realtà dei paesi poveri e solidarietà con i movimenti di liberazione; accogliere e valorizzare le esperienze di chi ha operato e vive nei paesi del Terzo mondo; partecipare ai processi di liberazione con progetti concreti e umanitari di aiuto;

– riconoscere nei movimenti per la pace uno dei segni dei tempi, con il concreto coinvolgimento dei cristiani in essi;

– essere portatori dell'annuncio profetico della pace attraverso l'obiezione di coscienza al servizio militare, alla ricerca scientifica, alla produzione e al commercio delle armi; attraverso la disponibilità per l'obiezione fiscale; realizzando la denuclearizzazione dei territori;

– creare una coscienza di rifiuto e di riconversione delle fabbriche di armi esistenti sul territorio;

– spingere per l'abolizione del segreto militare sul commercio delle armi;

– denunciare e opporsi a tutte le armi di sterminio di massa (atomiche, batteriologiche e chimiche);

– scegliere la nonviolenza come metodo per adempiere il diritto-dovere della difesa dei cittadini (difesa popolare nonviolenta);

– educare all'uso dei beni materiali e ambientali, evitando lo spreco e l'inquinamento;

– scegliere per noi e proporre alle nostre comunità una vita più austera, per creare le condizioni di un nuovo ordine internazionale, facendo anche nella nostra realtà la scelta preferenziale per i poveri.

*Redatto con un gruppo di sacerdoti e laici del Triveneto; sottoscritto da oltre 2500 preti e religiose il 30 dicembre 1985.*

# L'Italia nel Corno d'Africa

## Un appello per l'Eritrea

La tragica situazione in cui versa la regione settentrionale dell'Etiopia, in particolare l'Eritrea, situazione resa ora più drammatica dall'ordine del governo di Addis Abeba di espellere il personale delle organizzazioni umanitarie internazionali (potrebbero diventare scomodi testimoni di bombardamenti e massacri in arrivo!), mi obbliga a riprendere in mano la penna.

Mi obbligano a questo la sofferenza di quelle popolazioni inermi, che dal Kenya sento ancora più vicine, e l'indignazione morale per l'ignobile ruolo che l'Italia ha giocato e gioca in questa tragedia. Data la nostra storia coloniale nel Corno d'Africa e soprattutto in Eritrea (la nostra prima colonia), all'Italia spetterebbe l'obbligo di riportare l'annosa questione dell'Eritrea – distrutta da una guerra che dura da ventisette anni (la più lunga guerra d'Africa) – alle Nazioni Unite, dato che, a detta di molti, si tratta di un problema di decolonizzazione. Se non lo fa l'Italia, che dovrebbe investire del problema anche la Comunità economica europea, non lo farà nessun altro paese.

Oggi il vero e unico ruolo dell'Italia sarebbe quello di fare pressione sul regime di Menghistu e sul Fronte popolare di liberazione dell'Eritrea (Fple) per riportare i due contendenti al tavolo delle trattative e trovare la via di una soluzione negoziata e pacifica. Invece il governo italiano ha perseguito e persegue una politica di sostegno (tramite gli aiuti ma anche tramite le armi) al sanguinario regime di Menghistu con l'obiettivo di ricondurre così l'Etiopia marxista nell'Alleanza atlantica. Una politica, questa, nata da uno strano "compromesso storico", propiziato dal viaggio del leader comunista Giancarlo Pajetta (1977) seguito da quello dell'allora ministro degli Esteri Emilio Colombo, democristiano (1981).

Ma perché tale compromesso? Sperava forse il Pci che se fosse riuscito a guadagnare l'Etiopia marxista alla causa occidentale avrebbe dimostrato a tutti la propria affidabilità come partito di governo? Quali invece le ambizioni di Colombo in questo strano gioco? Purtroppo su questo tragico compromesso, che costituisce il più chiaro tradimento del ruolo dell'Italia, l'attuale ministro degli Esteri Giulio Andreotti ha costruito, in perfetta continuità, la sua politica nel Corno d'Africa. Perché mai Andreotti, più duttile altrove, è rimasto così inflessibile su questo punto? Come mai tanti sforzi, finora andati a vuoto, per far approvare dal Parlamento un trattato per la cessione dei beni italiani in Eritrea al governo di Addis Abeba? "Credo che la politica del governo italiano sia molto condizionata," ha detto in un'intervista a "Nigrizia" (luglio-agosto 1987) il segretario dell'Fple Isaias Afwerki, "perché certe imprese industriali impongono al loro governo di seguire determinate direzioni in politica estera."

Questo vale ancora di più per il discorso Somalia, il paese che ha ricevuto più aiuti italiani (l'onorevole Bonalumi, Dc, ha detto che si tratta di oltre mille miliardi di lire in questi ultimi anni). È mai possibile che la Somalia, dove vige un regime tra i più corrotti e dittatoriali d'Africa, sia diventata ormai luogo privilegiato di "caccia" del Psi di Bettino Craxi? ("Nigrizia", aprile 1988). È mai concepibile che in uno dei luoghi geopolitici più caldi del mondo l'Italia giochi una sua politica così lottizzata e così miope? È questa la serietà del nuovo ruolo e volto italiano in Africa?

Di fronte alla nuova immane tragedia che si profila all'orizzonte nell'Etiopia settentrionale lancio un appello accorato perché in Italia si abbia almeno il coraggio di un dibattito pubblico sulla nostra attuale politica nel Corno d'Africa. So che la Farnesina farà tutta la pressione di cui è capace perché stampa, radio e tivù non ne parlino!

Mi appello perciò ai cittadini, ai singoli deputati, alle organizzazioni di base, ai partiti disponibili, affinché venga aperto un dibattito su questi problemi vitali. Sono convinto che l'Italia ha un ruolo importante da giocare per una soluzione pacifica del problema eritreo. Si tratta della vita di milioni di nostri fratelli.

Questo è il vero "aiuto" che chiedo all'Italia, in nome dei piccoli, dei poveri, di quest'Africa martoriata.

*Nairobi, 20 aprile 1988*

# Cristo a Soweto

## Lettera agli amici

Carissimi,

qui la primavera erompe in tutto il suo splendore e fascino equatoriale. La giacaranda, l'ibisco e il frangipane sono in fiore e le siepi di buganvillee dai mille colori fanno corona agli smaglianti giardini della Nairobi bene. Splendide ville sprofondate nel verde fanno corona a un magnifico centro urbano con i suoi grattacieli e maestosi palazzi. È la Nairobi dei ricchi; della borghesia nera al potere dal 1963; degli indiani, veri signori del commercio dei bianchi; delle chiese; dei religiosi con le loro oltre centoventi procure... è la città dei ricchi, è il paradiso dei turisti... mille miglia distante dalla città dei poveri, dalle immense baraccopoli (moderni gironi dell'inferno dantesco!) dai nomi più esotici come Korogocho (confusione), Huruma (pietà)... Queste cloache di miseria e di degrado umano (ben nascoste ovviamente ai casti occhi dei ricchi e dei turisti!), dove vive buona parte della popolazione di Nairobi, sono l'altra corona di spine sul capo della regina di questo splendido altopiano... In questi gironi vive la massa dei poveri (circa il 70 per cento di Nairobi), quotidianamente obbligata ad assistere in silenzio all'ostentata opulenza di pochi ricchi. Più grave ancora, i poveri sono assoldati, con paghe da fame, per difendere la ricchezza dei ricchi: guardiani di giorno, di notte... La Nairobi dei ricchi sembra infatti una città presidiata! Che tristezza vedere quelli che ieri erano fieri masai, pokot... ridotti a fare i guardiani dei loro... È un altro esempio di quella "povertà antropologica" di cui parlano i teologi africani.

Ma... fino a quando i poveri resisteranno alla tentazione di papparsi questo splendido bocconcino? Fino a quando continuerà a crescere l'abisso tra queste due città, quella dei ricchi e quella dei poveri, così nettamente distinte sia a livello territoriale che economico, sociale e politico?

Con tanta sofferenza ho vissuto anch'io i primi mesi nella città dei ricchi, in una splendida palazzina, con servitù, guardia notturna, cani (*mbwa kali*). Ma è stato solo quando ho saltato il muro che ho capito realmente quanto grande sia l'abisso che separa le due città. Ma saltare quel muro non è stato facile...

Il 28 agosto padre Robert, missionario americano di Maryknoll e parroco di Umoja, sapendo del mio progetto mi invitò a sostituire un suo confratello che andava in vacanza, dicendomi, con quel suo fare brusco: "Se durante questo servizio pastorale che renderai alla parrocchia vuoi vivere in baraccopoli, è affar tuo! Al cardinale rispondo io". Un'occasione insperata! Molti anche i dubbi: bruciavo forse le tappe? Mi consigliai con alcuni amici e anche con il mio responsabile, padre Oscar, il quale mi invitò a rischiare. E così rischiai. La vita, in fondo, è vita solo se la si gioca ogni giorno per qualcosa che vale. Il 9 settembre lasciai il mondo dei ricchi, la bella palazzina ovattata di verde e di fiori, e scesi nella polvere e nella melma della baraccopoli di Soweto.

"Smettila di cantare inni, / di recitare le tue orazioni!" così inizia una splendida poesia di Tagore inviatami in quei giorni da un'amica. "Chi adori in quest'angolo buio / e solitario d'un tempio / le cui porte sono tutte chiuse? / Apri i tuoi occhi e guarda: / non è qui il tuo Dio!... / È con loro nel sole e nella pioggia, / la sua veste è coperta di polvere. / Levati il manto sacro / e scendi con lui nella polvere." E così feci. Nel pomeriggio del 9 settembre, con la connivenza di un altro comboniano, fratel Lorenzini (che è stato per me più che un fratello), caricai sulla macchina le poche cose necessarie. Accompagnati da uno studente keniano, James Odhiambo, comprammo in città le cose indispensabili per cucinare (fornelletto a carbone, tanica per l'acqua, pentole, piatti... il tutto per un valore di 30.000 lire) e poi via, verso Soweto. Era una sera luminosa e sorridente. Quando la baraccopoli di Soweto apparve lì, sulla collina illuminata dal sole, mi si inumidirono gli occhi dalla gioia. Quella non era la Soweto del Sudafrica, ma per me era segno e simbolo di tutte le Soweto d'Africa, di tutti i poveri e oppressi di questo continente. E non potei non pensare a quel 30 maggio 1987, all'Arena di Verona (altra giornata di grazia), quando il pastore boero Beyers Naudé mi abbracciò e mi disse: "Welcome to Africa, Alex!". La "grazia fisica" che ho sperimentato in quell'abbraccio di Naudé mi si è rinnovata entrando a Soweto.

Scaricammo, circondati da uno sciame di bimbi, le poche cose che avevo portato con me, permettendo al fratello di dileguarsi con la macchina. Sistemammo le due stanzette della baracca, fatta di pali e zinco: una per cucina e stanza da letto, l'altra per la preghiera. Poi, nel cuore di quella notte, "spezzai il pane" con James e lo deposi in un cestino di vimini africano che appendemmo a una trave. Quel povero Cristo, il Cristo dei poveri – pensavo con commozione – aveva così posto la sua tenda tra i baraccati di Soweto.

Ma quel Cristo era già lì, crocifisso nella carne di quei baraccati. Il nuovo giorno mi rivelò questa presenza in tutta la sua cruda realtà: una lunga fila di baracche costruite con i materiali più disparati e abitata da circa 10.000 persone. Questa è Soweto, che sorge a est di Nairobi, vicino all'aeroporto internazionale. Anche se è tra le più piccole baraccopoli di Nairobi, alle sue spalle ha una lunga Via crucis. Il nucleo originale, infatti, viveva sulla vecchia strada di Mombasa, ma era stato trasferito da lì a Embakasi, allora piccolo villaggio vicino all'aeroporto. Poi, nel 1976 (era l'anno della rivolta di Soweto in Sudafrica), la gente, sotto la minaccia dei fucili, fu di nuovo obbligata a trasferirsi. "Ma qui è peggio di Soweto" protestarono. Da qui il nome della baraccopoli.

[...]

L'11 ottobre fui convocato dal mio responsabile, padre Jiménez, a Mwangaza, la casa di preghiera gestita dai gesuiti. Entrare in un ambiente di tappeti e poltrone fu per me una prima pugnalata (capii ancora di più quanto "borghese" fosse tanta parte della nostra spiritualità e quanto funzionale al sistema!). Padre Jiménez, appena tornato dalle sue vacanze, mi riferì che era stato convocato d'urgenza dal cardinal Otunga il quale gli aveva intimato di farmi uscire *subito* dalla baraccopoli. Padre Jiménez mi disse di non aver mai visto il cardinale così inflessibile e rigido.

Con un nodo alla gola tentai di dire qualche parola... la voce mi usciva mozza... Sentivo solo tanta rabbia ribollirmi dentro. È mai possibile – pensavo – che nella chiesa di Dio sia così difficile lavorare con i poveri? Come è possibile che in questa chiesa di Nairobi chi innalza costruzioni da miliardi riceve le benedizioni mentre chi vuole vivere *con* i baraccati è così ostacolato dal pastore? Mi sentivo così fuori posto in quel luogo... Dissi semplicemente al mio responsabile che avrei obbedito. Ritornai a Soweto con gli occhi umidi e il cuore in gola. All'entrata della baraccopoli i ragazzini, appena mi videro, mi corsero incontro, mi presero per mano e quasi in trionfo mi accompagnarono alla mia baracca.

Nel pomeriggio andai a piedi alla parrocchia di Umoja e riferii a padre Robert quanto era accaduto. Il cardinale non lo aveva mai interpellato. Mi consigliò di aspettare, in settimana, l'arrivo del padre che sostituivo. Rientrato a Soweto, incominciai a dire alla gente che il 16 ottobre li avrei lasciati. Fulmine a ciel sereno. "Ma perché ci lasci?" "Il cardinale non vuole che rimanga" rispondevo. "Ma come è possibile?" mi chiedevano. "Il cardinale vuole che i suoi sacerdoti vivano in parrocchia, in una casa decente" balbettavo. "Ma Gesù Cristo," mi rispose Bernard, un giovane lavoratore, "non aveva una casa, non aveva una macchina... Gesù viveva con la gente, camminava con loro offrendo speranza." È proprio vero che sono i poveri che ci evangelizzano. E come lo capiscono il Vangelo!

Gli ultimi giorni a Soweto furono intensi ed emozionanti. Tutti mi invitavano a visitare la loro baracca, a benedirla. Ricordo con commozione l'eucaristia celebrata nella baracca di mamma Isabella, una vecchietta kikuyu molto ammalata. Alla presenza della comunità la unsi con l'olio degli infermi, poi tutti le imposero le mani pregando per la sua guarigione.

Fu però l'ultimo giorno, domenica 16 ottobre, che mi fece capire quanto la gente avesse colto il segno che avevo tentato di porre. Un'eucaristia che durò due ore: fu la loro messa, vissuta, vibrante! Alla comunione, come inno di grazie, danzarono una danza tradizionale kamba. Poi, nel pomeriggio, il coro, i ragazzini e tanta gente si riunirono davanti alla mia baracca e per tre ore pregarono, cantarono, parlarono... "È diventato uno di noi" diceva mamma Imelda. "Tutti i giorni lo vedevamo portare la sua acqua, cucinare il suo cibo, lavare i suoi vestiti, parlare con tutti... È diventato uno di noi!" Ognuno portava la sua testimonianza, il suo ricordo: i poveri avevano davvero compreso l'annuncio fatto non a parole ma con gesti, con fatti, con la vita. Crollavano in quel momento le scuse, i pretesti: in Africa, come in America Latina o in Asia, quando si vive *con* i poveri succede il miracolo di quel povero Cristo.

Quando poi arrivò fratel Lorenzini con la sua macchina, caricammo tutti insieme le poche cose che avevo, poi andammo nella chiesetta. Lessi con commozione il brano del Vangelo di Marco della tempesta sedata: "Gente di poca fede, perché avete paura?". Pregammo in silenzio, poi consumai il Pane dei poveri che mi aveva accompagnato in quel mio pellegrinaggio. Forte di quel Pane, con la voce rotta dalla commozione, salutai uno per uno i presenti, saltai sulla macchina e via, tra una nuvola di ragazzini.

All'orizzonte, uno splendido tramonto africano dai mille colori. "Perché hai paura?" Dentro, una grande pace, anche se bagnata di pianto. I poveri mi avevano segnato per sempre. Sentivo che quella era la strada da percorrere: non potevo più tornare indietro.

*Nairobi, 5 dicembre 1988*

# Pellegrino con i baraccati di Nairobi
## Messaggio per Arena 3

A voi, riuniti in Arena, a voi costruttori di pace, *jambo!*

Pellegrino sulle strade d'Africa, porto nel mio zaino la "memoria" di Arena 1 e Arena 2, momenti di "grazia" sulle strade della Pasqua.

Il nostro è un unico pellegrinaggio sulle strade dei poveri. "Chi si impegna con gli oppressi," afferma Moltmann, "serve la pace."

Pellegrino con i baraccati di Nairobi, ho condiviso la vita della mia gente di Soweto. Con loro ho camminato nel fango e nella polvere, ho sperimentato sulla mia pelle la loro sofferenza.

Costretto a lasciare Soweto, ero pronto a riprendere il bastone del pellegrino per altri lidi, per vivere fino in fondo il battesimo dei poveri. "Sono un camminatore," canta Tagore, "un mattino sono uscito ch'era ancora buio, / ancora prima del canto degli uccelli."

Nottetempo ho camminato con i profughi del Sud Sudan, ormai ridotto ad un immenso campo profughi. Le colonne di rifugiati che vedevo arrivare dopo mesi di viaggio erano solo uno squarcio su un'immensa tragedia vasta quanto è vasto quel paese.

Nottetempo pellegrino sulle strade della Tanzania, dove ho condiviso la speranza del Natale con i contadini impoveriti di Rulenge e con il "vescovo a piedi scalzi", Mwoleka. Il vescovo Mwoleka offre la sua solidarietà a Beati i costruttori di pace accettando i soldi degli obiettori alle spese militari per dei progetti delle sue comunità contadine.

Ho poi accettato l'invito dei miei superiori di condividere "da pendolare" la sorte della mia gente di Soweto, costretta a demolire le proprie baracche e a ricostruirle altrove. Una lunga Via crucis non ancora finita... Come pure ho continuato a camminare con i baraccati di un'altra Soweto (vi sono cinque Soweto a Nairobi!) sperimentando ogni giorno di più la sofferenza della gente. "È una vita impossibile" mi confidava giorni fa un vecchietto kikuyu. Sono i poveri che pagano sempre più le conseguenze del debito, la politica assurda del Fondo monetario internazionale. È questa loro Via crucis quotidiana che ho celebrato per le vie di Soweto il Venerdì santo, quella di quel povero Cristo crocifisso oggi, nella carne di questa splendida gente di Soweto. Così ho celebrato la Pasqua, rinnovando la speranza: è stato per me il grande dono dei poveri.

Sono infatti i poveri "la turbinosa profezia di Dio"! È quanto ha colto così bene Natascia (una ragazza di diciannove anni di Sondrio) in una lettera che mi ha scritto: "Tutti qui vogliono credere di aver la verità nella ricchezza. Io non so nemmeno cosa sia la verità. Ma in mezzo alla ricchezza non c'è!". Per questo sento che i poveri mi stanno radicalmente cambiando.

Invito anche voi a lasciarvi convertire dai poveri, ad assumere uno stile di vita più povero. È la povertà – afferma Leonardo Boff – che sconfiggerà la povertà. Il prezzo è la croce. Non c'è futuro, non c'è vita se non si paga di persona sulla propria pelle. "Chiunque ha il coraggio di essere con Dio dalla parte dei poveri deve rinunciare a diventare un eroe" afferma il teologo dello Sri Lanka Aloysius Pieris, che vive con i poveri. "È il destino del criminale – la croce – che Gesù ci offre per ottenere la vittoria. Il discepolo non è superiore al maestro. Se il maestro è la vittima dell'oppressione (*Matteo* 25, 31-46), anche i discepoli devono essere vittime dell'attuale sistema, altrimenti non hanno il diritto di denunciarlo. L'impegno per i poveri è una missione affidata solo a chi è povero o è diventato tale."

È su questa strada che spero di continuare a pellegrinare con i poveri. Ecco perché ho sentito l'obbligo di coscienza di non accettare l'invito a essere con voi in Arena. Non si possono fare bei discorsi e poi... Ma proprio per questo mi sento oggi ancora più solidale con voi, povero con i poveri, nel cuore dell'Arena. Grazie a tutti voi che continuate a pellegrinare sulle strade d'Italia, costruttori di pace. Grazie per l'esempio che mi date. L'impegno è ormai unico, al Nord come al Sud del mondo.

A voi tutti riuniti in Arena chiedo una preghiera (a chi non crede un ricordo) perché rimanga fedele al Dio degli schiavi, al Dio degli oppressi, al Dio di Gesù Cristo crocifisso, al Dio dei crocifissi di oggi, e sia capace di riprendere il bastone del pellegrino per camminare con i poveri sulle strade della Pasqua.

*Nairobi, 30 aprile 1989*

179

# "Ce l'hanno tolto di mano"
## Sinodo per l'Africa

Già la pubblicazione dello strumento di discussione, i *Lineamenta*, nel luglio 1990 a Lomé (Togo), aveva lasciato scontenti molti africani. Si era però sperato che il lungo e capillare lavoro d'esame del testo e le risposte al questionario proposto avrebbero portato alla redazione di un nuovo documento di lavoro – l'*Instrumentum laboris*, già pronto nel settembre scorso, ma presentato ufficialmente solo l'8 febbraio dal papa a Kampala – che riflettesse meglio le attese delle chiese africane.

Monsignor Jan Schotte, segretario generale del Sinodo dei vescovi, aveva garantito che la divulgazione dei *Lineamenta* aveva come unico scopo quello di facilitare una riflessione comune sui temi proposti: "Speriamo che confluiscano molte osservazioni e suggerimenti da ogni parte del continente. Tutti sono invitati a prendere parte a questo processo: sacerdoti diocesani e religiosi, donne e uomini consacrati, laici, facoltà teologiche e seminari, consigli pastorali, movimenti e tutte le comunità cristiane".

Oggi, quelle parole suonano quasi beffarde. Infatti, ben poche delle istanze presentate dalla base hanno trovato accoglienza nel nuovo testo, tanto meno la richiesta che il Sinodo fosse celebrato vicino alla gente africana (e non solo geograficamente). "Il Sinodo è sgusciato di mano alla chiesa africana" è il ritornello che ci sentiamo ripetere da numerosi uomini di chiesa dell'Africa orientale.

### Problematiche

Una scorsa, anche veloce, all'*Instrumentum laboris* rivela che, nonostante alcuni miglioramenti, lo schema è rimasto quello proposto dai *Lineamenta*: evangelizzazione, inculturazione, dialogo, giustizia e pace, mezzi di comunicazione. Ma è soprattutto l'idea di chiesa da esso adottata che rimane ancora "culturalmente monocentrica", e quindi incapace di tradurre nella pratica anche le timide proposte suggerite in materia di inculturazione. Una chiesa "culturalmente policentrica", in grado cioè di esprimere la comunione nella diversificazione liturgica e legislativa, è ancora di là da venire. Nonostante i molti e puntuali suggerimenti inviati alla segreteria del Sinodo, la trattazione di alcune tematiche particolarmente conflittuali rimane sorprendentemente inadeguata. Emblematica è quella relativa al sacramento del matrimonio nel contesto culturale africano, che ignora totalmente il laborioso dibattito svoltosi negli scorsi due decenni a livello di commissioni teologiche e di conferenze episcopali, sia nazionali che continentali.

Già nel 1980, in occasione del Sinodo dei vescovi sulla famiglia, i rappresentanti africani avevano espresso con forza le infinite difficoltà che la definizione "cattolica" di matrimonio, come è espressa nel diritto canonico, incontra quando la si voglia tradurre nel contesto culturale africano. Le loro obiezioni non erano state però accolte. Nel luglio 1981, il documento del Simposio delle Conferenze episcopali dell'Africa e del Madagascar su "Matrimonio e vita di famiglia dei cristiani in Africa" si manteneva ancora a livello problematico: la riluttanza dei vescovi a suggerire precise indicazioni operative stava a indicare sia la grande diversità culturale africana, sia – e soprattutto – la quasi impossibilità di mettere d'accordo la concezione "cattolica" del matrimonio (aspetto personale, atto determinato, rapporto a due) e quella africana (aspetto comunitario, processo progressivo, essenzialità della fecondità).

Nell'aprile 1984, parlando al primo incontro di teologi africani ed europei a Yaoundé (Camerun), l'allora cardinale di Kinshasa, monsignor Joseph Malula, sostenne che non esiste un modello di matrimonio "cristiano" o di famiglia "cristiana". Il modello adottato dalla chiesa cattolica è quello occidentale, che però, una volta imposto agli africani, dimostra tutta la sua inconsistenza e fragilità. "Noi insistiamo fortemente sul nostro diritto alla differenza" disse. "Certo, è oggetto di fede divina che Cristo ha affermato e insegnato l'indissolubilità del matrimonio. In Africa noi lo sappiamo e lo insegniamo. Ma crediamo pure che Cristo non ha detto *come* tra i diversi popoli la gente debba sposarsi, né *quando* il matrimonio concluso validamente diventi o sia assolutamente indissolubile. Ecco perché soltanto l'affermazione dell'indissolubilità deve essere considerata di diritto divino e ritenuta un imperativo assoluto. Ma il modo di costituire il vincolo matrimoniale (per esempio la forma canonica) e le condizioni della sua indissolubilità (consumazione con un solo atto sessuale) sono veramente rivelate da Dio? Non sono forse fenomeni culturali legati al tempo e allo spazio?"

Questo del matrimonio è uno dei tanti problemi della chiesa africana che Roma non vuole affrontare. Le conseguenze però sono davanti agli occhi di tutti: il 70-80 per cento delle coppie cattoliche non sono sposate in chiesa e non possono quindi prendere parte all'eucaristia, il sacramento dell'unità. A parole, Roma invita all'inculturazione del Vangelo, all'africanizzazione del cristianesimo. Nella prassi, invece, si mostra troppo guardinga, timorosa, spesso contraria a ogni tentativo in questa direzione.

## Maturità

Come si sa, le chiese africane più vivaci avevano chiesto un'assise speciale che desse piena cittadinanza al proprio cammino di fede in seno alla cattolicità. Solo un concilio, cioè un'assemblea legiferante, avrebbe dato al cattolicesimo africano il potere di esaminare il proprio passato – fortemente condizionato dalle chiese occidentali missionarie – e di aprire nuove strade autenticamente cristiane e autenticamente africane, affinché la chiesa d'Africa non sia più una brutta copia del modello occidentale, ma abbia una sua specifica identità. L'offerta di una "sessione speciale del Sinodo dei vescovi *per* l'Africa", secondo l'opinione di molti ha dimostrato ancora una volta come Roma non abbia alcuna vera fiducia nella chiesa d'Africa.

E invece la chiesa africana vuole essere considerata matura ed esige la libertà di rispecchiare l'autenticità della propria cultura e della propria storia. Sa che non può accontentarsi di "abbellire" la liturgia con musica e simboli africani. Un'autentica inculturazione, intesa come incarnazione del messaggio evangelico nell'universo simbolico locale, è il primo passo verso la vera liberazione africana. Liberazione che dev'essere culturale, prima che politica ed economica.

Non solo. La chiesa africana – almeno nelle forze più vive – è cosciente che non può starsene tranquilla dinanzi alle sofferenze di tanti suoi figli, né può limitarsi a celebrare, pregare e cantare nelle chiese, quando tutt'intorno la gente muore di fame e a causa delle guerre. Sono in molti a chiedere che l'opzione fondamentale per i poveri diventi una scelta di vita delle comunità cristiane. Purtroppo, la chiesa ufficiale appare alquanto lontana dalla gente povera e semplice. "Visitate la residenza di molti vescovi africani," ci ha detto un sacerdote incaricato della formazione dei seminaristi, "e capirete che cosa vuol dire essere prìncipi della chiesa." E come non pensare alle lussuose strutture adibite alla formazione dei futuri sacerdoti e religiosi, sorte in aree residenziali esclusive, caratterizzate da stili di vita scandalosamente contrastanti con la povertà delle baraccopoli circostanti? Quale profetismo potrà esercitare una simile chiesa, non ancora pronta ad accollarsi il dovere di essere voce dei poveri, a essere compartecipe delle loro vicende, e a mettersi in prima linea nella lotta per la difesa dei diritti umani?

## Preoccupazioni

Qualche sconcerto ha provocato la scelta della sede del Sinodo. Si era chiesto da più parti che fosse una località africana, dove il grido degli africani avrebbe potuto giungere alle orecchie dei vescovi, soprattutto di quelli non africani. Ora che è stata scelta Roma, c'è il sospetto che le specificità della chiesa africana – e del continente – e i fermenti che nascono dalla base giungano alla chiesa universale molto affievoliti, grazie alla sapiente mediazione, anche linguistica, che saprà fare il dispositivo organizzativo vaticano.

Le modalità di svolgimento dell'assise non saranno certo quelle auspicate dai cattolici africani, che avevano chiesto che il Sinodo si svolgesse "all'africana", con tempi e ritmi africani, in ambienti africani, così da avvicinare i padri sinodali ai focolari domestici, alla vita delle piccole comunità cristiane, al cammino dei gruppi catecumenali, alle aspettative dei consigli pastorali parrocchiali, allo spirito celebrativo delle parrocchie, al profetismo delle tante commissioni per la giustizia e la pace... Lì, e soltanto lì, sarebbe risuonata, senza mediazione alcuna, la voce di chi subisce l'umiliazione della guerra, di chi è costretto a vivere da rifugiato, di chi è vittima delle tante apartheid ancora taciute. "Aver scelto Roma," ci hanno detto rammaricati gli insegnanti di una facoltà teologica di Nairobi, vuole dire aver capito poco o nulla della sensibilità africana dell'*ora* dell'Africa."

Preoccupa, infine, il modo in cui è stata decisa la rappresentanza africana al Sinodo. A esprimere la chiesa più "laicale" del mondo sono stati chiamati 210 dei 500 vescovi presenti nel continente: 128 eletti dalle rispettive conferenze episcopali, 82 membri di diritto (uomini di curia, cardinali africani, presidenti di Conferenze episcopali). A questi si uniranno 11 religiosi di istituti missionari e 9 preti diocesani. Infine, 16 suore, 18 religiosi, 13 laici e 13 laiche assisteranno come osservatori.

I teologi africani non hanno trovato posto nella lista. Molti vescovi avevano auspicato la loro diretta presenza nei lavori sinodali, ma da Roma è giunta la precisa direttiva di non farsi accompagnare da propri "esperti teologi". Alcuni di loro, comunque, saranno presenti, invitati però dal comitato organizzativo, e risponderanno direttamente al segretario speciale e non ai padri sinodali. In Africa la mossa è stata interpretata come una difesa anticipata nei confronti di coloro che potrebbero influenzare i vescovi, spingendo la discussione verso quelle tematiche che l'*Instrumentum laboris* ha omesso o lasciato nell'ombra.

Per la prima volta in mille anni di storia ecclesiastica, una chiesa non occidentale bussa alla porta della chiesa latina, per ottenere – come ha scritto il teologo zairese Bimwenyi – "il diritto di essere se stessa, senza passare sotto le forche caudine della cultura greco-romana". Non resta che sperare nella forza dello Spirito, di quello Spirito che spinse i duemila radunati a Roma per il Concilio Vaticano II a rigettare radicalmente gli schemi proposti dalla curia romana e a redigere documenti nuovi e più profetici. L'*Instrumentum laboris* è soltanto uno "strumento" e non ha nulla di definitivo. Nelle mani dei vescovi potrebbe – e dovrebbe – diventare una parola radicalmente nuova. Quella parola che la chiesa d'Africa attende da molto. Per essere davvero sacramento di Cristo per l'intero continente.

*"Nigrizia", marzo 1993, cofirmato con Giuseppe Caramazza*

# Al papa chiedo un gesto:
# rinunciare allo stato del Vaticano

Un tempo i sociologi e gli esperti di scienze della comunicazione parlavano del nostro mondo in termini di "villaggio globale". Oggi, soprattutto dopo la caduta del Muro di Berlino, credo sia più opportuno parlare di "villaggio economico". Infatti, il crollo del comunismo ha fatto dell'ideologia capitalista un vero "assoluto". Nessuno può contestare questa visione. Il "dio denaro" ha omologato la vita quotidiana al punto che è impensabile disgiungere il pallone dal calcio-mercato, la comunicazione dagli spot pubblicitari, la ricerca scientifica dagli sponsor, la religione dall'"otto per mille"...

La politica stessa è diventata – basterebbe dare uno sguardo al nostro Belpaese – un affare Fininvest e non certamente un'occasione per riconoscere il primato della "polis" sul "mercato". In questo contesto la politica è la prima ancella del nuovo ordine mondiale, dell'impero del denaro, con tutto ciò che ne consegue. Gli stessi stati sono diventati delle piccole aziende presiedute dai magnati dell'economia mondiale. Con la sola differenza che nel Nord del mondo sono i consigli d'amministrazione a dettare le regole del gioco, mentre nel Sud assistiamo sempre più ad atti di vassallaggio economico, dettati più dalla convenienza del mercato che da regole solidaristiche.

È naturale allora una domanda: hanno ancora un significato questi stati nell'attuale congiuntura? Se l'interrogativo è più che legittimo per il Nord, lo è ancor di più per l'Africa, dove questa domanda è già contestazione. Quando mi guardo attorno, qui in Africa, è davvero sconcertante vedere questi pseudostati asserviti biecamente alle logiche protezionistiche del Nord. Si tratta di stati fuori dalla realtà, amalgama indiscriminato di popoli, crogiuolo di tensioni etniche, creati con logiche coloniali. In trent'anni di indipendenza, questi stati africani sono stati tra i maggiori responsabili delle tragedie continentali.

In un suo recente libro, il professor Basil Davidson, uno dei più acuti storici dell'Africa, fa un'analisi impietosa di quest'ultimo trentennio. Trent'anni disastrosi, sotto tutti i profili. Per lui, la iattura maggiore è stata l'illusione dello stato-nazione. Nel libro *The Black Man's Burden*, Davidson scrive: "Lo stato postcoloniale africano, nonostante tutte le promesse, non ha liberato il cittadino. Di fatto, esso è stato uno strumento micidiale di sfruttamento e coercizione, senza conseguire alcun traguardo sociale. Le conseguenze sono state e sono a dir poco devastanti". È questa la conclusione a cui giunge Davidson dopo una serrata analisi di questi anni postcoloniali che hanno visto la sfasatura più totale tra le élite al potere e le immense turbe dei poveri.

Si tratta di una riflessione che riguarda tutti gli stati, da quelli di destra, filoccidentali, a quelli di sinistra, filomarxisti. E proprio questi ultimi sono quelli che hanno particolarmente deluso. Erano partiti con tanto di ideologia positiva di solidarietà con i poveri, di divisione delle terre, di progresso e benessere per tutti. Ma in breve tempo, le classi dirigenti hanno rinnegato tutto, facendo dello stato uno strumento d'oppressione. Una cosa è certa: il fallimento è stato davvero generalizzato. Stando alla cronaca degli ultimi mesi, l'esempio più aberrante è quello del Ruanda, seguito però a ruota da tanti altri.

A questo punto è indispensabile una riflessione che, come missionario che condivide le sorti dei poveri di Korogocho, sento di dover fare. Sono sempre più convinto che il riscatto dell'Africa debba passare attraverso un processo di rifondazione della concezione di stato. Occorre recuperare alcuni valori essenziali, primo fra tutti il servizio alla "polis", cioè alla comunità. È solo attraverso un processo di coscientizzazione della gente sul valore etico del "bene comune" che si potrà pervenire a una svolta davvero epocale per l'Africa. La chiesa cattolica, le chiese in genere, sono lontane mille miglia dall'affrontare tale problema.

Anche la cosiddetta dottrina sociale della chiesa ha bisogno di un aggiornamento radicale a questo riguardo, se vuole essere credibile. Ma non sto chiedendo un'altra enciclica sul concetto di stato oggi (anche se ce ne sarebbe bisogno!), bensì un gesto simbolico (un'*affirmative action*, si direbbe in Sudafrica). Infatti, quasi tutte le encicliche sociali sono bei documenti che raramente scendono alla base. Sono fatte da esperti e rimangono spesso pura teoria. Per questo i gesti sono più significativi e propositivi di tante parole.

Ecco allora che chiedo a Giovanni Paolo II un gesto coraggioso: l'annuncio *urbi et orbi* che il Vaticano non è più uno stato.

Sarebbe una bomba culturale: vera profezia in questa congiuntura storica dove la chiesa è chiamata a far germogliare il nuovo. Non ho niente contro l'extraterritorialità petrina. Quando, nel secolo scorso, è stato creato il Vaticano, era l'unica formula giuridica per dare indipendenza al papato. Ma oggi, alla luce del diritto internazionale, è possibile ipotizzare un'entità alternativa che superi il concetto ristretto di stato. La posta in gioco è alta. È il futuro dei poveri del Ruanda, dello Zaire, del Mozambico, dell'Angola... di Korogocho.

Si tratta di una "rivoluzione copernicana" che sarà possibile nella misura in cui ci saranno uomini disposti a lottare per la vita. Scrive Davidson che la storia insegna come, spesso, l'utopia diventi realtà.

Galileo esclamò: "Eppur si muove". Nonostante quasi tutti i segni siano allarmanti, a Nord come a Sud, mi rifiuto di cedere al pessimismo, soprattutto all'afropessimismo. Sento che la vita batte le strade dei poveri. Basta il sorriso di quei bimbi che mi si aggrappano al collo per i meandri della baraccopoli, per ridarmi la certezza che la Vita vince, o, come diceva l'amico Tonino Bello, che "la Pasqua è in agguato".

*"Nigrizia", ottobre 1994*

# La scoperta dell'Africa

## Nei cinquecento anni dalla prima circumnavigazione

Vista da questa immensa baraccopoli di Korogocho, alla periferia di Nairobi, la situazione dell'Africa, dei popoli impoveriti, appare sempre più drammatica. L'esistenza dei diseredati peggiora: l'impossibile costo dei generi alimentari, l'inflazione galoppante, la corruzione onnipresente, gli "aggiustamenti strutturali", rendono la vita sempre più dura. Korogocho è solo un piccolo esempio della tragica realtà dei poveri a livello mondiale, di un'Africa che gronda sangue: dai popoli crocifissi del Sudan alla tragica avventura somala, dalle carneficine della Liberia a quelle del Ruanda, dalle violenze sudafricane all'infinita guerra angolana... per non parlare delle nuvole che si addensano su questo stupendo paese. È un'Africa che tanto ha sofferto e che continua a soffrire, ma che ha tanta voglia di vivere, di celebrare, di danzare, con l'Asia, i cinquecento anni della sua "scoperta".

1498: il viaggiatore portoghese Vasco de Gama aggira il Capo di Buona Speranza e raggiunge Mombasa, qui in Kenya. E da Mombasa, verso i lidi d'Asia. Un viaggio "storico", l'inizio dell'imperialismo europeo su queste terre. Un'avventura pagata a duro prezzo dai due continenti. Pensiamo, per l'Africa, alla sola tratta degli schiavi, un commercio di carne umana che ha insanguinato la nostra storia fino a ieri. Un'immane tragedia che pesa come "maledizione" sul continente nero.

Il 1998 potrebbe diventare punto di arrivo e di partenza simbolico, momento di ripensamento come lo sono state le celebrazioni per i cinquecento anni dell'America. È giunto il tempo di un lavoro capillare di controinformazione, di riflessione critica e di autocritica, di lettura della realtà con occhi nuovi. Questo anno giubilare, pensato e lanciato dai teologi afroasiatici riunitisi a Colombo (Sri Lanka) nel giugno 1992, se sostenuto da una seria coscientizzazione di base potrebbe aiutare molti a capire cosa abbia significato per l'Africa e l'Asia l'apertura al grande mercato mondiale.

Le prime a essere messe in discussione sono le chiese, nonostante profeti come Nobili e Ricci. "Un cristianesimo mercantile ha piantato la croce in Asia, complici le potenze straniere," scrive il gesuita Aloysius Pieris dello Sri Lanka, "ed è su questa croce che i poveri asiatici sono oggi battezzati." Su questa croce i poveri d'Asia e d'Africa sono crocifissi: poveri cristi, immagini vive di Cristo crocifisso fuori le mura.

Saranno le chiese capaci di tanto? Giovanni Paolo II ha fatto un timido tentativo chiedendo perdono a Gorée, triste isola al largo di Dakar. Da qui partivano gli schiavi diretti verso le Americhe. Saranno le chiese del 1998 capaci di recitare a voce alta il *Confiteor*? Non c'è vero cambiamento senza ammissione del peccato. Non hanno avuto il coraggio di farlo nell'anno giubilare dell'America. Ce la faranno per Africa e Asia?

Le chiese sono oggi convocate dalla storia alla costruzione di un mondo nuovo, alternativo: è un momento di grazia. Viviamo in un mondo dove "l'economia uccide" – così lo slogan per l'Arena 5. "Bisogna cambiare." Dobbiamo costruire un mondo più umano, più vivibile. È crollato il Muro di Berlino, ora tocca al *Muro del Denaro*!

Per fare questo c'è il bisogno urgente di una spiritualità di cui i teologi afroasiatici hanno parlato nel loro incontro di Colombo. Una spiritualità di respiro universale, che esprima l'impellente bisogno di cambiamento di rotta, l'esigenza di fermare il processo di autodistruzione che permea la civiltà occidentale. Una spiritualità dal profondo rispetto per la sacralità della terra, attenta al grido dei poveri, capace di compassione, di tenerezza. Una spiritualità capace di far emergere una nuova cultura, di esprimersi in simboli, miti, esperienze religiose vere, vive. "Una spiritualità che ci prepari a lottare in difesa del diritto a pianificare il nostro futuro," hanno detto i teologi afroasiatici nello Sri Lanka, "a proseguire la strada che scegliamo rifiutando che le nostre menti siano colonizzate, le nostre terre ipotecate, il nostro destino deviato da coloro che creano la povertà planetaria. La nostra sarà una spiritualità del potere dell'impotenza, del potere della verità, dell'amore, della libertà, una spiritualità della croce."

Senza una tale spiritualità, senza un tale cambiamento culturale, sarà difficile accendere, in questa notte di Korogocho, la lampada della Speranza. È in questo spirito che, nel contesto di Arena 5, rilanciamo l'anno giubilare 1998. Spero sia un altro sassolino nella fionda di David nella lotta contro il gigante Golia. Affinché in questa notte dei poveri rifiorisca la speranza che brilla negli occhi dei bimbi di Korogocho.

*Nairobi, 1 agosto 1998*

# Il marchio della Bestia
## L'Accordo multilaterale sugli investimenti

"Quello che è troppo è troppo. Sono sempre di più a pensarlo, al Nord come al Sud. Questo mondo sta diventando invivibile per gli effetti di un'economia divenuta inumana. Il dilagare degli egoismi sta minando le fondamenta dell'etica. Dopo lo stato nazionale e lo stato sociale, è la stessa società civile a essere minacciata di smantellamento in nome degli imperativi del mercato. È dunque ormai indispensabile una forte risposta collettiva." Così proclama l'editoriale di "Le Monde diplomatique" (maggio 1998), lanciando una nuova campagna: "Un mondo diverso è possibile". È quanto ho provato anch'io qui nei gironi infernali della miseria, quando ho letto la documentazione sul Mai (Accordo multilaterale sugli investimenti). Questa è davvero l'ultima geniale trovata del potere economico-finanziario per imporre il proprio controllo totale su scala planetaria. "Lo scellerato progetto," così lo definisce "Le Monde diplomatique", "una sorta di dichiarazione dei diritti universali del capitale, ha dimostrato fino a che punto i rappresentanti degli stati membri dell'Ocse erano pronti a rinunciare a qualsiasi difesa del bene comune a fronte delle illimitate pretese degli investitori."

Il Mai non è altro che una serie di regole studiate alla perfezione (il linguaggio è quello degli iniziati, comprensibile solo ai legali!) per proteggere ed espandere il potere delle grandi compagnie e degli investimenti finanziari internazionali, garantendo loro un clima propizio a tali operazioni, facilità di recupero dei profitti, libero accesso al mercato senza nessun obbligo verso i bisogni economici locali. Grandi sostenitori del Mai, gli Stati Uniti e (guarda caso!) l'Unione europea: i colossi economici mondiali. (Che tristezza questa Europa di Maastricht sempre più fortezza economica, sempre più ripiegata su se stessa!). Segreta speranza dei sostenitori del Mai è che, dopo la firma dell'Accordo da parte dei ventinove paesi ricchi dell'Ocse, i paesi poveri ne seguiranno l'esempio. Sentir parlare di queste subdole manovre degli straricchi, qui a Korogocho, concentrato emblematico di miseria e di oppressione, mi fa indignare. Per noi che viviamo nei sotterranei della vita, che sperimentiamo sulla nostra pelle l'enorme sofferenza dei poveri, che ascoltiamo l'immenso grido di dolore dei popoli africani, questa storia del Mai è davvero una brutta notizia. Se questa campagna del Mai dovesse riuscire vittoriosa, vorrà dire che per i poveri rimarrà ben poca speranza. Ai poveri, sacrificati negli anfiteatri dei nuovi giochi imperiali, resterà solo da gridare: "Ave Caesar, morituri te salutant!".

Posso vederlo qui nella mia Korogocho dove i poveri non possono più permettersi il lusso di andare all'ospedale Kenyatta, di mandare i propri figli alla scuola elementare. Mi spacca il cuore vedere come i poveri pagano con la vita gli aggiustamenti strutturali, le leggi del mercato. Korogocho, piccolo specchio di quest'Africa tormentata e oppressa, schiacciata da un debito di 225 miliardi di dollari, pari a 379 dollari (680.000 lire) per ogni uomo, donna, bambino del continente. Conseguenza: 21 milioni di bambini del continente moriranno entro il 2000. La grande bestemmia è che i soldi che potrebbero salvare questi bimbi serviranno invece a rimborsare il debito estero. La suprema follia del mercato ha già decretato attraverso la nuova "trinità" istituzionale (Fmi, Banca mondiale, Wto) che un miliardo di esseri umani non hanno futuro, sono inutili. Conseguenza di questo sistema mondiale, che permette al 20 per cento del mondo di vivere da nababbi a spese dell'80 per cento che vive di stenti. È questo 20 per cento che ora vuole imporre le regole del gioco imperiale: il Mai.

Questa operazione è ormai in atto da anni. Il primo segnale è stato, nel 1994, la trasformazione del Gatt in un nuovo organismo, l'Omc. Gli Stati Uniti hanno giocato un ruolo fondamentale in tutto questo, facendone di fatto uno strumento di rafforzamento del programma delle imprese. Il nuovo organismo definisce il libero scambio come diritto delle imprese di andare dove vogliono e di fare ciò che vogliono. "L'istituzione del Wto," affermano Brecher e Costello nell'indovinato volume *Contro il capitale globale*, "rappresenta in effetti un audace colpo di stato globale."

Allo stesso tempo nasce il Nafta tra Stati Uniti, Canada e Messico. Le duemila pagine del trattato rappresentano una lista di *desiderata* tendente a eliminare tutti i problemi che le imprese americane incontravano in Messico. Nonostante la massiccia opposizione negli Usa e in Canada, anche questo accordo è entrato in vigore nel 1994. Su quest'onda si inserisce ora il più raffinato Mai, di dimensioni planetarie. E non sarà facile contrastarlo senza un'ampia mobilitazione, come è avvenuto in Francia. Un dibattito pubblico (i detentori del potere finanziario amano la segretezza!) di ampio respiro che coinvolga tutte le componenti sociali e utilizzi tutti gli strumenti, non ultimi quelli informatici. Usando in maniera brillante internet, una rete di Ong ha messo in crisi il Mai, proprio durante l'incontro dei ministri dell'Ocse lo scorso aprile. Lo ha ammesso lo stesso direttore dell'Ocse, Donald Johnston. È un altro splendido esempio di globalizzazione dal basso.

Ma sono tutti i settori della società civile, tutti i gruppi di resistenza che sono convocati a informarsi e a informare perché in Italia cresca un dibattito forte che faccia nascere un'opinione pubblica che sappia dire no a questi giochi imperiali. Come i piccolissimi lillipuziani catturavano Gulliver, legandolo con tanti pezzetti di filo, la strategia lillipuziana può oggi legare il gigante economico. È questa l'unica forma di resistenza al Mai e al sistema. La nostra deve essere una risposta collettiva, un agire insieme per introdurre un pizzico di umanità negli ingranaggi della macchina neoliberale. Solo così rifiuteremo il marchio della Bestia.

Pensando al Mai, mi è venuto spontaneo l'accostamento al testo dell'*Apocalisse*, un libro che in questo periodo mi scalda il cuore. "La Bestia faceva sì che tutti, piccoli e grandi, ricchi e poveri, liberi e schiavi ricevessero un marchio sulla mano destra e sulla fronte: e che nessuno potesse comperare o vendere senza avere tale marchio, cioè il nome della Bestia" (*Apocalisse* 13, 16-17). Come una volta l'Impero romano, oggi l'impero del denaro ci vuol bollare tutti con il suo marchio! Il marchio del comperare e del vendere, dell'economia imperante: logica e razionalità dell'impero. È il marchio del Mai.

Noi siamo chiamati a fare resistenza, a proclamare che l'Impero non è un soggetto assoluto a cui nessuno può opporre resistenza, a gridare che l'impero del denaro non è dio. "L'impero non è '7' (il numero che nelle Scritture indica la completezza e la perfezione), afferma il biblista della liberazione Pablo Richard, "ma è '666' (la negatività assoluta): è spiritualmente sconfitto e pertanto la resistenza ha senso, anche se l'impero ha ancora potere perché continua a bestemmiare, vincere e uccidere."

*"Nigrizia", ottobre 1998*

# No alla guerra

## Appello per la pace in Kosovo

Da questi sotterranei della vita e della storia, da questa Koro-gocho simbolo emblematico e manifesto di come l'impero del denaro riduce i poveri di tutto il mondo, da questo luogo di sofferenza umana, di tragedie, ma anche di voglia di vivere, voglia di Resurrezione, sento l'urgenza di scrivervi in merito a quanto sta avvenendo proprio nel cuore dell'Europa. Come sento nel mio stomaco in modo viscerale le sofferenze personali e collettive della gente di Korogocho, così in questi giorni sento le bombe sganciate dalla Nato sulla Iugoslavia. È per questo che ho deciso di farvi arrivare questa mia breve riflessione frutto di amarezza, rabbia e incapacità di capire.

Mi ritrovo profondamente nelle parole di uno dei grandi pensatori di missionologia di questo secolo, un giapponese – Kosuke Koyama – che riscrivendo e ripensando la sua vita di proclamazione del Vangelo in Asia e in America conclude dicendo che l'*ecumene* che Cristo ama è pieno di violenza: "Bombardamenti avvengono ovunque e ogni bomba colpisce il Dio di Gesù Cristo; ogni bomba è la negazione della *Ruah*, dello Spirito di Dio che fu messo nelle nostre radici". Non è forse questa parola, "bombardare", che caratterizza il modo della vita umana su questo pianeta nel Ventesimo secolo? Forse altri secoli sono stati altrettanto violenti come il nostro, ma noi che viviamo in questo siamo responsabili del suo presente e del suo futuro.

Koyama si chiede: "Perché l'essere umano è così violento? Perché tutte le civiltà e in particolare la civiltà occidentale, così influenzata dal cristianesimo, è così violenta? La fonte della violenza umana è un grande mistero". Penso che in poche parole Koyama esprima in maniera forte quello che io sento, quello che io vivo. "Ogni bomba colpisce il Dio di Gesù Cristo" è una parola forte ed è l'unica che posso dire davanti a questa situazione europea che si verifica non in Africa, come noi europei abbiamo sempre continuato a dire, ma nel cuore stesso dell'Europa, incapace di trovare una maniera nonviolenta, una via alla riconciliazione in cui le razze, le etnie, i gruppi linguistici e religiosi dei Balcani trovino la strada per la convivenza civile così come sono chiamate a fare anche le etnie africane che incontrano le stesse difficoltà. Finiamola prima di tutto con la nostra lettura razzista della realtà!

Quello che mi ferisce più profondamente è che ogni bomba colpisce il cuore di Dio e i bombardamenti sono la negazione radicale del Vangelo. Dico questo con grande amarezza, perché non riesco a capire come si possa arrivare alla fine di questo secolo così violento con un'Europa che continua a rifarsi a Dio e alla matrice cristiana mentre è incapace di avere una politica propria, e rimane totalmente succube dell'impero del denaro e dell'America. Un'Europa che in tutti questi anni è stata incapace di fare una politica seria per i Balcani, delegandola agli interessi economici, egemonici o imperiali.

Non posso accettare un'Europa che continua a obbedire agli Stati Uniti e all'impero del denaro, né posso accettare l'esistenza di una Nato. Mi ricordo che quando l'avevamo messa in discussione, negli anni 1985-1986, eravamo stati tacciati di essere comunisti perché ci svendevamo al nemico. Che vergogna! Perché dopo il crollo del Muro di Berlino, che non ha significato e non significa nulla perché il grande muro è tra ricchi e poveri e non tra Nord e Sud, non si è avuto il coraggio né l'ispirazione di dire basta alla Nato da parte dell'Europa? Che cosa ci sta a fare un esercito che serviva solo a fomentare il grande nemico e che è totalmente nelle mani dell'impero degli Stati Uniti?

Sono tutte domande che mi colpiscono dentro, ma ancora di più mi colpisce l'incapacità delle chiese di far partire un movimento di base di ispirazione profondamente cristiana che riesca a diventare movimento politico per dire no a tutte queste logiche che ci portano inesorabilmente a una violenza senza fine. Stiamo innescando micce che potrebbero far saltare non solo la polveriera dei Balcani ma anche tante altre altrove. Aveva ragione Dostoevskij quando ha detto che i demoni si sono scatenati in questo Ventesimo secolo. Un secolo di una violenza forsennata. Mi sono letto in questi giorni tutte le stragi compiute in questo secolo, ma è concepibile finirlo in maniera così macabra? È possibile che le chiese si apprestino a celebrare il Giubileo del 2000 sotto le bombe? Che trasformino questo Giubileo in un grande business mentre il cuore del Giubileo è il cuore stesso del Vangelo? È questo che io non riesco più a capire.

Da questi sotterranei della vita e della storia grido a voi, a tutta la gente che ha minimamente la capacità di pensare, di reagire e di dire no alla follia della guerra. La guerra è pura follia perché innesca meccanismi che solo tra un po' vedremo dove ci porteranno. Il mio appello – proprio perché credo che Gesù di Nazaret sia stato l'inventore della nonviolenza attiva, della resistenza all'Impero di allora, ma anche a tutti gli altri imperi, che sia stato colui che ha visto con occhio penetrante le conseguenze del ciclo della violenza e l'ha rifiutata nel contesto del suo popolo, nel contesto imperiale romano – è che tutti noi abbiamo il coraggio di riconoscere questo oggi e, soprattutto adesso che il mondo è un'unica realtà, il coraggio di capire quanto sia suicida questo nostro processo.

Chiedo a tutti, a tutta la gente di buona volontà, a tutti quelli che si riconoscono in questa traiettoria di nonviolenza attiva, in questa resistenza attiva all'impero, in questo dire no alla storia di morte, di mobilitarsi per far nascere un'ottica nuova nel cuore di questo impero che riduce i poveri al nulla, li maciulla, ne ammazza 30-40 milioni all'anno per fame. Questo è un mondo di morte che uccide con le armi ma uccide ancora di più con l'economia. È un mondo costruito sulla violenza ed è proprio questa che dobbiamo scardinare. Questa è l'unica maniera di fare giubileo.

Chiedo al popolo italiano, e soprattutto a tutti gli amici, di far partire dal basso qualcosa che dica NO a tutto questo e sia capace di indirizzare finalmente questo nostro paese a realizzare una ben diversa vocazione politica nel Mediterraneo e verso l'Africa, una politica vera, una politica di riconciliazione.

Oggi, e lo sappiamo bene, le bombe sono puntate sulla Iugoslavia, domani lo saranno sul Nordafrica, perché il grande nemico che l'impero vede è l'islam.

Finiamola con questa logica, diamoci tutti una mano, celebriamo davvero il giubileo. Fate risuonare quel corno in tutte le città italiane, riunitevi, datevi da fare perché nasca qualcosa di diverso da questa logica di morte. Ricordatevi che ogni bomba, come diceva Koyama, colpisce il Dio di Gesù Cristo sia in Iugoslavia che a Korogocho, che ogni bomba è la negazione dello Spirito di Dio che Lui ha messo dentro di noi.

Dai sotterranei della vita e della storia vi dico questo con profonda amarezza, ma anche con grande convinzione, perché motivato dalla certezza che potrà esserci un mondo diverso da quello che abbiamo, un mondo che tocca a noi costruire.

*Korogocho, 25 aprile 1999*

# "Nafta for Africa": genocidio pianificato?

## Washington prepara uno "sfruttamento incondizionato"

Vivendo a Korogocho, vivendo dentro quelli che io chiamo i sotterranei della vita e della storia, non ho bisogno né di statistiche, né di altro per dirvi gli effetti di certe politiche degli aggiustamenti strutturali, e ciò che questo sistema economico comporta per i poveri del mondo. Li ho sotto gli occhi e ne rimango sconcertato. Ed è per questo che mi arrabbio ancora di più quando leggo certe notizie e sento certe cose.

Sono rimasto esterrefatto che in Italia, mentre si era a lungo parlato del Mai ed era stata lanciata anche una campagna contro di esso, non si è parlato per nulla del nuovo Mai che gli Stati Uniti vorrebbero imporre alle nazioni africane e che viene comunemente chiamato "Nafta for Africa". Quando ho sentito parlare per la prima volta della proposta di legge che il presidente Clinton ha presentato nel 1998 al Congresso americano sono rimasto sbalordito.

Ho chiesto perciò agli amici di trovarmi attraverso internet tutto il materiale disponibile sull'argomento. E quando ho iniziato a leggerlo sono effettivamente caduto dalle nuvole.

Il Nafta è il North American Free Trade Agreement, un accordo di libero scambio tra Stati Uniti, Canada e Messico, proposto inizialmente da Bush all'inizio degli anni novanta e portato a compimento da Clinton nel 1994. Nel 1998, sotto la spinta delle grandi multinazionali, lo stesso Clinton ha poi presentato al Congresso americano, prima alla Camera e poi al Senato, una proposta di legge che porta il titolo di "African Growth and Oppurtunity Act", che tradotto in italiano significa "Proposta di legge per la crescita e l'opportunità dell'Africa". Questa legislazione è stata promossa da una coalizione di multinazionali comprendente alcune delle più grandi compagnie mondiali, tra cui Texaco, Mobil, Amoco, Caterpillar, Occidental Petroleum, Enron, General Electric, Chevron e Kmart's. Si tratta di multinazionali più volte incriminate in chiave internazionale per violazioni di vario genere, da quelle ambientali a quelle sui diritti umani. Questa legislazione, promossa dalla coalizione di multinazionali, è stata presentata alla Camera degli Stati Uniti l'anno scorso, ma è stata subito pesantemente attaccata da varie Ong e da una parte dell'opinione pubblica americana, che vedono in essa uno strumento di promozione e tutela del controllo corporativo americano sulle economie africane e sulle risorse naturali del continente. Dopo una battaglia molto dura e pesante, la legislazione è stata approvata dalla Camera con 233 voti contro 186, ma è stata in seguito bocciata dal Senato. Nel gennaio di quest'anno il presidente Clinton ha annunciato una nuova offensiva della Casa Bianca per ripristinare quella legislazione, chiamando il Congresso a esaminare una proposta molto simile alla precedente, l'"Africa Trade and Development Bill", "Proposta di legge per il commercio e lo sviluppo dell'Africa". Attualmente il documento si trova alla Camera per la necessaria discussione. Ma al di là delle sorti di questa proposta di legge, quello che è importante è che una tale legislazione (sia quella dell'anno scorso che l'attuale), al cui confronto quasi il Mai impallidisce, sia sostenuta dai detentori del potere economico-finanziario, vale a dire dalle grandi multinazionali. Vivendo qui a Korogocho, vedendo la sofferenza dei poveri e leggendo di queste manovre, rimango esterrefatto che in Italia, dopo tanto chiasso sul Mai, di questo nuovo tentativo americano non si sia parlato per nulla. Sembra quasi che non ci interessi, mentre sappiamo molto bene che una legislazione del genere passata negli Stati Uniti, cuore dell'impero del denaro, avrà enormi ripercussioni su questo continente, che già vive un momento così difficile. Ma in che cosa consistono questi due Atti così simili, quello del 1998 e quello di quest'anno, comunemente definiti "Nafta for Africa"? Questo documento, in pratica, richiede alle nazioni africane di sottomettersi ai dettami economici e politici del Fondo monetario internazionale. Esso prescrive che il governo di un paese africano aderente all'accordo debba ottenere la certificazione dal presidente degli Stati Uniti prima di avviare qualsiasi investimento e per usufruire dei benefici derivanti dal commercio con gli Stati Uniti stessi. I requisiti della certificazione sono pienamente rispondenti alle misure economiche definite dagli Stati Uniti, che sono assai più severe di quelle imposte dall'Fmi alla Russia, all'America Latina e all'Asia. Con risultati chiaramente catastrofici.

La cosa incredibile è che, per ottenere la certificazione dal presidente degli Stati Uniti, ogni governo africano deve prima:

– ridurre drasticamente le tasse sulle società straniere o nazionali;

– intraprendere una immediata e completa privatizzazione dei patrimoni e dei servizi pubblici (trasporti, comunicazioni, sanità, grandi industrie);

– aprire il più possibile l'economia alla proprietà o al controllo di holding straniere;

– permettere alle società straniere un accesso illimitato alle risorse naturali;

– adottare politiche agricole che sostituiscano la produzione di cibo con colture estensive destinate al mercato estero.

Questo è il "Nafta for Africa". Una cosa assurda.

Mi è davvero piaciuto che l'ex presidente sudafricano Nelson Mandela, in occasione della visita di Clinton in Sudafrica il 27 marzo 1998, abbia detto pubblicamente di fronte al presidente americano che questo tipo di legislazione è improponibile. Mandela ha detto testualmente: "Questo è un argomento su cui noi nutriamo gravi riserve... Per noi è inaccettabile".

Negli Stati Uniti vi è stata una considerevole levata di scudi sull'argomento. Sono rimasto molto stupito del fatto che il "New York Times", nell'edizione della domenica del 7 giugno 1998, abbia pubblicato un editoriale molto deciso su questo.

L'editoriale cominciava così: "Ha un nome molto bello questa nuova legge, 'African Growth and Opportunity Act', e anche uno slogan molto intelligente, 'Trade not Aid', vale a dire 'commercio, non aiuto'. Ma la legislazione che si trova ora all'esame del Congresso non è che un pacchetto di benefici a favore delle fiorenti multinazionali e una minaccia per la sovranità degli stati subsahariani che gli stessi sostenitori della legge dicono di voler aiutare". Se il "New York Times", che è una delle voci del padrone, afferma una cosa del genere, mi meraviglio del silenzio intorno a questa proposta di legge e alle sue terribili conseguenze. Così come è stata a suo tempo lanciata una campagna contro il Mai – con esiti positivi – bisogna lanciare una campagna per sconfiggere il "Nafta for Africa".

L'editoriale del "New York Times" concludeva dicendo: "Il presidente sudafricano Nelson Mandela ha definito la legge 'inaccettabile', ma la maggior parte dei leader dell'Africa subsahariana, di fronte a popolazioni disperatamente povere e a un livello di disoccupazione disperatamente alto, l'hanno sottoscritta. Essi sembrano sperare che un accordo commerciale con gli Stati Uniti e le sue potenti corporazioni allevierà in qualche modo le loro sofferenze economiche. È una situazione matura per uno sfruttamento incondizionato".

Mi sconcerta il totale silenzio delle chiese. In un contesto di preparazione al grande banchetto del giubileo, un banchetto a cui tutti i popoli dovrebbero egualmente partecipare, le chiese non hanno detto una sola parola sul "Nafta for Africa". Io chiedo alle chiese di reagire con forza. Festeggiare il giubileo significa rimboccarsi le maniche, impegnarsi a bollare legislazioni come queste e far nascere un sistema economico dove regni un po' di giustizia. A nome dei fratelli e delle sorelle che soffrono incredibilmente a Korogocho io mi appello a tutti voi perché vi diate da fare, affinché il "Nafta for Africa" venga definitivamente sconfitto. Non potrebbe essere questa una prima agenda per la nascente Rete lillipuziana?

Questo tormentato continente africano ha bisogno di accordi e proposte legislative economiche che rispondano ai bisogni e alle aspettative delle comunità e delle popolazioni locali e non a quelli delle corporazioni e delle multinazionali dei paesi ricchi!

*"il manifesto", 29 luglio 1999*

# L'orrore di quel voto sporco
## Afghanistan, l'Italia in guerra

Dalla lontana Nairobi apprendo con profondo orrore che anche l'Italia ufficialmente entra in guerra. Con un voto scellerato del Parlamento, il tanto decantato tricolore si renderà complice e autore della morte di migliaia di civili, di assurde stragi, di bombardamenti su città, villaggi, su popolazioni inermi, ridotte alla fame da condizioni di vita disperate. Un voto di una gravità inaudita quello del nostro Parlamento, che colloca l'Italia in una pagina nera della storia del mondo, una pagina listata a lutto e datata mercoledì 7 novembre 2001. A lungo porteremo con noi le conseguenze tragiche di quel voto, perché con quel sì alla guerra, non soltanto avalliamo decisioni politiche partorite dall'Impero, ma perdiamo anche una grande occasione: quella di dire no agli orrori, quella di dare finalmente a questo paese dignità e spessore in un momento così fondamentale per le relazioni internazionali. La mia costernazione non sarà mai abbastanza rispetto agli effetti che quel voto "sporco" sarà capace di produrre. Dai ghetti-discarica di Nairobi, dove milioni di persone vivono ammassate una sull'altra, dove i liquami degli scarichi fognari penetrano nelle baracche disegnando solchi di una puzza insopportabile, dall'Italia mi sarei aspettato notizie più confortanti che non uno squallido e stupido trionfalismo guerrafondaio. Tanto più squallido e tanto più stupido in quanto sostenuto da quegli esponenti del centrosinistra che sembrano aver dimenticato i valori dell'uomo, del vivere civile, del rispetto delle culture altre. E scelgono di imbracciare il moschetto. Le parole di Rutelli e degli altri guerrafondai della sinistra pesano come macigni sulla storia del nostro paese e io mi domando: ma che sinistra è mai quella che spedisce i popoli all'inferno? Già prima del 13 maggio avevo avvertito il pericolo che poteva provenire da una maggioranza parlamentare di centrodestra guidata da Silvio Berlusconi. Oggi quel pericolo è una realtà e i risultati sono sotto gli occhi di tutti. Gli italiani dovrebbero riflettere sull'affidabilità di un premier che scende in piazza a sostegno della guerra e su una parte consistente del centrosinistra che arriva a ossequiarlo.

Mercoledì 7 novembre l'Italia che ha detto sì alle bombe ha calpestato la propria Costituzione, quella che all'articolo 11 dice testualmente: "L'Italia ripudia la guerra come strumento di offesa alla libertà degli altri popoli....". Possibile che la gravità di questa cosa lasci indifferente il presidente della Repubblica, che della Costituzione deve farsi garante? Mi giungono notizie di appelli alle famiglie italiane perché tengano un tricolore in casa: ma a queste famiglie viene detto che quel tricolore da oggi è macchiato di sangue? Ci vogliono far credere che quella votata mercoledì sia una guerra necessaria, contro il terrorismo, uno strumento indispensabile per ridare all'Italia quel ruolo che le competerebbe a livello internazionale. Mai ascoltate tante falsità in una sola volta. Guerra necessaria è un binomio creato ad arte da chi pensa soltanto ai propri spudorati interessi, da chi non conosce le vie del dialogo e della pace, da chi non ha nessuna considerazione per la vita umana. Ogni guerra fa stragi di civili e così sarà anche in questo caso. Lo sa il presidente Ciampi? Guerra al terrorismo è concetto altrettanto falso, perché altrimenti dovremmo combattere tutti i terrorismi, tutte le ingiustizie, tutte le stragi. Ma così non è. Che cosa dovremmo pensare, allora, di chi uccide 30-40 milioni di persone ogni anno? È il numero dei morti "dimenticati", morti di fame, di malattie, morti in conflitti regionali dei quali nessuno parla, bambini morti per sfruttamento sul lavoro, per schiavitù: il ricco Occidente non può dirsi estraneo a queste tragedie. L'appuntamento che si è dato oggi a Roma il popolo della pace è di quelli da non perdere, perché far sentire alta la propria voce oggi contro questo vergognoso interventismo diventa più di un dovere, diventa una scelta necessaria per indicare le vie della nonviolenza, del dialogo, della giustizia. Da questa lontana terra, anch'io griderò "non sono d'accordo". Tra qualche anno ci diranno che avevamo ragione. Speriamo che non sia troppo tardi.

*"Liberazione"*, *9 novembre 2001*

# Grazie, mamma!

## Lettera agli amici

Carissimi, *jambo*!

Chiedo perdono per non essere riuscito a trovare il tempo per stendere quest'ultima *Lettera agli amici*, lettera che ha alimentato questa incredibile ragnatela di amicizie, di relazioni, di Mistero che mi ha permesso di continuare a camminare sulle strade dei poveri per questi dodici anni. Ma la vita a Korogocho è stata talmente intensa da non trovare il tempo per scriverla. Perdonatemi. È stato l'anno forse più duro a Korogocho, a parte il 1998. Spesso mi sono ritrovato nelle parole del Salmo 62: "...come muro, muro sbrecciato e cadente". Ora, rafforzato nello spirito dalle gioiose celebrazioni natalizie (che boccata d'ossigeno!) e dall'arrivo di padre Daniele Moschetti (vero dono di Natale), tento di condividere con voi un anno carico di sofferenza, ma proprio per questo così denso di vita, di *birthing* (un'intraducibile parola inglese che significa "nascita-re"). Un senso di *birthing* percepito con forza proprio nella morte della mamma.

"Rendiamo grazie a..." erano state le ultime parole della mamma come risposta all'"Andiamo in pace" a conclusione dell'ultima messa celebrata a fianco del suo letto all'ospedale di Cles. Mi nasceva spontaneo il grazie per la vita che mi aveva donato, per il suo insegnamento a fare della vita un dono agli altri fin dal suo seno. "Fin dall'utero a Te sono votato", nelle parole del Salmo 22, "dall'origine sei il mio Dio, mia vita succhiata col latte."

Infatti nel giorno del suo matrimonio aveva chiesto al Signore che il primo figlio maschio fosse consacrato a Lui.

Piangeva di gioia il giorno della prima messa (fu il giorno più bello della sua vita). E mi seguì con amore grande sulle strade del mondo anche nei momenti più duri e burrascosi. Insieme a papà (splendida figura di montanaro e di resistente) rimase un punto fermo della mia vita. Quella settimana passata con lei all'ospedale di Cles è stato un momento importante per me per fare memoria, e il regalo più bello che potevo farle. *"Ses conten-ta che son nu?"* le chiesi. *"Sive, pop!"* mi rispose con un sorriso che non dimenticherò mai. Fu la sua morte, però, il 7 marzo 2001, il suo vero testamento.

"In genere si ama per essere amati, mentre la morte ci inse-gna ad amare l'altro lasciandolo essere 'altro', lasciandolo essere nella sua alterità" afferma Marie de Hennezel nel suo libro *Il passaggio luminoso*, che ho riletto mentre assistevo la mamma. "Bisogna saper perdere ciò a cui teniamo di più perché è in tale libertà che si ama davvero. Questa vita che amiamo appassiona-tamente (la nostra vita!) proprio mentre stiamo per lasciarla la amiamo di più. Comprendiamo allora che questa esistenza è un 'altro', che 'io è un altro' e che questo essere che amiamo, lo amiamo meglio il giorno in cui siamo capaci di permettergli di andare là dove deve andare... Spesso i morenti attendono il no-stro permesso. Dovremmo imparare a dire: 'Va' verso te stesso, io sono con te'".

Pochi lo hanno capito così bene come la zia Alda, la sorella della mamma, che il giorno del suo addio ci rimproverava: *"No planget popi! Laiala nar, cha femma!"*, "Non piangete, lasciatela andare quella donna". La mamma è stata la persona più decen-trata che abbia mai conosciuto. La sua vita erano gli altri. Fino alla fine. "Quando celebrai la prima messa in questo paesino di Livo, fu la mamma la prima persona a venire a baciarmi le ma-ni" dissi durante l'omelia per la sua reposizione. "Oggi sono io che vengo a baciare le tue mani, mamma, perché se sono prete lo devo a te e perché lo sei stata più di me." Mi avvicinai e baciai commosso quella bara su cui avevo deposto un crocifisso muti-lato di Korogocho e un rosario pokot preparato dalle ragazze madri dell'Udada. Mi è venuto allora spontaneo invitare i pre-senti a cantare il *Magnificat*. Provavo il bisogno di dire grazie, perché la sentivo viva. Ho voluto esprimere questo senso di vita dando a ciascuno il primo fiore che nelle nostre valli irrompe dalla neve e proclama la primavera: i gattici.

"Sei tu Signore che mi hai intessuto nel ventre della madre, facendo del suo grembo una tenda" (Salmo 139). Con questi ra-metti di gattici, sospinti dalle campane che suonavano a festa, abbiamo accompagnato la mamma a riposare accanto a papà Sandro in quel cimitero di Livo che raccoglie tante umili perso-ne per me così significative. Mentre deponevamo il corpo della mamma nella nuda terra, mi è venuto spontaneo chiedere ai tanti amici presenti di intonare un canto della montagna che lei gradiva molto.

*"Che dolcezza nella voze de me mama, quando insieme s'ar-rivava al Capitel: la polsava en momentin, la pregava pian pia-*

*nin. E alla fin la me diseva: 'Vei che nem! Ve saludo Madonina, steme ben!'"*

Mi venne poi spontaneo inginocchiarmi sulla tomba e chiedere la loro benedizione. (Non dimenticherò mai l'ultima straziante benedizione, quando papà e mamma mi imposero le mani e mi benedirono prima di ritornare nel 1991 a Korogocho.) Su quella tomba sentii nuovamente quelle due mani benedicenti che mi davano tanta vita, tanta forza per ridiscendere agli inferi.

*Korogocho, 1 gennaio 2002*

# Mi vergogno di essere italiano

## La legge Bossi-Fini

Non mi sarei mai aspettato di ritornare in Italia dopo dodici anni spesi nei sotterranei della vita e della storia, nella baraccopoli di Korogocho, ed essere accolto con una legge come la Bossi-Fini. "Ma cos'è successo?" L'ho chiesto a eminenti studiosi quali Antonio Brusa o Franco Cassano in pubblici dibattiti in Puglia. Balbettavano, balbettiamo tutti. Una cosa è certa: in un ventennio il popolo italiano ha fatto una virata antropologica incredibile (una volta mandavamo schiere di antropologi a studiare le "tribù" africane, forse è giunta l'ora che gli antropologi africani vengano a studiare la "tribù" italiana e a spiegarci cosa stia avvenendo proprio in un paese di migranti come l'Italia).

Noi italiani in questi ultimi due secoli siamo stati un popolo di migranti (oltre 60 milioni di italiani vivono oggi all'estero!). In barba a tutta una storia di migrazioni, in barba a tutte le campagne di difesa dei diritti umani, culturali, religiosi, dei nostri connazionali all'estero, in barba a tutto e tutti... siamo arrivati ora alla Bossi-Fini.

Mi vergogno di essere italiano, ma mi vergogno soprattutto di essere cristiano (se cristiani sono coloro che hanno votato o approvato questa legge!). L'immagine più ripugnante è senza dubbio quella della raccolta di impronte digitali degli immigrati (basterebbe ricordare quello che questo significa nell'immaginario popolare!). Ma quello che preoccupa di più della Bossi-Fini è che mette fra parentesi la *persona* (quello che interessa è che l'immigrato lavori, non che esista come essere umano con una propria cultura o come cittadino). In questo senso la legge Bossi-Fini avalla una mentalità secondo la quale l'immigrato deve essere una merce da utilizzare. L'immigrato è legalmente riconosciuto fintanto che serve al capitale, poi può essere respinto al mittente. E se l'immigrato non esiste come *soggetto* di diritti, allora non esisterà neanche il rispetto per la sua cultura, per la sua esperienza religiosa. E se questa è la mentalità che regge questa legislazione, è chiaro che ignorerà anche le cause strutturali che spingono tanta gente a cercare una possibilità di vita qui da noi (gli squilibri internazionali, la geopolitica delle guerre, i sempre più marcati divari tra straricchi e impoveriti).

Non risolveremo mai il problema delle immigrazioni se non risolveremo la profonda sperequazione economico-finanziaria che regge questo mondo, dove il 20 per cento si pappa l'83 per cento delle risorse di questo mondo, e questo per lo strapotere militare che serve a difendere lo stile di vita di pochi a spese di molti morti di fame. Anche in questo, la legge Bossi-Fini introduce misure di polizia e di ordine pubblico, di sicurezza per incassare facili consensi, agitando lo spauracchio dell'immigrato come delinquente.

È penoso constatare come questa politica si tenga sempre più al largo non solo dai valori cristiani, ma anche da una qualsiasi idea di società accogliente e dialogante. Penso che come credenti e come uomini non ci rimanga che il rifiuto di una tale legislazione. È un insulto sia alla nostra umanità sia alla fede cristiana. Per questo spero che al più presto la chiesa ufficiale italiana possa esprimere il proprio rifiuto sdegnato per questo pezzo di legislazione. Ma soprattutto possa far partire un processo educativo di base per le comunità cristiane che le porti a vedere nell'altro, nell'immigrato, nel diverso, una ricchezza e non un problema. Solo un prolungato impegno educativo alla base che rimetta in discussione l'ideologia della sicurezza, della tolleranza-zero, l'ideologia della nostra superiorità potrà permetterci di sperare che un domani come popolo potremo esprimere qualcosa d'altro della legislazione Bossi-Fini.

E infine vorrei chiedere a questa nostra chiesa italiana il coraggio di far partire un movimento come il *Sanctuary Movement* (il movimento per il diritto di asilo). Questa esperienza nasce negli Usa negli anni ottanta per aiutare gli immigrati provenienti da El Salvador, Guatemala, Nicaragua che, restituiti ai loro governi, avrebbero dovuto affrontare o la prigione o la morte. Le comunità ecumeniche di resistenza, forti della tradizione biblica del diritto di asilo (santuario), si facevano carico di determinati soggetti a rischio. Se la polizia minacciava di arrestarli, tutta la comunità faceva quadrato attorno a essi e iniziava il cammino di difesa in corte. È solo un suggerimento.

Dobbiamo però tutti intraprendere la resistenza dal basso se diciamo di credere, come Tonino Bello, alla "convivialità delle differenze".

*"Mosaico di pace", luglio-agosto 2002*

# Senza ritorno

## Iraq, assurda guerra

È un momento grave questo per l'umanità. Forse uno dei suoi momenti più gravi. Si tratta di vita e di morte per il pianeta, per la razza umana.

Questa assurda guerra all'Iraq diventa il simbolo di una scelta radicale di fondo. Dobbiamo scegliere da che parte stiamo, se dalla parte della vita o della morte.

Non si può più barare. Le armi servono oggi solo a garantire che pochi possano continuare a papparsi quasi tutto a spese di molti morti di fame. Solo lo strapotere delle armi può permetterci questo. Infatti, utilizzando l'11 settembre, il complesso industriale militare americano ha forzato il governo a investire 500 miliardi di dollari in armi. Bush ha già firmato giorni fa un bilancio della difesa di 378 miliardi di dollari e l'Europa dovrebbe investire circa 200 miliardi di dollari. È un'altra maniera, questa, per rilanciare l'economia mondiale in recessione.

Secondo, gli Usa stanno rinnovando tutto l'armamentario atomico (60 miliardi di dollari). Gli Usa affermano che useranno l'atomica ovunque i loro interessi militari saranno minacciati.

Terzo, gli Usa hanno già stanziato 70 miliardi di dollari per la costruzione dello scudo spaziale.

Quarto, gli Usa hanno già messo da parte 100 miliardi di dollari per la guerra contro l'Iraq (gli esperti dicono che ci costerà circa 200 miliardi di dollari). Questa è una macchina da guerra infernale per lottare contro il "terrorismo internazionale".

Ma dobbiamo pur chiederci: chi sono i terroristi? Non siamo forse noi che costruiamo un folle arsenale per proteggere lo stile di vita del 20 per cento del mondo? È stato lo stesso ministro della Difesa americano Rumsfeld a dirlo. Quando gli è stato chiesto cosa ritenesse vittoria nella nuova guerra contro il terrorismo, ha risposto che per lui sarebbe vittoria se tutto il mondo accettasse che gli americani siano liberi di continuare con il loro stile di vita. E gli americani sono disposti a usare anche l'arma atomica se i loro interessi vitali saranno minacciati.

Questa è follia collettiva!

Per questo dobbiamo dire un no categorico a questa guerra. È un momento di non ritorno. Altrimenti sarà la guerra infinita. È una questione morale ed etica per tutti (credenti e non). Non può esistere una "guerra preventiva" (è importante l'editoriale dell'ultima "Civiltà Cattolica" che bolla senza mezzi termini questa guerra). Gli ingenti investimenti in armi tolgono risorse alla vita: con 13 miliardi di dollari potremmo risolvere fame e sanità per un anno e per tutto il mondo. Ma questo sistema uccide poi lo stesso pianeta il cui stato di salute è già così precario! Questa guerra sarà un'altra botta ecologica incredibile.

E la guerra nucleare resta una reale possibilità nella guerra all'Iraq (è il monito che ci viene rivolto da molti scienziati!). Insieme a tanti pensatori (René Girard, Bailey ecc.) ritengo che stiamo attraversando la più grave crisi che l'homo sapiens abbia mai vissuto.

All'umanità rimane solo una scelta: rendere tabù la violenza e la guerra.

È questo il salto di qualità che l'umanità è chiamata a fare.

È la scelta della nonviolenza attiva come praticata da Gesù, Gandhi, Martin Luther King...

È una scelta di civiltà.

È l'unica strada che ci rimane.

*"il manifesto", 10 dicembre 2002*

# Postfazione

Caro Alex,
una telefonata di "Nigrizia" mi raggiunge a Montesenario per chiedermi un ricordo di Frère René Voillaume e la presentazione di un tuo libro che sarà edito prossimamente. Rispondo che, trattandosi di due persone a me molto care, non posso che accettare. Poi ho riflettuto che presentare te al pubblico italiano sarebbe addirittura umoristico: dal Piemonte alla Sicilia sanno che ci sei e chi sei. E saranno molti a cercare il tuo libro, perché in una comunità politica che pare inseguire il programma di lavarsi le mani dei cittadini, per sgombrare il cammino all'unico essere libero, il capitale, questi molti hanno bisogno di essere certi di poter contare su di te. Allora ho pensato di non presentare il libro, ma di scrivere della nostra relazione che ho costruito nella lettura delle cento pagine fittissime del tuo dattiloscritto.

Non ci siamo incontrati molte volte e soprattutto non si è presentata l'opportunità di stare una mezza giornata insieme per permettere al tempo di riportare al pensiero le nostre esperienze così vicine. Due *prossimità* sono rimaste presenti alla mia memoria; una lontana sul terrazzo di San Girolamo dove Carlo Carretto viveva nell'attesa permanente di persone ferite dalla vita. Non ricordo se e di che parlammo. Forse solo ci fermammo nella contemplazione della valle spoletana contemplata lungamente dallo sguardo del nostro fratello Francesco. Anche Francesco fu un fratello ferito come noi, e venne costantemente a cercare la pace negata dagli uomini fra questi uliveti d'argento, limitati dalla aristocratica severità dei cipressi. Nessun personaggio a mia memoria come Francesco è stato così fedele al luogo di nascita dove pure aveva ricevuto in abbondanza insulti e pietre, certamente perché trovava in questa madre terra la consolazione e la pace che anche i più intimi gli toglievano. Tutti noi piccoli fratelli sentimmo la gioia di accoglierti: fu per noi un segno che il nostro messaggio di fraternità era portato sulle ali dello spirito. Una *prossimità* recente è quella vissuta a Genova quando, per un tratto di cammino verso una comunità religiosa, mi prendesti per mano. Non si trattava di un passaggio difficile per me novantenne, era sicuramente un segno di amicizia che viene spesso tradito, o almeno banalizzato dalle parole. Ora che ti leggo, pare chiaro che la storia della nostra amicizia si è svolta su due strade parallele che s'incrociano unendosi per alcuni tratti e, partite dall'essere una, convergono verso il loro incontro nell'unità dell'arrivo.

Mi penso a camminare per mano nei viottoli di Korogocho che hanno in Brasile il nome di favelas, e ritorna alla mente un pensiero che finora stenta a essere accolto perché, nella nostra cultura occidental-cristiana, prima si pensa e poi si fa e spesso si pensa credendo di fare solo pensando. Non si crede da noi quanto la realtà modifichi il nostro pensiero: "A Korogocho, leggendo la Bibbia con i poveri," tu scrivi, "ho capito che Dio è di parte. Dio non è neutrale, è profondamente schierato. Dio è il Dio degli schiavi e degli oppressi". A Fortín Olmos, in Argentina, mi trovai fra le capanne dei tagliaboschi e, all'arrivo, ci accolse una signora religiosissima che finalmente vedeva giungere chi avrebbe calmato la sua sete di Dio. Ma dopo alcune settimane facemmo la scoperta dello stato di schiavitù in cui vivevano questi uomini che lottavano contro la durezza di un albero nativo denominato *quebracho* (spezza-l'ascia). E il gruppo (la classe) da cui si era staccata l'assetata di Dio per venirci incontro cominciò ad accorgersi che il nostro Dio non era esattamente il loro. Tu Alex hai scritto per noi che non potremmo illuminare la nostra fede se non con un teologo della liberazione. Mi giunsero in Argentina le ventate del '68 fra gli *hacheros* dove da otto anni vivevo con i miei fratelli la tua vita: ci scontrammo duramente con chi? Con i sorveglianti: "Bastonarono gli scribi degli israeliti dicendo: perché non avete portato a termine anche ieri e oggi come prima il vostro numero di mattoni?" (*Esodo* 5, 14). Non avrei potuto trovare in altra parte, in altro tempo, una sceneggiatura più precisa dell'Esodo: alla sommità il potere, il faraone, rappresentato a Fortín Olmos da un'invisibile società inglese padrona del territorio; al secondo posto gli scribi, riprodotti nel 1960 da una società composta di investitori, burocrati e amministratori, responsabile della gestione degli affari del faraone inglese, meno distante dall'impresa straniera, ma ugualmente distante dai tagliaboschi. E alla fine gli egiziani, quelli col bastone in mano, nel gergo del tempo i contrattisti. E questa triplice pressione cadeva su poche centinaia di infelici che, dopo aver sudato una settimana, dovevano presentarsi allo spaccio gestito dalla moglie o da un altro parente di qualche contrattista per ritirare le provviste per la settimana con una buona dose di alcol per ubriacarsi e non chiedere i conti.

Qualcuno degli schiavi dei mattoni mi aveva mostrato sul dorso i segni dello scudiscio egiziano. Dovevo andare alla ricerca del più moderno esegeta per capire l'Esodo? Dovevo andare alle letture dei teologi famosi per imparare come parlare di Dio lì dove il lamento giungeva al cielo? Non potevo far altro che accogliere la voce e lasciare che mi ferisse per liberarmi per sempre da quelle astrazioni che portavo con me ed erano entrate in me, assiduo e sistematico cultore della teologia. "A Korogocho è inutile chiedersi chi è Dio. Quando si vive in una situazione di tragedia non è questo che interessa. La grande domanda a Korogocho e davanti ai macelli umani che succedono in Africa è: Dio dove sei? Dio perché non ti riveli? Dio perché non difendi i tuoi figli? Perché non agisci? Perché te ne stai in silenzio?" Queste tue domande, mio caro fratello Alex, mi appartengono. Io venivo dai tredici mesi del deserto e avevo imparato lo stile di Dio. Stanco di corrergli dietro, di insultarlo, come Giobbe ti devi arrendere; allora ti metti a sedere e attendi, o forse non lo attendi più. E allora avviene la rivoluzione: passi dal cercare all'attendere, a quella passività che è di fatto la più grande attività (Lévinas). Ma lì faccio mio il grido degli schiavi; e il solo nome che potevo dare a chi volesse apparire necessario a quel mondo era Liberatore. Nelle punte di dolore che è un amalgama di rabbia, di impotenza e di compassione, trovai consolazione scrivendo.

E venne fuori il *Dialogo della liberazione*, l'opera mia di scrittore complicato e difficile (così mi trovano) di maggior successo. Poi apparve l'opera maestra di Gustavo Gutiérrez, e non potremo mai uscire da questo solco quando dobbiamo tematizzare il cristianesimo per il nostro tempo e chiarirlo alla nostra società sempre più alla ricerca di una religione, e sempre più incapace di scegliere nel rumoroso mercato delle religioni. Sono sicuro che fra qualche decennio apparirà impossibile scrivere di teologia e di spiritualità cristiana trascurando l'ipotesi di lavoro della teologia della liberazione. E sarà un grande regalo per i poveri.

Mi fermo, caro Alex, nel racconto delle tue esperienze di Korogocho perché i lettori del tuo libro non dovrebbero fermarsi all'episodico, che sarebbe come imitare il genere della tivù che crea emozione, richiamo alla compassione per spegnerla immediatamente. Spero che i lettori colgano il senso della tua, della nostra vita, il messaggio che noi *missionari*, nel senso etimologico di inviati, vogliamo annunziare. Ed evidentemente questo "noi" vuole alludere a tutti coloro che hanno scoperto, nell'unire l'esperienza quotidiana alla contemplazione, il misterioso incontro con il Vivente e il contenuto dell'invio. Inviati a chi? A che? Coloro che abbiamo incontrato e il senso del mondo che abbiamo incontrato hanno portato via quello che noi pensavamo di portare alla partenza. Sono ricorso tante volte a quel capitolo 10 di Luca dove Gesù raccomanda di andare senza portare nulla, neanche una camicia di ricambio. E noi abbiamo capito questo, non per una riflessione razionale, per un progetto psicologicamente saggio, ma perché quello che abbiamo trovato ci ha spogliato, ci ha tolto tutto, anche le formule della preghiera che, come tu stesso hai notato, è cambiata. Non è stata cancellata, travolta da tutto il lavoro per mettere in pratica quei progetti chiarissimi alla partenza; ma è entrata nel nostro respiro o piuttosto nel nostro sospiro, nella nostra impotenza, in quella povertà che abbiamo promesso nella professione religiosa e che nelle nostre Korogocho abbiamo scoperto come una beffa. La nostra orazione è diventata contemplazione, amicizia: "Vi chiamo amici perché vi metto a parte dei segreti del mio cuore. Non avete più nulla da dare se non voi stessi come me. Ma questo non può essere un fatto vostro: se voi sapete come dare voi stessi perdete la vostra povertà".

E mentre leggevo le tue pagine, Alex, mi è venuto fra le mani un piccolo libro di Cacciari sulla responsabilità, che, affrontando il tema, si trova necessariamente di fronte alla trascendenza. Non potremmo vivere la responsabilità da ricchi come era nella tradizione missionaria prima di Carlo de Foucauld e compagni, con tutti i rischi e le conseguenze che abbiamo cercato di evitare, perché i poveri ci hanno caricato della loro impotenza. E allora non avevamo che noi stessi. Portare noi stessi vuol dire essere invasi dallo spavento cosmico e la nostra preghiera può solo raccogliersi in una parola che è la massima passività e la massima fecondità: "Eccomi". Non è quella la parola di Maria nel primo capitolo di Luca? Eccomi. E da questa parola abbiamo cominciato a stare con loro, a sederci con loro, per dirlo con le tue parole, caro Alex. Ricordi il libro che ha ispirato e incoraggiato i missionari delusi dalla somiglianza della missione con la colonizzazione? *Come loro*.

Così le due identità si fondono in una sola e tu ora la devi cercare in altro contesto, te ne parlerò più avanti. Io dopo Roma e alcune vicende andai nel deserto. Non potevo andarci portando i miei archivi e i miei libri, e da allora non ho più nessun documento del passato. Quando Francesco Piva, che si occupava di quel periodo storico (*La gioventù cattolica in cammino*, Franco Angeli, Milano 2003) diresse la sua ricerca su di me, dovetti affidarmi alla memoria su cui era passato il vento del Sahara. In più per un mio limite mentale (o deformazione) quello che più difficilmente ricordo sono i nomi di quelli che ho incontrato, anche se non sono stati incontri fugaci. In questo momento, a prova di questo, non ricordo il nome di una persona che si fingeva amico, e che poi seppi per mezzo di padre Carlos Mugica, mio vero amico ucciso sul sagrato della chiesa, essere un agente della Cia. Il padre di Carlos era ministro degli Esteri argentino e aveva la possibilità di arrivare a certe informazioni. Quando partii da Roma pensavo che ci sarebbero molte cose da chiarire, anche a me stesso, perché quando viviamo le vicende che tu racconti con tanta precisione, descrivendo anche le reazioni passionali che ti provocavano, non si può pensare che senza saperlo siamo dentro un progetto storico che occupa un tempo che va oltre il presente che viviamo. Hegel diceva che l'uomo fa la storia e non può vederla. È molto vero e oggi mi sento soddisfatto che la senta raccontare da altri, liberandomi dal peso dei ricordi. La seconda parte del tuo libro – *Nevicava, quel giorno...*; *Le erbe amare della Pasqua* – mi porta ad ammirare la tua prodigiosa memoria e allo stesso tempo il funzionamento perfetto degli archivi di "Nigrizia" e dei comboniani. So che anche la mia congregazione ha degli archivi, ma non ho mai avuto il bisogno di ricorrervi. Ma per il privilegio che hanno i poveri, non avrei saputo raccontare meglio la storia della nostra relazione con il Vaticano, di quello che ha fatto lo storico Francesco Piva in *La gioventù cattolica in cammino*.

Korogocho vuol dire confusione, caos, eppure seguendoti per mano in questo caos, che non conosco di vista ma ricostruisco perfettamente per la mia fantasia, ti vedo muovere come persona assolutamente libera. Quella tua sofferente umanità che si piega sulle facce piagate dall'Aids, e sui cadaveri abbandonati nelle capanne, si muove come circondata di luce. So che non esagero perché qualche volta quando mi aggiro per la favela nei momenti in cui tocco il fondo della mia povertà e della mia impotenza mi trovo improvvisamente come se il luogo si trasfigurasse e si presentasse della più lucente bellezza che abbia mai visto. Se mi fosse chiesto di scegliere nei miei ricordi il posto e il momento in cui mi sono sentito più felice, non esiterei a rispondere qui e ora. Sento che le parole mortificano il sentimento che provavo immaginandoti lì a Korogocho. Quando sei tornato al vero Korogocho e forse per innestare il presente e il futuro sul tuo turbinoso passato, ci introduci in una brutta storia di traffici di armi, di menzogne, di intrighi di ogni genere, mi sento incapace di seguirti. La modernità – scrive il sociologo Baum – è diventata liquida ed è forse l'immagine più esatta. Ti alzi al mattino e non trovi più strade, tutto è sommerso in una immensa palude, e non è l'Italia e l'Occidente cristiano e forse la terra? Come a te la chiesa mi fa un male boia perché nella sua prassi non è certamente la coscienza critica della società. Forse tu cogli un aspetto della chiesa che deve morire. Deve succedere

213

un po' come di quelle locande che perdono credito e conseguentemente clienti, e dopo un certo tempo richiamano i clienti annunziando che "il personale è stato completamente sostituito e rinnovato". Ci vorrà un nuovo Concilio? Non lo so. Credo che noi dobbiamo vivere come se la chiesa potesse rinnovarsi, di fatto lo può. Siamo sicuri che il tronco non muore, rami nuovi possono spuntare da un momento all'altro. In fondo le linee del rinnovamento sono tracciate nel Vangelo per tutti i secoli. Gesù non le ha attaccate a nessun tempo e a nessuna cultura, le troviamo allo stato puro, sciolte. Il Maestro sapientemente le ha affidate a persone umane che erano quelle censite sotto l'impero di Cesare Augusto e ora sono quelle che vivono sotto l'impero Usa. Sono le stesse e diverse. Basta mettere al centro il Regno che è in pratica annunziare la Buona novella ai poveri, e lì ci accorgiamo che ci manca una provvista necessaria: un'etica economica. Questa mancanza ha permesso a tutti i ricchi della terra di uscire dalla Borsa e di andare a cantare la gloria di Dio sotto la cupola di San Pietro. Bisogna superare la legge e sostituirla con l'etica; i difensori della legge devono accogliere l'accusa di Paolo: la legge è morte. Finché voi non avrete superato la legge con l'etica distribuirete al mondo morte e non vita, o vita mescolata con la morte. Forse, caro Alex, bisognerà trovare dolcezza, compassione, più pazienza con quelli che stanno sopra di noi per toccare il loro cuore. E non lo dico a te che sai trovare delle note più dolci di quelle che possa trovare io, ma a tutti noi che appena usciti da Korogocho ritorniamo sulle strade che tu stai percorrendo. E secondo il Vangelo di Giovanni Gesù ha affidato a una donna il messaggio forse più importante, la grande rivoluzione, e lei lo porta correndo agli uomini. Che cosa avrà capito? Che finisce l'isolamento, la separazione. Gesù ha detto a lei, né qui né a Gerusalemme, né ebrei scelti, privilegiati, sicuri, né samaritani maledetti, esclusi, definitivamente e per sempre "altri". Un Concilio non ha bisogno di molto tempo, basterebbe affidare un quesito e aspettare la risposta: "Come spostare il Regno di Dio dal tempio alla strada?".

Ti benedico, mio carissimo fratello Alex, ti benedico sulle strade e per le strade d'Italia. Se mi passi vicino, dammi una voce, vengo presso di te perché tu metta la tua mano nella mia mano, da lontano ti accompagno con la mia preghiera. Da anziano mi permetto di darti due consigli di cui comprenderai subito la fonte: *non fermatevi a salutare nessuno per strada*, un consiglio maleducato; ma tradotto nel linguaggio italiano di oggi può suonare così: non ti lasciare impigliare dalle beghe politiche, non permettere che ti prendano dentro le sottilissime tele di ragno che pendono da tutte le piante che orlano le nostre strade. L'Italia è scesa per strada per unirsi al grido di pace che giunge da tutte le latitudini, però è rientrata nelle tante casermette, l'una separata dall'altra, dove stanno rifugiati i politici per passare il tempo e giustificare la paga che oziosamente intascano. Loro hanno le idee ma non l'amore al popolo, e senza l'amore le idee diventano punte acute che solo feriscono. Non lasciare impigliare l'amore che porti ardendo dentro di te, non salutarli perché ti trattengono nelle loro dissertazioni. Gesù non ha parlato molto, ha semplicemente detto: venite dietro a me. Basta. Chi non ha coraggio torni a casa sua. Pazienza, non ho tempo di fermarmi.

E l'altro consiglio è: *fuggi quando vogliono farti re*. Gesù conosceva la strada e tutte le tentazioni della strada, tutte hanno una sola meta, fermarti. Non avere presente solamente il Gesù che cammina per la strada e sembra aver dato a tutti il diritto di fermarlo, di catturarlo, di farlo loro, abbi presente anche il Gesù che fugge. Da chi fugge? Dagli uomini che vogliono buttarlo giù dal precipizio, perché l'ora sua non è ancora venuta. Fugge da quelli che vogliono farlo re per sedere alla sua destra e alla sua sinistra. Non ti sei accorto di quanti ti attendevano da tempo perché si erano stancati di fissarsi sui due sedili vuoti? Gesù fuggiva per andare dove nel silenzio poteva trovarsi a tu per tu col Padre, e piangere e protestare perché il mondo pare insopportabile, ma poi viene la voce: "Metterò la mia fiducia in lui" (*Isaia* 8, 18). E allora si riprende la strada a ogni nuova aurora.

Ti abbraccio con affetto, tuo fratello Arturo.

*Arturo Paoli*

# Indice

*Stampa Grafica Sipiel
Milano, ottobre 2003*

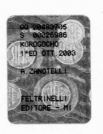